PHILOSOPHIE
DE L'ART

OUVRAGES DE M. H. TAINE
PUBLIÉS PAR LA LIBRAIRIE HACHETTE ET Cie

Essai sur Tite-Live; 8e édition. Un vol. in-16, broché. . . . *Ouvrage couronné par l'Académie française.*	3 fr. 50
Essais de critique et d'histoire; 11e édition. Un vol. in-16, broché.	3 fr. 50
Nouveaux Essais de critique et d'histoire; 8e édition. Un vol. in-16, broché.	3 fr. 50
Derniers Essais de critique et d'histoire; 4e édition. Un vol. in-16, broché.	3 fr. 50
Histoire de la littérature anglaise; 12e édition. Cinq vol. in-16, brochés.	17 fr. 50
La Fontaine et ses fables; 18e édition. Un vol. in-16, broché.	3 fr. 50
Les Philosophes classiques du XIXe siècle en France; 9e édition. Un vol. in-16, broché.	3 fr. 50
Voyage aux Pyrénées; 17e édition. Un vol. in-16, broché. . .	3 fr. 50
Le même, avec gravures. Un vol. in-16, broché.	4 fr. »
Notes sur l'Angleterre; 13e édition. Un vol. in-16, broché.	3 fr. 50
Le même, avec gravures. Un vol. in-16, broché.	4 fr. »
Notes sur Paris, vie et opinions de M. Fréd.-Th. Graindorge; 16e édition. Un vol. in-16, broché. . .	3 fr. 50
Carnets de voyage : notes sur la province. Un vol. in-16, br.	3 fr. 50
Un Séjour en France de 1792 a 1795; 5e édition. Un vol. in-16, broché.	3 fr. 50
Voyage en Italie; 13e édition. Deux vol. in-16, brochés . .	7 fr. »
Le même, avec gravures. Deux vol. in-16, brochés.	8 fr. »
De l'Intelligence; 11e édition. Deux vol. in-16, brochés . .	7 fr. »
Philosophie de l'art; 13e édition. Deux vol. in-16, brochés. .	7 fr. »
Les Origines de la France contemporaine; 25e édition. Douze volumes	39 fr. 50
1re partie. — L'Ancien Régime. Deux volumes.	7 fr. »
2e partie. — La Révolution. Six volumes. . . . . *L'Anarchie.* Deux volumes. *La Conquête jacobine.* Deux volumes. *Le Gouvernement révolutionnaire.* Deux volumes.	21 fr. »
3e partie. — Le Régime moderne. Trois volumes. . . . . . *Napoléon Bonaparte.* Deux volumes. *L'Église, l'École.* Un volume.	10 fr. 50
Table analytique. Un vol.	1 fr. »
Correspondance. 3e édition. Quatre volumes. Chaque volume	3 fr. 50
Pages choisies, par M. V. Giraud. Un vol.	3 fr. 50
Du Suffrage universel et de la manière de voter. Brochure in-16.	» 50

63802. — Imprimerie LAHURE, 9, rue de Fleurus, à Paris. — 3-1909.

PHILOSOPHIE DE L'ART

PAR

H. TAINE

DE L'ACADÉMIE FRANÇAISE

TOME DEUXIÈME

TREIZIÈME ÉDITION

PARIS
LIBRAIRIE HACHETTE ET Cie
79, BOULEVARD SAINT-GERMAIN, 79

1909

Droits de traduction et de reproduction réservés.

PHILOSOPHIE DE L'ART

TROISIÈME PARTIE

LA PEINTURE DANS LES PAYS-BAS (SUITE)

CHAPITRE II

LES ÉPOQUES HISTORIQUES

On trouve dans la peinture des Pays-Bas quatre périodes distinctes, et, par une rencontre remarquable, chacune d'elles correspond à une période historique distincte. Ici, comme partout, l'art traduit la vie; le talent et le goût du peintre changent en même temps et dans le même sens que les mœurs et les sentiments du public. De même que chaque révolution géologique profonde apporte avec elle sa faune et sa flore, de même chaque grande transformation de la société et de l'esprit apporte avec elle ses figures idéales. A cet égard, nos musées sont semblables à des muséums, et les créatures imaginaires, comme les formes vivantes, sont à la fois les produits et les indices de leur milieu.

La première période de l'art dure environ un siècle et demi et s'étend depuis Hubert Van Eyck jusqu'à Quentin Massys [1]. Elle a pour cause une renaissance, c'est-à-dire un grand développement de la prospérité, de la richesse et de l'esprit. Ici, comme en Italie, les cités se sont trouvées de bonne heure florissantes et presque libres. Je vous ai dit qu'au XIII° siècle le servage était aboli en Flandre, et que les Ghildes, pour faire du sel, « pour mettre en culture les terrains marécageux », remontent jusqu'à l'époque romaine. Dès le VII° et le IX° siècle, Bruges, Anvers et Gand sont « des ports » ou marchés munis de privilèges; on y fait le grand commerce; les habitants vont pêcher la baleine; c'est l'entrepôt du Midi et du Nord. Des gens riches, bien munis d'armes et de provisions, habitués, par l'association et l'action, à la prévoyance et aux entreprises, sont plus capables de se défendre que de misérables serfs, épars dans des bourgades ouvertes. Leurs grandes villes populeuses, leurs rues étroites, leur campagne détrempée, coupée de canaux profonds, ne sont point un bon terrain pour la cavalerie des barons [2]. C'est pourquoi le rets féodal, si serré et si pesant sur toute l'Europe, a dû, en Flandre, élargir ses mailles. Le comte a beau appeler à son aide le roi de France son suzerain, ou pousser contre les cités toute sa chevalerie bourguignonne; vaincues à

---

1. 1400-1530.
2. Bataille de Courtray, 1302.

Mons-en-Puelle, à Cassel, à Rosebecque, à Othée, à Gavre, à Brusthem, à Liège, elles se redressent toujours, et, de révolte en révolte, elles conservent la meilleure partie de leurs libertés, jusque sous les princes de la maison d'Autriche. Le xiv⁰ siècle est l'époque héroïque et tragique de la Flandre. Elle a des brasseurs, les Artevelt, qui sont tribuns, dictateurs, capitaines et finissent sur le champ de bataille ou par l'assassinat ; la guerre civile s'y mêle à la guerre étrangère; on se bat de cité à cité, de métier à métier, d'homme à homme ; en un an, on compte quatorze cents meurtres à Gand ; l'énergie est si vivace qu'elle survit à tous les maux et fournit à tous les efforts. Ils se font tuer par vingtaines de mille, et meurent en tas, sous les lances, sans reculer d'un pas. « N'ayez nulle espérance de retourner, sinon « à votre honneur, » disaient les Gantois aux cinq mille volontaires de Philippe Artevelt ; car, « sitôt que nous « ouïrons nouvelles que vous êtes morts ou déconfits, « nous bouterons le feu en la ville et nous détruirons « nous mêmes[1]. » En 1384, dans le pays des Quatre-Métiers, les prisonniers refusaient la vie, disant qu'après leur mort leurs os se lèveront contre les Français. Cinquante ans plus tard, autour de Gand révolté, les paysans « aimaient mieux mourir que crier merci, disant « qu'ils mouraient à bonne querelle et comme martyrs ». Dans ces fourmilières tumultueuses, l'abondance de la nourriture et l'habitude de l'action personnelle entre-

1. Froissart.

tiennent le courage, la turbulence, l'audace, l'insolence même, tous les excès de la force énorme et brutale; sous ces tisserands, il y a des hommes, et, quand on trouve des hommes, on peut s'attendre à trouver bientôt des arts.

Il suffit alors d'un moment de prospérité; sous ce rayon de soleil, l'éclosion préparée s'achève. A la fin du xive siècle, la Flandre est, avec l'Italie, la contrée la plus industrieuse, la plus riche, la plus florissante de l'Europe[1]. — En 1370, il y a 3200 métiers de laine à Malines et sur son territoire. Un négociant de la ville fait un commerce immense avec Damas et Alexandrie. Un autre, marchand à Valenciennes, étant à la foire de Paris, achète, pour faire parade de son opulence, toutes les denrées qu'on y expose. Gand, en 1389, a 189000 hommes portant armes; les drapiers seuls fournissent 18000 hommes dans une révolte; les tisserands forment vingt-sept quartiers, et, au son de la grosse cloche, on voit accourir sur la place du marché les cinquante-deux États sous leurs bannières. En 1380, les orfèvres de Bruges sont si nombreux qu'ils peuvent former, en temps de guerre, un corps d'armée. Un peu plus tard, Æneas Sylvius dit qu'elle est une des trois plus belles villes du monde; un canal de quatre lieues et demie l'unit à la mer; il y entre cent bâtiments par jour; elle est alors ce que Londres est aujourd'hui. — En même temps, l'état politique atteint une sorte d'équilibre. Le duc de Bourgogne, en 1384, se trouve, par

---

1. Michiels, *Histoire de la peinture flamande*, t. II, p. 5.

héritage, souverain de la Flandre ; la grandeur de ses possessions, les guerres civiles qui se multiplient pendant la minorité et la démence de Charles VI, le détachent de la France ; il n'est plus, comme les anciens comtes, un dépendant du roi, ayant son logis à Paris, quêtant des secours pour réduire et taxer ses marchands de Flandre. Sa puissance et les malheurs de la France le rendent indépendant. Quoique prince, il est à Paris du parti populaire, et les bouchers l'acclament. Quoique Français, sa politique est flamande, et il ménage les Anglais, quand il ne s'allie point à eux. Sans doute, à propos d'argent, il se querellera plus d'une fois avec ses Flamands, et il sera obligé d'en tuer beaucoup. Mais, pour qui connaît les troubles et les violences du moyen âge, l'ordre et l'accord qui s'établissent alors semblent suffisants ; en tout cas, ils sont plus grands que jamais.

Désormais, comme à Florence vers l'an 1400, le pouvoir est accepté et la société est assise. Désormais, comme en Italie vers l'an 1400, l'homme quitte le régime ascétique et ecclésiastique, pour s'intéresser à la nature et jouir de la vie ; l'antique compression s'est relâchée ; il commence à aimer la force, la santé, la beauté, la joie. De toutes parts on voit l'esprit du moyen âge s'altérer et se défaire. — L'architecture élégante et raffinée fait de la pierre une dentelle, et festonne ses églises de pinacles, de trèfles, de meneaux entrelacés et contournés, en sorte que l'édifice évidé, fleuronné, doré, est une prodigieuse et romanesque orfèvrerie, œuvre de la fantaisie plutôt que de la foi, moins propre à exciter la piété que l'éblouissement. — Pareillement, la chevalerie devient une parade. Les nobles viennent à la cour des Valois, s'occupent de plaisirs, de « beaux dires », surtout de « dires d'amour ». On peut voir, dans Chaucer et Froissart, leurs pompes, leurs tournois, leurs défilés et leurs banquets, le règne nouveau de la frivolité et de la mode, les inventions de l'imagination affolée et licencieuse, les costumes extravagants et surchargés : robes de douze aunes, chausses collantes et jaquettes de Bohême dont les manches pendent jusqu'à terre ; chaussures terminées par des griffes, des cornes et des queues de scorpion ; cottes brodées de lettres, d'animaux, de notes de musique, en sorte qu'on peut lire et chanter une chanson sur le dos du propriétaire ; chaperons couturés de feuillages d'or et d'animaux, robes couvertes de saphirs, de rubis, d'hirondelles en orfèvrerie, tenant chacune dans son bec un bassin d'or ; il y a quatorze cents de ces bassins dans un costume, et l'on trouve neuf cent soixante perles employées à broder une chanson sur un habit. Les femmes, en magnifiques voiles historiés, le sein nu, la tête surmontée de cônes et de croissants monstrueux, vêtues de robes bariolées où sont figurés des licornes, des lions et des hommes sauvages, s'asseyent sur des sièges qui représentent de petites cathédrales dorées et sculptées. — La vie de la cour et des princes semble un carnaval. Lorsque Charles VI fut armé chevalier, on dressa dans l'abbaye de Saint-Denis une salle longue de trente-deux toises, tendue de blanc et de vert, avec un haut pavillon de tapisseries; là, après trois jours de joutes et de festins, un bal nocturne et masqué finit par une orgie. « Mainte demoiselle s'oublia, plusieurs maris pâtirent, » et, par un contraste qui peint les sentiments du siècle, on célébra pour finir les funérailles de Duguesclin.

Dans les contes et les chroniques du temps, on suit à la trace un large ruisseau d'or qui coule, chatoie, s'étale, et ne s'arrête pas; je veux dire l'histoire domestique du roi, de la reine, des ducs d'Orléans et de Bourgogne; ce ne sont qu'entrées de villes, fastueuses chevauchées, déguisements, danses, bizarreries voluptueuses, prodigalités de nouveaux riches. Les chevaliers bourguignons et français, qui allèrent combattre Bajazet à Nicopolis, étaient équipés comme pour une partie de plaisir; leurs bannières et les housses de leurs chevaux étaient chargées d'or et d'argent; leur vaisselle était d'argent, leurs tentes de satin vert; des vins exquis suivaient dans des barques sur le Danube, et leur camp était plein de courtisanes. — Ce débordement de vie animale, qui en France est mêlé de curiosités maladives et d'imaginations lugubres, s'étale en Bourgogne comme une kermesse large et bonasse. Philippe le Bon a trois femmes légitimes, vingt-quatre maîtresses, seize bâtards; il pourvoit à tout cela, festine, s'ébat, admet les bourgeoises à sa cour, et semble d'avance un personnage de Jordaens. Un comte de Clèves a soixante-trois bâtards; dans les cérémonies, les chroniqueurs nomment incessamment et gravement les bâtards et les bâtardes; l'institution semble officielle; à les voir ainsi pulluler, on pense aux plantureuses nourrices de Rubens, aux Gargamelles de Rabelais.

« C'était grand'pitié, dit un contemporain, que le
« péché de luxure qui régnait moult et fort, et especial
ès princes et gens mariés. Et était le plus gentil
« compagnon qui plus d'une femme savait tromper et
« avoir au moment.., et même régnait icelui péché de
« luxure ès prélats de l'Église et en tous gens d'Église. »
Jacques de Croy, archevêque de Cambrai, officiait pontificalement avec ses trente-six bâtards et fils de bâtards, et tenait en réserve une somme d'argent pour ceux qu'il pourrait avoir par la suite. Au troisième mariage de Philippe le Bon, le gala semble une noce de Gamache ordonnée par Gargantua; les rues de Bruges étaient tendues de tapisseries; pendant huit jours et huit nuits, un lion de pierre versa du vin du Rhin, et un cerf de pierre versa du vin de Beaune; aux heures des repas, une licorne versait de l'eau de rose ou du malvoisie. Quand le Dauphin y fit son entrée, huit cents marchands des diverses nations vinrent à sa rencontre, tous en habits de soie et de velours. Dans une autre cérémonie, le duc parait avec une selle et un chanfrein chargés de pierres précieuses; « neuf pages couverts de houssures
« d'orfèvrerie » sont derrière lui, « et portait un desdits
« pages une salade qu'on disait valoir cent mille cou-
« ronnes d'or. » Une autre fois, on estime que le duc a sur lui pour un million de pierreries. — Je voudrais vous montrer quelqu'une de ces fêtes; comme celles de Florence, à la même époque, elles témoignent des goûts

pittoresques et décoratifs qui, ici comme à Florence, ont produit la peinture. Il y en eut une à Lille, sous Philippe le Bon, la fête du Faisan, que l'on peut comparer aux triomphes de Laurent de Médicis; vous y remarquerez, dans cent détails naïfs, les ressemblances et les différences des deux sociétés, partant, de leur culture, de leur goût et de leur art.

Le duc de Clèves, dit le chroniqueur Olivier de la Marche, avait donné à Lille un « très beau banquet », auquel s'était trouvé « Monseigneur (de Bourgogne), « ensemble la seigneurie, dames et demoiselles de sa « maison ». Dans ce banquet, on voyait sur la table « un « entremets », c'est-à-dire une décoration représentant « une nef à voile levée, en laquelle avait un chevalier « tout droit armé..., et devant avait un cygne d'argent « portant en son col un collier d'or auquel tenait une « longue chaîne, dont ledit cygne faisait manière de tirer « la nef, et, au bout de ladite nef, séait un châtel « moult bien fait ». Là-dessus, le duc de Clèves, chevalier du Cygne, « serviteur aux dames », fit crier qu'on le trouverait, en champ clos, « armé du harnois de « joute, en selle de guerre », et que « celui qui ferait « le mieux gagnerait un riche cygne d'or enchaîné d'une « chaîne d'or, et, au bout de cette chaîne, un riche « rubis ».

Dix jours après, le comte d'Étampes donna le second acte de la féerie. — Bien entendu, le second acte, ainsi que le premier et tous les autres, commença par un festin. En cette cour, la vie est plantureuse, et on ne se

lasse pas des franches lippées. — « Quand les entre-
« mets furent levés, d'une chambre saillirent grand
« foison de torches, puis vint l'officier d'armes vêtu de
« sa cotte d'armes, et après vinrent deux chevaliers
« vêtus de longues robes de velours fourrées de martre,
« et n'avaient rien sur chef et portaient, chacun d'une
« main, un gentil chaperon de fleurs » ; après eux,
« sur une haquenée houzée de soie bleue, venait une
« très belle dame, jeune, de l'âge de douze ans, vêtue
« d'une robe de soie violette, richement brodée et étoffée
« d'or » ; c'était « la Princesse de joie ». Trois
écuyers, vêtus de soie vermeille, la conduisirent au duc,
en chantant une chanson pour l'annoncer. Elle descendit
et, s'agenouillant sur la table, elle lui posa sur la tête
une couronne de fleurs. A ce moment, la joute fut décla-
rée, les tambourins résonnèrent, un poursuivant d'armes
parut avec une cotte pleine de cygnes, et l'on vit entrer
le duc de Clèves, chevalier du Cygne, richement armé,
sur un cheval caparaçonné de damas blanc à franges
d'or ; il tirait par une chaîne d'or un grand cygne qu'ac-
compagnaient deux sagittaires ; derrière lui marchaient
de jeunes enfants à cheval, des palefreniers, des chevaliers armés de lances, tous, comme lui, en damas blanc
frangé d'or. Toison-d'Or, le héraut, les présenta à la
duchesse. Puis défilèrent les autres chevaliers sur leurs
chevaux enharnachés de drap d'or gris et cramoisi, de
drap brodé de clochettes d'or, de velours cramoisi fourré
de martre, de velours violet, à franges d'or et de soie,
de velours noir à larmes d'or. — Supposez qu'aujour-

d'hui les grands personnages de l'État prennent plaisir à s'habiller comme les acteurs de l'Opéra, et à faire des passes comme les écuyers du Cirque; l'étrangeté de la supposition vous fera sentir combien l'instinct pittoresque et le besoin de la décoration sensible étaient vifs alors et sont faibles aujourd'hui.

Ce n'étaient pourtant là que des préludes. Huit jours après le tournoi, le duc de Bourgogne donna son festin, qui surpassa tous les autres. L'énorme salle, tendue de tapisseries qui représentaient la vie d'Hercule, avait cinq portes gardées par des archers en robes de drap gris et noir. Sur les côtés, cinq échafauds ou galeries contenaient les spectateurs étrangers, hommes nobles et dames, la plupart déguisés. Au milieu d'eux s'élevait « un haut buffet, chargé de vaisselle d'or et d'argent, « et de pots de cristal garnis d'or et de pierreries ». Et, debout, au centre de la salle, était un grand pilier portant « une image de femme, dont les cheveux tom- « baient jusqu'aux reins, la tête couverte d'un chapeau « très riche, et jetant par la mamelle hypocras autant « que le souper dura ». Trois tables gigantesques étaient dressées, et chacune d'elles était ornée de plusieurs « entremets », vastes machines qui rappellent en grand les jouets d'étrennes que l'on donne aujourd'hui aux enfants riches. En effet, les hommes de ce temps, par les curiosités et l'élan de leur imagination, sont des enfants; leur plus forte envie est d'amuser leurs yeux; ils jouent avec la vie comme avec une lanterne magique. Les deux principaux entremets étaient un monstrueux pâté où vingt-huit personnages « vifs » jouaient des instruments, et une « église croisée et vitrée, garnie « de quatre chantres et d'une cloche sonnante ». Mais il y en avait plus de vingt autres, un grand château dont les fossés étaient pleins d'eau d'orange, avec la fée Mélusine sur une tour; un moulin à vent avec des archers et des arbalétriers qui tiraient à la pie; un tonneau dans un vignoble, avec deux breuvages, l'un amer et l'autre doux; un vaste désert où un lion combattait un serpent; un sauvage sur un chameau; un fou chevauchant sur un ours, parmi des roches et des glaciers; un lac environné de villes et de châteaux; une caraque ancrée et chargée, avec ses cordages, ses mâts et ses mariniers; une belle fontaine en terre et en plomb, garnie de petits arbrisseaux de verre feuillés et fleuris, et d'un saint André avec sa croix; une fontaine d'eau de rose, représentant un jeune enfant nu, dans l'attitude du « Mannekenpis » de Bruxelles. On se croit dans une boutique de nouvel an.

Et ce pêle-mêle de la décoration fixe ne suffit pas : il leur faut encore la parade active; on voit défiler tour à tour une douzaine d'intermèdes, et, dans les intervalles, l'église et le pâté font de la musique pour occuper les oreilles en même temps que les yeux des convives; la cloche y sonne à pleines volées; un berger y joue de la musette; de petits enfants y chantent une chanson; on y entend tour à tour les orgues, le cornet d'Allemagne, la doucine, un motet, des flûtes, un luth avec des voix, des tambourins, une sonnerie de chasse et des aboiements de meute. Cependant paraî un cheval, à reculons, richement couvert de soie vermeille, monté par deux trompettes « assis à contre-dos et sans selles », conduit par seize chevaliers en longues robes ; puis un luyton, demi-homme et demi-griffon, qui, monté sur un sanglier et portant un homme, s'avance, tenant deux dards et une targe ; puis un grand cerf blanc mécanique, bien enharnaché de soie, avec des cornes d'or, ayant sur le dos un enfant, en robe courte de velours cramoisi, qui chante pendant que le cerf fait la basse. — Toutes ces figures font le tour des tables, et voici l'invention finale qui réjouit beaucoup les assistants. D'abord un dragon volant traverse l'air, et ses écailles ardentes font flamboyer les profondeurs du plafond gothique. Puis un héron et deux faucons sont lâchés, et le héron abattu est présenté au duc. Enfin des clairons font une fanfare derrière un rideau, et, le rideau tiré, on voit Jason qui lit une lettre de Médée, puis combat les taureaux, puis tue le serpent, laboure la terre, y sème des dents du monstre, et voit pousser une moisson d'hommes armés. — A ce moment, la fête devient sérieuse : c'est un roman de chevalerie, une scène de l'Amadis, un rêve de Don Quichotte en action. Un géant arrive, en robe de soie verte, portant pique et turban, et conduisant un éléphant caparaçonné de soie, sur lequel est un château, et dans ce château une dame vêtue en religieuse, qui est sainte Église ; elle fait arrêter, dit son nom, et appelle les assistants à la croisade. Là-dessus, Toison-d'Or, avec les officiers d'armes, apporte un faisan vivant, dont le collier d'or est orné de pierreries ; le duc jure sur le faisan de secourir la chrétienté contre le Turc, et tous les chevaliers s'engagent de même, chacun par un vœu écrit en style de Galaor : c'est le vœu du faisan. La fête s'achève par un bal mystique et moral. Au son des instruments, à la lumière des torches, une dame en blanc, portant sur l'épaule son nom, qui est *Grâce-de-Dieu*, vient dire au duc un huitain, et lui laisse, en se retirant, douze vertus : Foi, Charité, Justice, Raison, Tempérance, Force, Vérité, Largesse, Diligence, Espérance, Vaillance, chacune conduite par un chevalier en pourpoint cramoisi, dont les manches de satin sont brodées de feuillages et d'orfèvreries. Elles se mettent à danser avec leurs chevaliers, couronnent le comte de Charolais, vainqueur de la joute, et, sur l'annonce d'un nouveau tournoi, le bal finit à trois heures du matin. — Véritablement, il y en a trop ; les sens et l'imagination défaillent ; en fait de divertissement, ces gens sont des gloutons et non des gourmets. Ce tapage et cette profusion de l'invention baroque nous montrent un monde pesant, une race du Nord, une civilisation ébauchée, encore barbare et enfantine ; le goût simple et grand de l'Italie manque à ces contemporains des Médicis. Et pourtant le fond des mœurs et de l'imagination est le même ; ici, comme dans les chars et les pompes du carnaval florentin, la légende, l'histoire et la philosophie du moyen âge prennent un corps ; les abstractions morales revêtent une figure sensible ; les vertus deviennent des femmes réelles. Par suite, on est tenté de les peindre et de les sculpter; en effet, toutes ces décorations sont des reliefs ou des peintures. L'âge symbolique a fait place à l'âge pittoresque; l'esprit ne se contente plus d'une entité scolastique; il veut contempler une forme vivante, et la pensée humaine a maintenant besoin, pour être complète, de se traduire aux yeux par une œuvre d'art.

Mais cette œuvre d'art n'est pas semblable à celle de l'Italie; car la culture et la direction de l'esprit sont différentes. On s'en aperçoit en lisant les vers naïfs et plats que débitent sainte Église et les Vertus : poésie vide et vieillotte, bavardage de trouvères usés, enfilade de phrases rimées où le rythme est aussi mollasse que la pensée. On n'a point eu ici un Dante, un Pétrarque, un Boccace, un Villani. L'esprit, moins précoce et plus éloigné de la tradition latine, est resté plus longtemps enfermé dans la discipline et l'inertie du moyen âge. Point d'averrhoïstes sceptiques et médecins, comme ceux que décrit Pétrarque; point d'humanistes restaurateurs de la littérature antique et presque païens, comme ceux qui entourent Laurent de Médicis. La foi et le sentiment chrétiens sont bien plus vifs et plus tenaces ici qu'à Venise ou Florence : ils subsistent sous les pompes sensuelles de la cour de Bourgogne. S'il y a des épicuriens de mœurs, il n'y en a pas de théorie; les plus galants servent la religion, comme les dames, par point d'honneur. En 1396, sept cents seigneurs de Bourgogne et de France sont allés en croisade; tous, sauf vingt-sept, ont été tués à Nicopolis, et Boucicaut les appelle « benoists et très heureux martyrs ». Vous venez de voir que la bombance de Lille aboutit au vœu solennel de combattre les infidèles. Çà et là de petits traits épars montrent la persistance de la dévotion primitive. En 1477, dans une ville voisine, à Nuremberg, Martin Koetzel, pèlerin en Palestine, compte le nombre de pas qui séparent du Golgotha la maison de Pilate, afin de bâtir au retour sept stations et un calvaire entre sa maison et le cimetière de sa ville ; ayant perdu sa mesure, il recommence son voyage, et cette fois il fait exécuter son ouvrage par le sculpteur Adam Kraft. Aux Pays-Bas, comme en Allemagne, les bourgeois, gens sérieux, un peu lourds, enfermés dans leur vie communale, attachés aux usages antiques, conservent, mieux encore que les seigneurs des cours, les croyances et la ferveur du moyen âge. Leur littérature en fait foi ; depuis le moment où elle prend un tour original, c'est-à-dire depuis la fin du xiiie siècle, elle ne fournit plus que des témoignages de l'esprit pratique, municipal et bourgeois, et des témoignages de la piété intime : d'un côté, des sentences morales, des peintures de la vie domestique, des poèmes historiques et politiques sur les événements récents et vrais ; de l'autre côté, des louanges lyriques de la Vierge, des poésies mystiques et tendres[1]. En somme, le génie national, qui est germanique, incline bien plus vers la foi que vers l'incrédulité. Par les lollards et les mystiques du moyen âge, par les iconoclastes et les innombrables martyrs du xvie siècle, il se dirige vers les idées

1. *Horæ belgicæ.*

protestantes. Livré à lui-même, il eût abouti, non, comme en Italie, à une renaissance du paganisme, mais, comme en Allemagne, à une recrudescence du christianisme. — D'autre part, celui de tous les arts qui manifeste le mieux les besoins de l'imagination populaire, l'architecture, reste gothique et chrétien jusqu'au milieu du XVIe siècle ; les importations italiennes et classiques ne l'atteignent pas ; son style se complique et s'efférmine, mais sans s'altérer. Il règne, non seulement dans les églises, mais dans les édifices laïques ; à Bruges, à Louvain, à Bruxelles, à Liège, à Oudenarde, les hôtels de ville montrent à quel point il était goûté, non seulement par les prêtres, mais par la nation ; elle lui a été fidèle jusqu'au bout ; l'hôtel de ville d'Oudenarde a été commencé sept ans après la mort de Raphaël. En 1556, sous les mains d'une Flamande, Marguerite d'Autriche, l'église de Brou, la dernière et la plus mignonne fleur du gothique, achevait d'éclore. — Rassemblez tous ces indices, et considérez dans les portraits du temps les personnages eux-mêmes, donataires, abbés, bourgmestres [1], bourgeois, matrones, si graves et si honnêtes avec leurs habits du dimanche, leur linge irréprochable, leur air figé, leur expression de foi fixe et profonde : vous sentirez que la renaissance du XVIe siècle s'accomplit ici dans l'enceinte de la religion, que l'homme, tout en embellissant la vie présente, ne perd point de vue la vie future, et que son invention pittoresque manifestera

1. Musées d'Anvers, de Bruxelles, de Bruges, et, en général, les triptyques dont les volets représentent toute une famille du temps.

le christianisme vivace, au lieu d'exprimer, comme en Italie, le paganisme restauré.

Une renaissance flamande sous des idées chrétiennes, c'est là, en effet, le double caractère de l'art sous Hubert et Jean Van Eyck, Rogier Van der Weyden, Memling et Quentin Massys ; et de ces deux traits suivent tous les autres. — D'un côté, les artistes prennent intérêt à a vie réelle ; leurs figures ne sont plus des symboles, comme les enluminures des anciens psautiers, ni des âmes pures, comme les madones de l'école de Cologne, mais des personnages vivants et des corps. L'anatomie y est observée, la perspective y est exacte, les moindres détails des étoffes, de l'architecture, des accessoires et des paysages y sont marqués ; le relief en est saisissant, et la scène entière s'impose à l'œil et à l'esprit avec une force et une solidité d'assiette extraordinaires ; les plus grands maîtres des époques futures n'iront pas au delà, et même n'iront pas jusque-là. Il est clair qu'en ce moment on découvre la nature ; les écailles tombent des yeux ; on vient de comprendre, presque tout d'un coup, tout le dehors sensible, ses proportions, sa structure, sa couleur. Bien plus, on l'aime : considérez les magnifiques chappes lisérées d'or et brodées de diamants, les soies brochées, les diadèmes fleuronnés et éblouissants dont ils ornent leurs personnages divins et leurs saintes[1] ; ce sont toutes les pompes de la cour

---

[1]. *Dieu le Père et la Vierge*, par Hubert Van Eyck ; *la Madone, sainte Barbe et sainte Catherine*, de Memling ; l'*Ensevelissemen du Christ*, de Quentin Massys, etc.

de Bourgogne ; voyez leurs eaux transparentes et calmes, leurs gazons illuminés, leurs fleurs rouges et blanches, leurs arbres épanouis, leurs lointains ensoleillés, leurs admirables paysages[1]. Remarquez leur coloris, le plus fort et le plus riche qui fut jamais, les tons purs et pleins posés l'un à côté de l'autre comme dans un tapis persan et reliés par leur seule harmonie, les superbes cassures de la pourpre des manteaux, les enfoncements d'azur des longues robes tombantes, les draperies vertes comme une prairie d'été pénétrée par le plein soleil, l'étalage des jupes d'or chamarrées de noir, la puissante lumière qui échauffe et brunit toute la scène ; c'est un concert où chaque instrument donne toujours tout le son dont il est capable, d'autant plus juste qu'il est plus éclatant. Ils voient le monde en beau, et ils en font une fête, une fête réelle, semblable à celles du temps, éclairée par un plus généreux soleil, non pas une Jérusalem céleste toute pénétrée d'une clarté surnaturelle, comme en peint Beato Angelico. Ils sont Flamands, ils restent sur la terre ; ils copient avec un minutieux scrupule le réel et tout le réel, les orfèvreries d'une armure, les luisants d'un vitrail, les ramages d'un tapis, les poils d'une fourrure[2], le corps déshabillé d'une Ève et d'un Adam, l'énorme face plissée et débordante d'un

---

1. *Saint Christophe*, le *Baptême de Jésus-Christ*, de Memling et de son école. — L'*Agneau mystique*, des Van Eyck, etc.
2. La *Vierge au Donataire* avec *Saint Georges*, de Jean Van Eyck ; le triptyque d'Anvers, de Quentin Massys, etc. L'*Adam* et l'*Ève* de Hubert Van Eyck à Bruxelles, et les *Bourgeois à genoux devant l'agneau mys que*.

chanoine, la carrure épaisse, le menton saillant, le nez proéminent d'un bourgmestre ou d'un homme d'armes, les jambes grêles d'un bourreau, la tête trop grosse et les membres trop minces d'un petit enfant, les costumes et l'ameublement du siècle. En tout cela, leur œuvre est une glorification de la vie présente. — Mais, d'autre part, elle est une glorification de la foi chrétienne. Non seulement presque tous leurs sujets sont religieux, mais encore ils sont remplis d'un sentiment religieux qui, dans l'âge suivant, manquera aux mêmes scènes. Leurs plus beaux tableaux ne représentent point un événement réel de l'histoire sacrée, mais une vérité de la foi, une Somme de la doctrine; Hubert Van Eyck conçoit la peinture à la façon de Simone Memmi ou de Taddeo Gaddi, comme un exposé de la théologie supérieure; ses figures et ses accessoires ont beau être réels, ils sont aussi symboliques. La cathédrale où Rogier Van der Weyden représente les sept sacrements est à la fois une église matérielle et l'Église mystique; car le Christ y saigne sur son gibet, en même temps que le prêtre y dit la messe à l'autel. La chambre ou le portique, où Jean Van Eyck et Memling mettent leurs saints à genoux, fait illusion par son détail et son fini; mais la Vierge sur son trône et les anges qui la couronnent montrent au fidèle qu'il est dans un monde supérieur. Une symétrie hiérarchique groupe les personnages et raidit les attitudes. Le regard est fixe et le visage impassible chez Hubert Van Eyck; c'est l'éternelle immobilité de la vie divine; au ciel tout est accompli, le temps ne s'écoule plus. D'autres fois, chez Memling, c'est la placidité de la croyance absolue, la paix de l'âme conservée dans le cloître comme dans un bois dormant, la pureté immaculée, la douceur triste, l'obéissance infinie de la vraie religieuse, qui vit absorbée dans son rêve et dont les yeux grands ouverts regardent sans voir. En somme, ces peintures sont des tableaux d'autel ou d'oratoire; elles ne parlent pas, comme celles des âges suivants, à de grands seigneurs qui viennent à l'église par routine, et veulent retrouver, jusque dans les histoires religieuses, des pompes païennes et des torses de lutteurs; elles s'adressent à des fidèles, pour leur suggérer la figure du monde surnaturel ou les émotions de la piété intime, pour leur montrer la sérénité immuable des saints glorifiés et l'humilité tendre des âmes élues; Ruysbroeck, Eckart, Tauler, Henri de Suzo, les théologiens mystiques qui, en Allemagne au xve siècle, ont précédé Luther, pourraient venir ici. — Spectacle étrange et qui ne semble point s'accorder avec les parades sensuelles de la cour et les somptueuses *entrées* des villes. On trouve un pareil contraste entre le profond sentiment religieux dont témoignent les madones d'Albert Dürer et les magnificences mondaines que révèle sa *Maison de Maximilien*. C'est que nous sommes en pays germanique; la renaissance de la prospérité générale et l'émancipation d'esprit, qui en est la suite, y renouvelaient le christianisme, au lieu de le défaire comme en pays latin.

II

Lorsqu'un grand changement s'opère dans la condition humaine, il amène par degrés un changement correspondant dans les conceptions humaines. Après la découverte des Indes et de l'Amérique, après l'invention de l'imprimerie et la multiplication des livres, après la restauration de l'antiquité classique et la réforme de Luther, l'idée que l'on se faisait du monde ne pouvait plus demeurer monacale et mystique. Le rêve mélancolique, délicat, de l'âme qui soupire après la patrie céleste et livre humblement sa conduite à l'autorité d'une Église qu'elle ne discute pas faisait place au libre examen de l'esprit nourri de tant d'idées nouvelles, et s'effaçait devant le spectacle admirable de ce monde réel que l'homme commençait à comprendre et à conquérir. Les chambres de rhétorique, qui d'abord étaient composées de clercs, passent aux mains des laïcs ; elles avaient prêché le payement de la dîme et la soumission à l'Église ; elles raillent le clergé et combattent les abus ecclésiastiques. En 1533, neuf bourgeois d'Amsterdam sont condamnés à faire un pèlerinage à Rome pour avoir représenté une de ces pièces satiriques. En 1539, à Gand, la question proposée étant de dire quelles sont les plus sottes gens du monde, onze chambres sur dix-neuf répondent que ce sont les

moines. « Toujours, dit un contemporain, quelques
« pauvres moines ou nonnettes avaient part à la comé-
« die ; il semblait qu'on ne se pouvait resjouir sans se
« moquer de Dieu et de l'Église. » Philippe II avait
décrété la peine de mort contre les auteurs et les
acteurs, si les pièces n'étaient pas autorisées ou étaient
impies ; mais, en dépit de tout, on les jouait jusque
dans les villages. « C'est par les comédies, dit le même
« auteur, que la parole de Dieu pénétra d'abord dans
« ces contrées : aussi les défendait-on beaucoup plus
« sévèrement que les livres de Martin Luther[1]. » Il est
clair que l'esprit s'est affranchi de l'ancienne tutelle, et
que peuple, bourgeois, artisans, négociants, tous commencent à raisonner par eux-mêmes sur les choses de
la morale et du salut.

En même temps, la richesse et la prospérité extraordinaires du pays poussent aux mœurs pittoresques et
sensuelles ; ici, comme en Angleterre à la même époque,
les pompes de la Renaissance recouvrent une sourde
fermentation protestante. Quand Charles Quint, en 1520,
fit son entrée à Anvers, Albert Dürer vit quatre cents
arcs de triomphe à deux étages, longs de quarante pieds,
ornés de peintures, et sur lesquels on donnait des représentations allégoriques. Les figurantes étaient des jeunes

---

1. En 1539, Louvain propose cette question : « Quelle est la plus
« grande consolation de l'homme mourant ? » Toutes les réponses
ont une nuance luthérienne. La chambre de Saint-Wijnockberghe,
qui a le 2ᵉ prix, répond selon la pure doctrine de la grâce : « La
« fiance que Christ et son esprit nous est donné. »

filles de la première bourgeoisie, vêtues seulement d'une gaze légère, « presque nues », dit l'honnête artiste allemand. — « J'en ai vu rarement d'aussi belles; je
« les ai regardées fort attentivement et même brutale-
« ment, parce que je suis peintre. » Les fêtes des chambres de rhétorique deviennent magnifiques; de ville à ville, de société à société, c'est un défi de luxe et d'inventions allégoriques. Sur l'invitation des violiers d'Anvers, quatorze chambres, en 1562, envoient leurs « triomphes », et la chambre de la Guirlande de Marie, à Bruxelles, obtient le prix. « Car, dit Van Meteren,
« ils étaient bien trois cent et quarante hommes à che-
« val, tous habillés de velours et en soie rouge cramoi-
« sie, avec de longues casaques à la polonaise bordées
« de passements d'argent, avec des chapeaux rouges
« faits à la façon des heaumes antiques; leurs pour-
« points, plumages et bottines, étaient blancs. Ils
« avaient des ceintures de tocque d'argent, fort curieu-
« sement tissues de couleurs, jaune, rouge, bleu et
« blanc. Ils avaient sept chariots faits à l'antique, avec
« divers personnages qui étaient portés ès dits chariots.
« Ils avaient encore soixante dix-huit chariots com-
« muns avec des torches; les dits chariots étaient cou-
« verts de drap rouge bordé de blanc. Tous les char-
« retiers avaient des manteaux rouges, et, sur ces
« chariots, il y avait divers personnages, représentant
« plusieurs belles figures antiques, qui donnaient à
« entendre comment on s'assemblera en amitié pour
« départir amiablement ». La Pione de Malines fournit

une parade presque égale : trois cent vingt hommes à cheval, en étamine incarnate brodée d'or, sept chars antiques et chargés de figures, seize chariots blasonnés et flamboyants de feux de toute sorte. Joignez-y l'entrée des douze autres processions, et comptez les comédies, les pantomimes, les feux de joie, les banquets, qui suivirent. « Il y eut plusieurs autres semblables jeux, « qui furent joués pendant la paix ès autres villes.... » — « J'ai trouvé bon réciter ceci, dit Van Meteren, pour « montrer la bonne union et prospérité de ces pays en « ce temps-là. » — Après le départ de Philippe II, « au « lieu d'une cour, il semblait qu'il y en eût cent cin- « quante ». Les seigneurs faisaient assaut de magnificence, tenaient table ouverte, dépensaient sans compter : une fois, le prince d'Orange, voulant alléger son train, congédia d'un coup vingt-huit cuisiniers-chefs. Les maisons nobles foisonnaient de pages, de gentilshommes, de livrées superbes ; la pleine sève de la Renaissance débordait en folies et en excès, comme sous Élisabeth en Angleterre, habits pompeux, cavalcades, jeux, bonne chère. Le comte de Brederode but tant à un banquet de la Saint-Martin qu'il faillit mourir ; le frère du rhingrave mourut tout à fait, à table, pour avoir trop aimé le vin de Malvoisie. — Jamais la vie n'avait semblé si bonne et si belle. Comme à Florence au siècle précédent, sous les Médicis, elle a cessé d'être tragique ; l'homme s'est détendu ; les révoltes meurtrières, les guerres sanglantes de ville à ville et de corporation à corporation se sont apaisées ; on ne trouve qu'une sédition à Gand en 1536, aisément réprimée, sans grande effusion de sang, dernière et faible secousse, qu'on ne peut point comparer aux formidables insurrections du xve siècle. Marguerite d'Autriche, Marie de Hongrie, Marguerite de Parme, les trois gouvernantes, sont populaires; Charles Quint est un prince national, parle flamand, se vante d'être Gantois, protège par des traités les manufactures et le commerce du pays. Il le soigne et l'alimente; en revanche, la Flandre contribue pour presque moitié[1] à son revenu total; dans son troupeau d'États, elle est la grasse vache laitière, qu'on peut traire incessamment sans l'épuiser. — Ainsi, pendant que l'esprit s'ouvre, la température qui l'entoure s'adoucit. Ce sont les deux conditions d'une nouvelle pousse; on la voit poindre dans les fêtes des chambres de rhétorique, représentations classiques, toutes semblables au carnaval de Florence, bien différentes des inventions baroques qui s'entassaient dans les banquets des ducs de Bourgogne; en effet, à Anvers, les chambres de la Violette, de l'Olivier et de la Pensée, dit Guicciardini, donnent en public chez elles « des « comédies, des tragédies et autres histoires à l'imi- « tation des Grecs et des Romains ». Les mœurs, les idées et les goûts se sont transformés; il y a place pour un nouvel art.

Déjà, dans l'époque précédente, on voit les signes avant-coureurs du changement qui se prépare. De

---

[1]. Deux millions d'écus d'or sur cinq millions.

Hubert Van Eyck à Quentin Massys, la grandeur et le sérieux de la conception religieuse ont diminué. On n'a plus songé à exprimer toute la foi et toute la théologie chrétiennes en un seul tableau ; on a choisi des scènes de l'Évangile et de l'histoire, annonciations, adorations des bergers, jugements derniers, martyres, légendes morales. La peinture, épique entre les mains d'Hubert Van Eyck, devient idyllique entre celles de Memling, et presque mondaine entre celles de Quentin Massys. Elle se fait pathétique, intéressante, gracieuse. Les charmantes saintes, la belle Hérodiade et la svelte Salomé de Quentin Massys sont des châtelaines parées et déjà laïques ; l'artiste aime le monde réel pour lui-même, et ne le réduit pas à représenter le monde surnaturel ; il en fait, non un moyen, mais une fin. Les scènes de mœurs profanes se multiplient ; il peint des bourgeois dans leur boutique, des peseurs d'or, des figures amincies et des sourires finauds d'avares, des couples d'amants. Lucas de Leyde, son contemporain, est un ancêtre des peintres que nous appelons les petits Flamands ; son *Christ présenté*, sa *Danse de la Madeleine*, n'ont de religieux que le nom ; le personnage évangélique y est perdu dans les accessoires ; ce que le tableau représente véritablement, c'est une fête flamande à la campagne ou un attroupement de Flamands sur une place. En même temps Jérôme Bosch peint des diableries amusantes et comiques. Il est clair que l'art tombe du ciel en terre et va prendre pour objet, non plus le divin, mais l'humain. — Du reste, aucun des

procédés et aucune des préparations ne leur manquent ; ils savent la perspective, ils connaissent l'emploi de l'huile, ils ont le modelé et le relief ; ils ont étudié les types réels ; ils savent peindre les habits, les accessoires, les architectures, les paysages, avec une justesse et un fini surprenants ; leur habileté de main est admirable. — Un seul défaut les retient encore dans l'art hiératique : l'immobilité de leurs figures et les cassures raides de leurs étoffes. Ils n'ont plus qu'à observer le jeu rapide de la physionomie et le mouvement aisé du vêtement lâche ; cela fait, la renaissance sera complète ; le souffle du siècle est derrière eux et enfle déjà leurs voiles. Quand on regarde leurs portraits, leurs intérieurs, même leurs personnages sacrés, l'*Ensevelissement* de Quentin Massys, on est tenté de leur dire :
« Vous vivez ; encore un effort ; allons, remuez-vous,
« sortez tout à fait du moyen âge. Représentez l'homme
« moderne que vous trouvez en vous et hors de vous ;
« peignez-le fort, bien portant, content de vivre ;
« oubliez la créature maigre, ascétique et pensive qui
« rêve dans les chapelles de Memling. Si vous prenez,
« pour prétexte de tableau, des histoires religieuses,
« composez-le, comme les Italiens, de figures actives et
« saines ; mais que ces figures soient l'œuvre de votre
« goût national et personnel ; vous aussi, vous avez
« votre âme ; elle est flamande, non italienne ; que la
« fleur s'ouvre ; elle sera bien belle, si nous en jugeons
« par les boutons. » — Et, de fait, quand on regarde les sculptures du temps, la cheminée du Palais de Jus-

tice et le tombeau de Charles le Téméraire à Bruges, l'église et les monuments funéraires de Brou, on voit les promesses d'un art original et complet, moins sculptural et moins pur que celui des Italiens, mais plus varié, plus expressif, plus abandonné à la nature, moins soumis à la règle, plus voisin du réel, plus capable de manifester la personne et l'âme, les saillies, l'imprévu, les diversités, les hauts et les bas de l'éducation, de la condition, du tempérament, de l'âge, de l'individu; bref, un art germanique, qui annonce des successeurs lointains aux Van Eyck et des prédécesseurs lointains à Rubens.

Ils ne sont point venus, ou, du moins, ils ont mal accompli leur tâche. C'est qu'une nation ne vit point seule dans le monde; à côté de la renaissance flamande il y avait la renaissance italienne, et le grand arbre a étouffé la petite plante. Il florissait et grandissait depuis un siècle; la littérature, les idées, les chefs-d'œuvre de l'Italie précoce s'imposaient à l'Europe tardive, et les villes de Flandre par leur commerce, la dynastie d'Autriche par ses possessions et ses affaires italiennes, introduisaient dans le Nord les goûts et les modèles de la nouvelle civilisation. Vers 1520, les peintres flamands commencent à prendre exemple chez les artistes de Florence et de Rome. Jean de Mabuse est le premier qui en 1513, revenant d'Italie, introduit dans le style ancien le style italien, et les autres suivent. Il est si naturel quand on avance dans un pays

inexploré, de prendre la voie qu'on trouve toute faite !
Mais elle n'est pas faite pour ceux qui la prennent, et la
longue file des chars flamands va s'attarder et s'embourber dans l'ornière disproportionnée qu'une autre
suite de chars avait frayée.

Deux traits sont propres à l'art italien et tous deux
répugnent à l'imagination flamande. — D'un côté, cet
art a pour centre le corps humain naturel, sain, actif,
vigoureux, doué de toutes les aptitudes athlétiques,
c'est-à-dire nu ou demi-drapé, franchement païen,
jouissant en plein soleil, librement et noblement, de ses
membres, de ses instincts, de toutes ses facultés animales, comme faisait un Grec ancien dans sa cité et
dans sa palestre, ou comme le fait en ce moment un
Cellini dans les rues et sur les grands chemins. Or, un
Flamand n'entre pas aisément dans cette conception. Il
est d'un pays froid et humide ; on y grelotte quand on
est nu. Le corps humain n'y a point les belles proportions, les attitudes aisées que réclame l'art classique ; il
est souvent courtaud ou surnourri ; la chair blanche,
molle, flasque, aisément rougie, a besoin d'être habillée.
Quand le peintre revient de Rome et veut continuer
l'art italien, ses alentours sont contraires à son éducation ; il ne renouvelle plus son sentiment au contact
de la nature vivante, il est réduit à ses souvenirs.
D'ailleurs, il est de race germanique ; en d'autres
termes, il a un fonds de bonhomie morale et même de
pudeur ; il a peine à goûter l'idée païenne de la vie nue ;
il a plus de peine encore à comprendre la pensée fatale

et superbe[1] qui gouverne la civilisation et suscite les arts au delà des Alpes, celle de l'individu, complet, souverain, affranchi de toute loi, subordonnant le reste, hommes et choses, au développement de sa nature propre et à l'accroissement de ses facultés.

Notre peintre est parent, quoique à distance, de Martin Schoen et d'Albert Dürer, bourgeois, docile et régulier, amateur du confortable et de la décence, propre à la vie d'intérieur et de famille. Son biographe, Karl Van Mander, en tête de son livre, le munit d'instructions morales. Lisez ce traité patriarcal, et sentez la distance qui sépare un Rosso, un Jules Romain, un Titien, un Giorgione, de leurs élèves de Leyde ou d'Anvers : « Tous les vices, dit le brave Fla« mand, rapportent leur punition. — Démentez le pro« verbe qui prétend que le meilleur peintre est le plus « désordonné. — Sont indignes du nom d'artistes ceux « qui mènent une mauvaise vie. — Les peintres ne « doivent jamais se battre ni se quereller. — Ce n'est « pas un bon art que de gaspiller son bien. — Évitez, « dans votre jeune âge, de faire la cour aux femmes. « — Gardez-vous des femmes légères, qui corrompent « beaucoup de peintres. — Réfléchissez avant d'aller à « Rome, car on y a trop d'occasions de dépenser son « argent, et l'on ne peut pas y en gagner. — Rendez « toujours grâces à Dieu de ses dons. » Suivent des

---

1. Burckhardt, *Die Cultur der Renaissance in Italien*. — Livre admirable, le plus complet et le plus philosophique qu'on ait écrit sur la Renaissance italienne.

recommandations spéciales sur les auberges, les draps de lit et les punaises en Italie. Il est clair que de tels élèves, même en travaillant beaucoup, ne feront guère que des académies ; quand, par eux-mêmes, ils conçoivent l'homme, c'est habillé ; lorsque, à l'exemple de leurs maîtres italiens, ils voudront faire un corps nu, ce sera sans liberté, sans élan, sans invention vive ; et, de fait, dans tous leurs tableaux on ne trouve qu'une imitation froide, étriquée ; leur conscience est pédanterie ; ils font servilement et mal ce qu'au delà des monts on faisait naturellement et bien.

D'autre part, l'art italien, comme l'art grec et en général tout art classique, simplifie pour embellir ; il élimine, efface, réduit le détail ; c'est là son procédé pour donner plus de valeur aux grands traits ; Michel-Ange et la belle école florentine subordonnent ou suppriment les accessoires, les paysages, les fabriques, le costume ; l'essentiel pour eux est le type grandiose ou noble, la structure anatomique et musculaire, le corps nu ou lâchement drapé, pris en lui-même, abstraitement, par le retranchement des particularités qui font l'individu et marquent sa profession, son éducation, sa condition : c'est l'homme en général, et non tel homme, qu'ils représentent. Leurs personnages sont dans un monde supérieur, parce qu'ils sont d'un monde qui n'est pas ; le caractère propre de leur scène est la nullité du temps et du lieu. Rien de plus contraire au génie germanique et flamand, qui voit les choses telles qu'elles sont, tout entières et complexes, qui, dans l'homme, saisit, outre l'homme en général, le contemporain, le bourgeois, le paysan, l'ouvrier, tel bourgeois, tel ouvrier, tel paysan ; qui attache aux accessoires de l'homme une importance aussi grande qu'à l'homme, qui aime, non seulement la nature humaine, mais toute la nature animée et inanimée, bétail, chevaux, plantes, paysages, ciel et jusqu'à l'air lui-même, que ses sympathies plus larges empêchent de rien négliger, que son regard plus minutieux oblige à tout exprimer. — On comprend que, lorsqu'il se soumettra à une discipline si contraire, il perdra les qualités qu'il a, sans acquérir les qualités qu'il n'a pas ; que, pour se guinder dans le monde idéal, il amortira sa couleur, il effacera les détails vrais d'intérieur et de costume, il ôtera à ses figures l'irrégularité originale, qui est le propre du portrait et de la personne, il sera conduit à modérer le geste vif, qui est la saillie de la nature agissante et dérange la symétrie idéale. Mais il aura peine à faire tous ces sacrifices ; son instinct ne pliera qu'à demi sous son éducation ; on trouvera des réminiscences flamandes sous ses velléités italiennes ; tour à tour les unes et les autres prédomineront dans le même tableau : elles s'empêcheront mutuellement d'avoir tout leur effet, et cette peinture, incertaine, incomplète, tiraillée entre deux tendances, fournira des documents d'histoire et non des œuvres d'art.

Tel est le spectacle qui remplit en Flandre les trois derniers quarts du XVIe siècle. Comme un petit fleuve qui reçoit une grosse rivière et dont les eaux mélangées deviennent troubles, jusqu'à ce que l'afflux étranger ait imposé à tout le courant sa teinte plus forte, ainsi l'on voit le style national, envahi par le style italien, se bigarrer irrégulièrement et par places, disparaître par degrés, ne remonter que rarement à la surface, et à la fin s'enfoncer en des bas-fonds obscurs, pendant que l'autre s'étale à la lumière et attire tous les regards. Il est curieux de suivre dans les musées ce conflit des deux courants et les étranges effets que produit leur mélange. Le premier flot italien arrive avec Jean de Mabuse, Bernard Van Orley, Lambert Lombard, Jean Mostaert, Jean Schoreel, Lancelot Blondeel. Ils importent dans leurs tableaux des architectures classiques, des pilastres de marbre bigarré, des médaillons, des niches à coquilles, parfois des arcs de triomphe et des cariatides, parfois aussi des figures nobles et fortes de femmes drapées à l'antique, un corps nu bien portant, bien membré, bien vivant, de belle pousse païenne et saine; à cela se réduit leur imitation; pour le reste, ils suivent la tradition nationale. Leurs tableaux restent petits, comme il convient à des sujets de genre; presque toujours ils gardent la forte et riche couleur de l'âge précédent, les lointains montagneux et bleuâtres de Jean Van Eyck, les ciels clairs et vaguement teintés d'émeraude à l'horizon, les superbes étoffes chamarrées d'or et de pierreries, le relief puissant, la minutieuse exactitude du détail, les solides et honnêtes têtes bourgeoises. Mais, comme ils ne sont plus contenus par la gravité hiératique, ils tombent, en voulant s'émanciper, dans les maladresses naïves et les disparates burlesques; les enfants de Job, écrasés par la chute de leur palais, se démènent avec des grimaces et des contorsions de possédés; sur l'autre panneau du triptyque, le diable en l'air, pareil à une petite chauve-souris, monte vers un petit bon Dieu de missel. Des pieds trop longs, des mains ascétiques et grêles viennent dépareiller un corps bien venu. Une Cène de Lambert Lombard mêle à des ordonnances de Vinci des lourdeurs et des vulgarités flamandes. Un Jugement dernier de Bernard Van Orley introduit des diables de Martin Schoen parmi des académies de Raphaël. — A la génération suivante, la crue du flot commence à tout envahir : Michel Van Coxcyen, Heemskerk, Franz Floris, Martin de Vos, les Francken, Van Mander, Spranger, Porbus le vieux, plus tard Goltzius, quantité d'autres, ressemblent à des gens qui ne parleraient qu'italien, mais péniblement, avec un accent et quelques barbarismes. La toile s'agrandit et approche des proportions ordinaires d'un tableau d'histoire; la manière de peindre est moins simple; Karl Van Mander reproche à ses contemporains de « charger les pinceaux », ce qu'on ne faisait point autrefois, et de pratiquer avec excès les empâtements. Le coloris s'éteint; il devient de plus en plus blanchâtre, crayeux et blême. On se jette avec passion dans l'étude de l'anatomie, des raccourcis et des musculatures; le dessin devient sec et dur, et rappelle à la fois les orfèvres contemporains de Pollaiolo et les disciples exagérés de Michel-Ange; le peintre appuie lourdement ou violemment sur sa science; il insiste pour prouver qu'il sait manier le squelette et faire le mouvement; vous trouvez des Èves et des Adams, des Saints Sébastiens, des Massacres d'innocents, des Horatius Coclès, qui ressemblent à des écorchés vivants et grotesques; les personnages ont l'air de vouloir sortir de leur peau. Quand ils sont plus modérés, et que le peintre, comme Franz Floris dans sa *Chute des Anges*, imite avec discrétion les bons modèles classiques, ses nus ne sont pas beaucoup plus heureux; le sentiment du réel et la baroque imagination germanique font irruption parmi les formes idéales; des démons à tête de chat, de porc, de poisson, munis de trompes, de griffes, de crêtes, et soufflant le feu par la gueule, amènent la comédie bestiale et le sabbat fantastique au milieu du noble Olympe; c'est une bouffonnerie de Téniers insérée dans un poème de Raphaël. D'autres, comme Martin de Vos, se guindent pour faire le grand tableau religieux, figures imitées de l'antique, cuirasses, draperies et chlamydes, ordonnances qui essayent d'être régulières, gestes qui veulent être nobles, casques et têtes d'opéra; mais ils sont foncièrement peintres de genre, amateurs du réel et des accessoires; ils retombent à chaque instant dans leurs types flamands et leurs détails de ménage; leurs tableaux semblent des estampes coloriées et agrandies; ils seraient bien mieux s'ils étaient tout petits. On sent chez l'artiste un talent dévié, un naturel contrarié, un instinct appliqué à rebours, un prosateur né pour raconter des scènes de mœurs et auquel le goût public commande des épopées en grands vers alexandrins[1] — Encore un flot, et ces restes du génie national sembleront noyés tout à fait. Un peintre de famille noble, bien élevé, instruit par un érudit, homme de monde et de cour, favori des grands personnages italiens et espagnols qui mènent les affaires des Pays-Bas, Otto Venius, après sept ans passés en Italie, en rapporte les nobles et purs types antiques, le beau coloris vénitien, les tons fondus et doucement dégradés, les ombres pénétrées de lumière, la vague pourpre des chairs et des feuillages roussis ; sauf la verve, il est Italien, il n'a plus rien de sa race ; à peine si de loin en loin un fragment de costume, une attitude franche de vieillard accroupi le rattache à sa patrie. Il ne reste plus au peintre qu'à la quitter tout à fait. Denis Calvaert s'établit à Bologne, y fait école, rivalise avec les Carrache, est le maître du Guide ; en sorte que l'art flamand semble conduit par son propre cours à se supprimer lui-même au profit d'autrui.

Et cependant il subsiste sous l'autre. Le génie d'un peuple a beau plier sous une influence étrangère, il se redresse ; car elle est temporelle et il est éternel ; il

---

1. Analogie entre ce moment de la peinture flamande et l'état de la littérature anglaise après la Restauration. Dans les deux cas, un art germanique veut se faire classique ; dans les deux cas, le contraste de l'éducation et de la nature produit des œuvres hybrides et des avortements multipliés.

tient à la chair et au sang, à l'air et au sol, à la structure et au degré d'action des sens et du cerveau; ce sont là des forces vivaces, incessamment renouvelées, partout présentes, que l'admiration passagère d'une civilisation supérieure ne peut ni détruire ni entamer. On s'en aperçoit à la conservation de deux genres qui restent purs au milieu de l'altération croissante des autres. Mabuse, Mostaert, Van Orley, les deux Porbus, Jean Van Cleve, Antonis Moor, les deux Mierevelt, Paul Moreelse, font d'admirables portraits; souvent, dans les triptyques, les figures des Donataires, posées en file sur les volets, font contraste, par leur franche vérité, leur sérieux immobile, la profondeur naïve de leur expression, avec la froideur et l'arrangement artificiel du tableau principal; le spectateur se sent tout ranimé; au lieu de mannequins il trouve des hommes. — D'autre part, la peinture de genre, de paysage et d'intérieur, se forme Après Quentin Massys et Lucas de Leyde, on la voit se développer chez Jean Massys, Van Hemessen, les Breughel, Vinckebooms, les trois Valkenburg, Pierre Neefs, Paul Bril, surtout chez une multitude de graveurs et d'illustrateurs qui reproduisent, en feuilles volantes ou dans es livres, les moralités, les scènes de mœurs, les professions, les conditions et les événements du jour. Sans doute, pendant bien longtemps, cette peinture demeure fantastique et bouffonne; elle brouille la nature au gré e l'imagination déréglée; elle ne sait pas les vraies formes et la vraie teinte des arbres et des montagnes; elle fait hurler les personnages et jette, parmi les costumes du temps, des monstres grotesques semblables à ceux qu'on promenait dans les kermesses. Mais tous ces intermédiaires sont naturels et la conduisent insensiblement à son état final, qui est l'intelligence et l'amour de la vie réelle, telle que les yeux la voient. Ici, comme dans la peinture de portraits, la chaîne est complète, et le métal de tous ses anneaux est national ; par les Breughel, Paul Bril et Pierre Neefs, par Antonis Moor, les Porbus et les Mierevelt, elle rejoint les maîtres flamands et hollandais du xviie siècle. La rigidité des anciennes figures s'est assouplie; le paysage mystique est devenu réel; le passage de l'âge divin à l'âge humain s'est accompli. Ce développement spontané et régulier montre que les instincts nationaux persistent sous l'empire de la mode étrangère; vienne une secousse qui les relève, ils reprendront l'ascendant, et l'art se transformera avec le goût public. — Cette secousse est la grande révolte qui commence en 1572, la longue et terrible guerre de l'indépendance, aussi grandiose en ses événements, aussi féconde en ses suites que notre Révolution française. Là, comme chez nous, le monde moral, en se renouvelant, a renouvelé le monde idéal; l'art flamand et hollandais du xviie siècle, comme l'art et la littérature française du xixe siècle, est le contre-coup d'une vaste tragédie jouée pendant trente ans au prix de milliers de vies. Mais ici les échafauds et les batailles, ayant coupé la nation en deux, firent deux peuples : l'un catholique et légitimiste, la Belgique; l'autre protestant et républicain, la Hollande. Réunis en un seul, ils n'avaient eu qu'un esprit; divisés et opposés, ils en eurent deux. Anvers et Amsterdam eurent des conceptions différentes de la vie, partant des écoles de peinture différentes, et la crise politique, qui dédoubla le pays, dédoubla l'art.

III

Il faut regarder de près la formation de la Belgique[1] pour comprendre la naissance de l'école qui porte le nom de Rubens. — Avant la guerre de l'Indépendance, les provinces du Midi semblaient pencher vers la réforme autant que les provinces du Nord. En 1566, des bandes d'iconoclastes avaient dévasté les cathédrales d'Anvers, de Gand, de Tournay, et brisé partout, dans les églises et les abbayes, les images et les ornements qu'ils croyaient idolâtriques. Aux environs de Gand, des calvinistes armés, au nombre de dix mille et vingt mille, venaient écouter les prêches d'Hermann Stricker. Autour des bûchers, les assistants chantaient des psaumes, parfois lapidaient les bourreaux et délivraient les condamnés. Il avait fallu décréter la peine de mort pour réprimer les satires des chambres de rhétorique, et, quand le duc d'Albe commença ses massacres, tout le pays prit les armes. — Mais la résistance ne fut pas la même dans le Midi que dans le Nord; c'est qu'au Midi le sang germanique, la race indépendante et protestante n'était pas pure; une population mixte qui parle français, les Wal-

---

[1]. Tout le monde sait que ce nom date de la Révolution française. Je l'emploie ici comme plus commode. La désignation historique est celle de « Pays-Bas espagnols » pour la Belgique, et de « Provinces-Unies » pour la Hollande.

lons, faisait la moitié des habitants. D'ailleurs, le sol étant plus riche et la vie plus aisée, l'énergie y était moindre et la sensualité plus grande ; l'homme était moins décidé à souffrir et plus enclin à jouir. Enfin presque tous les Wallons, et les plus grandes familles, rattachées par la vie de cour aux idées de la cour, étaient catholiques. C'est pourquoi les provinces du Midi ne combattirent point avec l'opiniâtreté indomptable des provinces du Nord. Rien de semblable ici aux sièges de Maestricht, d'Alkmaar, de Harlem, de Leyde, où les femmes enrégimentées se faisaient tuer sur la brèche. Après la prise d'Anvers par le duc de Parme, les dix provinces rentrèrent dans l'obéissance, et commencèrent à part une vie nouvelle. Les citoyens les plus fiers et les calvinistes les plus fervents avaient péri dans les batailles, sur les échafauds, ou s'étaient réfugiés au nord dans les sept provinces libres. Les chambres de rhétorique s'y étaient exilées en masse. A la fin de l'administration du duc d'Albe, on estimait que soixante mille familles avaient émigré ; après la prise de Gand, onze mille habitants partirent encore ; après la capitulation d'Anvers, quatre mille tisserands s'en allèrent à Londres. Anvers perdit la moitié de ses habitants ; Gand et Bruges, les deux tiers ; des rues entières étaient vides ; dans la principale, à Gand, dit un voyageur anglais, deux chevaux paissaient l'herbe. Une grande opération chirurgicale avait vidé la nation de tout ce que les Espagnols appelaient son mauvais sang ; du moins celui qui resta était le plus tranquille. Il y a un grand fonds de docilité dans les races germaniques ; pensez aux régiments allemands exportés en Amérique au xviiiᵉ siècle et vendus pour mourir par leurs petits princes absolus ; une fois le souverain accepté, on lui est fidèle ; ayant des droits écrits, il semble légitime ; on est enclin à respecter l'ordre établi. En outre, la contrainte continue d'une nécessité irrémédiable faisait son effet ; l'homme s'accommode aux choses quand il a reconnu qu'il ne peut les changer ; les portions de son caractère qui ne peuvent se développer s'étiolent, et les autres s'épanouissent d'autant plus. Il y a des moments dans l'histoire d'une nation où elle ressemble au Christ transporté par Satan au sommet d'une montagne ; il s'agit pour elle de choisir entre la vie héroïque et la vie commode. Ici le tentateur était Philippe II avec ses armées et ses bourreaux ; soumis à la même épreuve, le peuple du Nord et le peuple du Midi décidèrent différemment, selon les petites différences de leur composition et de leur caractère. Le choix fait, ces différences allèrent croissant, exagérées par l'effet de la situation qu'elles avaient produite. Les deux peuples étaient deux variétés presque indistinctes de la même espèce ; ils devinrent deux espèces distinctes. Il en est des types moraux comme des types organiques ; à l'origine, ils sortent d'une souche commune, mais, plus ils s'achèvent, plus ils s'écartent ; c'est qu'ils se font en divergeant.

Désormais les provinces du Midi deviennent la Belgique. Ce qu'on y voit dominer, c'est le besoin de paix et de bien-être, la disposition à prendre la vie par le côté agréable et jovial; bref, l'esprit de Téniers. En effet, même dans une chaumière délabrée, dans une auberge nue, sur un banc de bois, on peut rire, chanter, fumer une bonne pipe, avaler une bonne chope; il n'est point déplaisant d'aller à la messe, qui est une belle cérémonie, ni de conter ses péchés à un jésuite qui est accommodant. Après la prise d'Anvers, Philippe II apprend avec satisfaction que les communions sont devenues bien plus fréquentes. Les couvents s'établissent par vingtaines. « C'est chose digne de remarque, « dit un contemporain, que depuis l'heureuse venue « des archiducs il s'est fait ici plus de nouvelles fon- « dations qu'en deux cents ans auparavant : » récollets, carmes réformés, minimes de saint François de Paule, carmélites, annonciades, jésuites surtout; en effet, ceux-ci apportent un christianisme nouveau, le mieux approprié à l'état du pays, et qui semble fabriqué exprès pour faire contraste avec celui des protestants. Soyez dociles d'esprit et de cœur; sur tout le reste, indulgence et tolérance : il faut voir là-dessus les portraits du temps, entre autres le joyeux gaillard qui fut le confesseur de Rubens. La casuistique se fait et sert pour les cas difficiles; sous son empire, toutes les peccadilles courantes sont à l'aise. D'ailleurs, le culte est exempt de pruderie et finit par être amusant. C'est à cette époque que la décoration intérieure des vieilles et graves cathédrales devient mondaine et sensuelle : ornements multipliés et contournés, flammes, lyres, pompons, paraphes, revêtements de marbres bigarrés, autels qui semblent des façades d'opéra, chaires baroques et divertissantes où s'entasse une ménagerie d'animaux sculptés; quant aux nouvelles églises, le dehors convient au dedans; à cet égard, celle des jésuites, bâtie à Anvers au commencement du xviie siècle, est instructive; c'est un salon rempli d'étagères. Rubens en avait fait les trente-six plafonds, et il est curieux de voir, ici et ailleurs, une religion ascétique et mystique accepter comme sujets édifiants les nudités les plus florissantes et les plus étalées, de plantureuses Madeleines, des Saints Sébastiens charnus, des madones que le mage nègre dévore de toute la convoitise de ses yeux, un étalage de chairs et d'étoffes dont le carnaval florentin n'égalait pas les provocations luxurieuses et la triomphante sensualité.

Cependant l'état politique transformé contribue à la transformation des esprits. L'ancien despotisme s'est détendu; aux rigueurs du duc d'Albe ont succédé les ménagements du duc de Parme. Après une amputation, quand on a largement saigné un homme, il faut le traiter par des calmants et des fortifiants; c'est pourquoi, après la pacification de Gand, les Espagnols laissent dormir les édits terribles qu'ils avaient portés contre l'hérésie. Plus de supplices : la dernière martyre est une pauvre servante enterrée vive en 1597. Au siècle suivant, Jordaens peut se faire protestant, avec sa femme et la famille de sa femme, sans être inquiété, et même sans perdre ses commandes. Les archiducs laissent les villes et les corporations s'administrer selon l'ancien usage,

s'imposer, faire leurs affaires; quand ils veulent obtenir une exemption de garde ou de maltôte pour Breughel de Velours, ils en font la demande à la commune. Le gouvernement devient régulier, demi-libéral, presque national; il n'y a plus d'extorsions, de razzias, de brutalités à l'espagnole. A la fin, pour conserver le pays, Philippe II est forcé de le laisser flamand, d'en faire un État à part. En 1599, il le détache de l'Espagne, et le cède en toute propriété aux archiducs Albert et Isabelle. « Les Espagnols ne firent jamais mieux, écrit l'am-
« bassadeur de France; il était impossible qu'ils se
« maintinssent dans le pays sans lui donner cette nou-
« velle forme, car tout allait se révolter. » Les États Généraux s'assemblent en 1600, et décident des réformes. On voit, par Guicciardini et les autres voyageurs, que la vieille constitution est sortie presque intacte des décombres où les violences militaires l'avaient enterrée. « A Bruges, écrit en 1653 M. de Monconys, chaque
« mestier a une maison commune où ceux de la vaca-
« tion s'assemblent pour les affaires de leur commu-
« nauté ou pour se réjouir; et tous les mestiers sont
« distribués en quatre parts, qui sont sous la domi-
« nation de quatre bourgmestres qui ont les clefs de la
« ville, le gouverneur n'ayant aucune juridiction ni pou-
« voir que sur les gens de guerre. » Les archiducs ont de la sagesse et pensent au bien public. En 1609, ils font la paix avec la Hollande; en 1611, leur édit perpétuel achève la réparation du pays. Ils sont ou se font populaires; Isabelle abat de sa main, sur la place du

Sablon, l'oiseau du grand serment des arbalétriers. Albert suit à Louvain les cours de Juste Lipse. Ils aiment, accueillent et s'attachent les artistes célèbres, Otto Venius, Rubens, Téniers, Breughel de Velours. Les chambres de rhétorique refleurissent, les Universités sont favorisées ; dans l'enceinte catholique et sous la main des jésuites, parfois même à côté, il se fait une sorte de renaissance de l'esprit, théologiens, controversistes, casuistes, érudits, géographes, médecins, historiens même ; Mercator, Ortelius, Van Helmont, Jansenius, Juste Lipse, sont Flamands et de cette époque. La *Description de la Flandre*, par Sander, énorme ouvrage achevé au prix de tant de peines, est un monument du zèle national et de l'orgueil patriotique. — En somme, si l'on veut se représenter l'état du pays, que l'on considère aujourd'hui quelqu'une de ses villes tranquilles et déchues, Bruges, par exemple. Sir Dudley Carleton, traversant Anvers en 1616, la trouve très belle, bien que presque vide. Sans doute il n'a jamais vu « quarante personnes dans toute une rue » ; pas un carrosse ni un homme à cheval, pas un acheteur dans une boutique. Mais les maisons sont bien entretenues ; tout est propre et soigné. Le paysan a rebâti sa chaumière brûlée et travaille à son champ ; la ménagère est à son ménage ; la sécurité est revenue et va ramener l'abondance ; il y a des tirs, des processions, des kermesses, de superbes entrées de princes. On rentre dans l'ancien bien-être, on n'aspire plus au delà, on laisse la religion aux mains de l'Église et le gouvernement aux mains du prince; ici comme à Venise, le cours des évènements a réduit l'homme à la recherche de la jouissance, et l'on s'y lance avec d'autant plus de force que le contraste des misères précédentes est plus fort.

En effet, quel contraste! Il faut avoir lu le détail de la guerre pour le mesurer. Cinquante mille martyrs avaient péri sous Charles Quint; dix-huit mille personnes avaient été suppliciées par le duc d'Albe ; ensuite le pays révolté avait supporté la guerre pendant treize ans. Les Espagnols n'avaient reconquis les grandes villes que par la famine, après de longs sièges. Au début, Anvers avait été saccagé pendant trois jours; sept mille bourgeois avaient été tués et cinq cents maisons brûlées. Le soldat vivait sur le pays, et on le voit, dans les gravures du temps, faisant sa main, fouillant les maisons, torturant le mari, outrageant la femme, et emportant sur une charrette les coffres et les meubles. Quand la paye manquait trop longtemps, ils se cantonnaient dans une ville; cela faisait une république de brigands ; sous un *eletto* de leur choix, ils exploitaient les environs à leur aise. Karl Van Mander, l'historien des peintres, revenant un jour dans son village, trouva sa maison pillée avec le reste; les soldats avaient pris jusqu'aux matelas et aux draps du lit de son vieux père malade. On mit Karl tout nu, et déjà on lui passait une corde au cou pour le pendre, quand il fut sauvé par un cavalier qu'il avait connu en Italie. Une autre fois, comme il était en route avec sa femme et son petit enfant, on lui enleva son argent, ses bagages, ses habits, les vêtements de sa femme, et jusqu'aux langes de l'enfant la mère ne garda qu'une petite jupe, l'enfant un mauvais filet, et Karl un vieux drap tout usé, dans lequel il s'enveloppait ; c'est dans cet équipage qu'il arriva à Bruges. — A ce régime, un pays « s'anéantit » ; les soldats eux-mêmes finissent par y mourir de faim, et le duc de Parme écrit à Philippe II que, s'il n'envoie rien, l'armée est perdue : « car on ne peut pas vivre sans manger. » — Au sortir de pareilles calamités, la paix semble un paradis ; ce n'est pas le bien qui réjouit l'homme, c'est le *mieux*, et ici le *mieux* est énorme. Enfin, on peut dormir dans son lit, amasser des provisions, jouir de son travail, voyager s'assembler, converser, sans crainte ; on a une maison, une patrie ; l'avenir s'ouvre. Toutes les actions ordinaires de la vie prennent un attrait et un intérêt ; on revit, et il semble qu'on vive pour la première fois. C'est en ces circonstances que se produisent toujours les littératures spontanées ou les arts originaux. La grande secousse qu'on vient de subir a fait tomber le vernis uniforme que la tradition et l'habitude étendaient sur les choses. On découvre l'homme ; on saisit les traits essentiels de sa nature renouvelée et transformée ; on voit son fond, ses instincts intimes, les puissances maîtresses qui dénotent sa race et vont diriger son histoire ; dans un demi-siècle on ne les verra plus, parce que pendant un demi-siècle on les aura vues ; mais, en attendant, la fraîcheur des choses est complète. L'esprit est devant elles comme Adam à son premier éveil ; c'est plus tard que la conception ira se raffinant et s'affaiblissant; en ce moment elle est large et simple. L'homme en est capable parce qu'il est né dans une société croulante et qu'il a été élevé dans des tragédies vraies; comme Victor Hugo et George Sand, Rubens enfant, en exil, près de son père emprisonné, a entendu chez lui et autour de lui les retentissements d'une tempête et d'un naufrage. Après la génération active qui a pâti et créé vient la génération poétique qui écrit, peint ou sculpte. Elle exprime et amplifie les énergies et les désirs du monde fondé par ses pères. C'est pourquoi l'art flamand va glorifier en types héroïques les instincts sensuels, la grosse et grande joie, l'énergie rude des âmes environnantes, et trouver l'Olympe de Rubens dans l'auberge de Téniers.

Parmi ces peintres, il en est un qui semble effacer tous les autres; en effet, dans l'histoire de l'art aucun nom n'est plus grand, et il n'y en a que trois ou quatre aussi grands. Mais Rubens n'est point un génie isolé, et le nombre comme la ressemblance des talents qui l'entourent montre que la floraison dont il est la plus belle poussé est le produit de sa nation et de son temps. Avant lui, Adam Van Noort, son maître[1] et le maître de Jordaens; autour de lui, ses contemporains élevés dans d'autres ateliers, et dont l'invention est aussi spontanée que la sienne, Jordaens, Crayer, Gérard

---

1. Voyez l'admirable *Pêche miraculeuse* de Van Noort, à Saint-Jacques d'Anvers (si elle est effectivement de Van Noort).

Zeghers, Rombouts, Abraham Jansens, Van Roose ; après lui ses élèves, Van Thulden, Diepenbecke, Van den Hoecke, Corneille Schut, Boyermans, Van Dyck, le plus grand de tous, Jean Van Oost de Bruges ; à côté de lui, de grands peintres d'animaux, de fleurs et d'accessoires, Snyders, Jean Fyt, le jésuite Seghers, et toute une école de graveurs célèbres, Soutman, Vorsterman, Bolswert, Pontius, Vischer ; la même sève fait végéter toutes les branches, les petites comme les grandes ; comptez encore les sympathies environnantes et l'admiration nationale. Il est clair qu'un tel art est l'effet, non d'un accident individuel, mais d'un développement général, et la certitude devient complète lorsque, considérant l'œuvre elle-même, on remarque les concordances qui la relient à son milieu.

D'un côté elle reprend ou suit les traditions de l'Italie et se trouve du même coup catholique et païenne. Elle est commandée par les églises et les couvents ; elle représente des scènes de la Bible et de l'Évangile ; le sujet est édifiant, et le graveur met volontiers, au bas de l'estampe, des sentences pieuses ou des rébus moraux. Pourtant, en fait, elle n'a rien de chrétien que son titre ; tout sentiment mystique ou ascétique en est exclu ; ses madones, ses martyrs, ses confesseurs, ses Christs, ses apôtres, sont de superbes corps florissants, bornés à la vie présente ; son paradis est un Olympe de dieux flamands bien nourris, qui ont du plaisir à remuer leurs membres ; on y est grand, vigoureux, charnu, content, et l'on s'y étale magnifiquement et gaillardement, comme dans une fête nationale ou dans une entrée princière. Sans doute l'Église baptise d'une étiquette convenable cette dernière fleur de la vieille mythologie ; mais ce n'est qu'un baptême, et souvent même il manque. Les Apollons, les Jupiters, les Castors, les Pollux, les Vénus, tous les anciens dieux revivent sous leur nom véritable dans les palais des rois et des grands qu'ils viennent décorer. C'est qu'ici, comme en Italie, la religion consiste en rites ; Rubens va tous les matins à la messe et donne un tableau pour avoir des indulgences ; après quoi, il rentre dans son poétique sentiment de la vie naturelle, et peint du même style une Madeleine débordante et une Sirène potelée ; sous le vernis catholique, les mœurs, la pratique, le cœur, l'esprit, tout est païen. — D'autre part, cet art est vraiment flamand ; tout s'y tient et part d'une idée mère qui est nationale et neuve ; il est harmonieux, spontané, original ; en cela il se distingue du précédent qui n'était qu'un pastiche discordant. De la Grèce à Florence, de Florence à Venise, de Venise à Anvers, on peut suivre tous les degrés du passage. La conception de l'homme et de la vie va perdant en noblesse et gagnant en largeur. Rubens est à Titien ce que Titien est à Raphaël et ce que Raphaël est à Phidias. Jamais la sympathie de l'artiste n'a saisi la nature avec un si franc et si universel embrassement. Les anciennes bornes, déjà plusieurs fois reculées, semblent arrachées, pour ouvrir la carrière infinie. Nul respect des convenances historiques ; il met ensemble des figures allégoriques et des figures réelles, des cardinaux et un Mercure nu. Nul souci des convenances morales ; il amène, dans le ciel idéal de la mythologie et de l'Évangile, des figures brutales ou malignes, une Madeleine qui est une nourrice, une Cérès qui coule à l'oreille de sa voisine un mot plaisant. Nulle crainte de choquer la sensibilité physique ; il va jusqu'au bout de l'horrible, à travers les tortures de la chair suppliciée et tous les soubresauts de l'agonie hurlante. Nulle crainte de choquer la délicatesse morale ; il fera de sa Minerve une mégère qui sait se battre, de sa Judith une bouchère accoutumée à saigner, de son Pâris un goguenard expert et un amateur friand. Pour traduire en paroles l'idée que crient tout haut ses Suzannes, ses Madeleines, ses Saint Sébastiens, ses Grâces, ses Sirènes, toutes ses kermesses divines ou humaines, idéales ou réelles, chrétiennes ou païennes, il faudrait des mots de Rabelais. Par lui, tous les instincts animaux de la nature humaine entrent sur la scène ; on les en avait exclus comme grossiers, il les ramène comme vrais ; chez lui, comme dans la nature, ils se rencontrent avec les autres. Rien ne lui manque, excepté les très purs et les très nobles ; il a sous sa main toute la nature humaine, sauf la plus haute cime. C'est pourquoi son invention est la plus vaste qu'on ait vue et comprend tous les types, cardinaux italiens, empereurs romains, seigneurs contemporains, bourgeois, paysans, vachères, avec les diversités innombrables que le jeu des forces naturelles imprime aux créatures, et plus de quinze cents tableaux ne suffisent pas à l'épuiser.

Par la même raison, dans la représentation du corps, il a compris plus profondément que personne le caractère essentiel de la vie organique; il surpasse ici les Vénitiens, comme ceux-ci surpassent les Florentins; il sent encore mieux qu'eux que la chair est une substance coulante en voie de renouvellement continu; et tel est plus qu'un autre le corps flamand, lymphatique, sanguin, vorace, plus fluide, plus rapidement en train de se faire et de se défaire que ceux dont la fibre sèche et la sobriété foncière maintiennent les tissus fixes. C'est pourquoi nul n'en a peint les contrastes avec un relief plus fort, ni manifesté aussi visiblement la destruction et la floraison de la vie, tantôt le mort lourd, flasque, vrai paquet d'amphithéâtre, tout vidé de sang et de substance, blafard, bleui, vergeté par son supplice, un caillot de sang à la bouche, les yeux vitreux, les pieds et les mains terreux, enflés, déformés, parce que la mort les a gagnés avant le reste, tantôt la fraîcheur des carnations vivantes, le beau jeune athlète épanoui et riant, la souplesse molle du torse ployant dans un corps adolescent bien nourri, les joues lisses et empourprées, la candeur placide d'une fillette dont nulle pensée n'a jamais accéléré le sang ou terni les yeux, les nichées de chérubins potelés et d'amours en goguette, la délicatesse, les plis, le rose délicieux et fondant de la peau enfantine qui semble un pétale de fleur humide de rosée et imprégné par la lumière du matin. Pareillement, dans la représentation de l'action et de l'âme, il a senti plus vivement que personne le caractère essentiel de la vie animale et morale, je veux dire le mouvement instantané que les arts plastiques sont obligés de saisir au vol. En cela encore il surpasse les Vénitiens, comme ceux-ci surpassent les Florentins. Personne n'a donné aux figures un tel élan, un geste si impétueux, une course si abandonnée et si furieuse, une agitation et une tempête si universelles de tous les muscles enflés et tordus par un seul effort. Ses personnages sont parlants ; leur repos lui-même est suspendu au bord de l'action ; on sent ce qu'ils viennent de faire et ce qu'ils vont faire. Le présent en eux est imprégné du passé et gros de l'avenir ; non seulement tout leur visage, mais toute leur attitude conspire à manifester le flot coulant de leur pensée, de leur passion, de tout leur être ; on entend le cri intérieur de leur émotion ; on pourrait dire les paroles qu'ils prononcent ; les plus fugitives et les plus fines nuances du sentiment sont chez Rubens : à cet égard, il est un trésor pour le romancier et le psychologue ; il a noté les délicatesses fuyantes de l'expression morale aussi bien que la mollesse rebondie de la pulpe sanguine ; nul n'est allé plus loin dans la connaissance de l'organisation vivante et de l'animal humain. — Muni de ce sentiment et de cette science, il a pu, conformément aux espérances et aux besoins de sa nation renouvelée, amplifier les puissances qu'il trouvait autour de lui et en lui-même, toutes celles qui fondent, entretiennent ou manifestent la vie débordante et triomphante d'une part, les ossatures gigantesques, les tailles et les carrures herculéennes, les muscles rouges et colossaux, les têtes barbues et truculentes, les corps surnourris, regorgeant de suc et de sève, le luxurieux étalage de la chair rosée et blanche ; d'autre part, les instincts bruts qui portent la créature humaine à la mangeaille, à la boisson, à la bataille, à la jouissance, la fureur sauvage du combattant, l'énormité du Silène ventru, la sensualité gaillarde du Faune, l'abandon de la belle créature sans conscience et grasse de son péché, la rudesse, l'énergie, la large joie, la bonhomie native, la sérénité foncière du type national. — Il agrandit encore ces effets par l'arrangement qu'il leur donne et par les accessoires dont il les entoure, magnificence des soies lustrées, des simarres chamarrées et des brocarts d'or, assemblage des corps nus, des costumes modernes et des draperies antiques, invention inépuisable d'armures, d'étendards, de colonnades, d'escaliers vénitiens, de temples, de dais, de navires, d'animaux, de paysages toujours nouveaux et toujours grandioses, comme si, par delà la nature ordinaire, il avait la clef d'une nature cent mille fois riche et qu'il puisse y puiser à l'infini de ses mains de magicien, sans que jamais ce libre jeu de sa fantaisie aboutisse aux disparates, mais au contraire avec un jet si vif et une prodigalité si naturelle, que ses œuvres les plus compliquées semblent un épanchement irrésistible d'une cervelle trop pleine. Comme un dieu indien qui est de loisir, il soulage sa fécondité en créant des mondes, et, depuis les incomparables pourpres froissées et reployées de ses simarres jusqu'aux blancheurs neigeuses de ses chairs ou la soie pâle de ses chevelures blondes, il n'y a pas un ton dans une de ses toiles qui ne soit venu se poser de lui-même en lui faisant plaisir.

Il n'y a qu'un Rubens en Flandre, comme il n'y a qu'un Shakespeare en Angleterre. Si grands que soient les autres, il leur manque une portion de son génie; Crayer n'a point ses audaces ni ses excès; il peint, avec des réussites délicieuses de coloris frais et moelleux, la beauté calme [1], affectueuse et heureuse. Jordaens n'a point sa grandeur royale et son fonds de poésie héroïque; il peint, avec un coloris vineux, des colosses trapus, des foules entassées et des plébéiens tapageurs. Van Dyck n'a point, comme lui, l'amour de la force et de la vie prises en elles-mêmes; plus délicat, plus chevaleresque, né avec un fonds de sensibilité et même de mélancolie, élégiaque dans ses tableaux d'église, aristocratique dans ses portraits, il peint, avec un coloris moins éclatant et plus touchant, des figures nobles, tendres, charmantes, dont l'âme généreuse et fine a des douceurs et des tristesses que son maître ne connaissait point [2]. — Son œuvre est le premier signe du changement qui va se faire; après 1660, il est déjà notable. La génération dont l'énergie et les espérances avaient inspiré le grand rêve pittoresque s'éteint, homme par

---

1. Voyez à Gand sa *Sainte Rosalie*; à Bruges, son *Adoration des Bergers*; à Rennes, son *Lazare*.
2. Voyez notamment ses tableaux d'église à Malines et à Anvers.

homme ; seuls, Crayer et Jordaens, à force de vivre, soutiennent l'art encore pendant vingt ans. La nation, un instant redressée, retombe ; sa renaissance n'aboutit pas. Les archiducs souverains, par lesquels elle était devenue un État indépendant, ont fini en 1633 ; elle rentre parmi les provinces espagnoles, sous un gouverneur envoyé de Madrid. Le traité de 1648 lui ferme l'Escaut et achève de ruiner son commerce. Louis XIV la démembre, et, à trois reprises, emporte d'elle un morceau. Quatre guerres successives la foulent pendant trente ans ; amis, ennemis, Espagnols, Français, Anglais, Hollandais, vivent sur elle ; les traités de 1715 font des Hollandais ses fournisseurs et ses garnisaires. A ce moment, devenue autrichienne, elle refuse le subside, mais les doyens des États sont mis en prison, et le principal, Anneessens, meurt sur l'échafaud ; c'est le dernier et faible écho de la grande voix des Artevelde. Désormais le pays est une simple province où les gens vivotent et ne s'occupent plus qu'à vivre. — En même temps, et par contre-coup, l'imagination nationale baisse. L'école de Rubens dégénère ; avec Boyermans, Van Herp, Jean-Erasme Quellin, le second Van Oost, Deyster, Jean Van Orley, on voit l'originalité et l'énergie disparaître ; le coloris s'affaiblit ou devient mignard ; les types amincis tournent à l'élégance ; les expressions sont sentimentales ou doucereuses ; sur les grandes toiles, les personnages, au lieu de tout couvrir, sont clairsemés ; on fait des remplissages avec des architectures ; la veine est usée ; on peint de pratique, ou l'on imite les maniéristes de l'Italie. Quelques-uns passent à l'étranger : Philippe de Champagne est directeur de l'Académie des beaux-arts à Paris, devient Français d'esprit et de patrie, bien plus, spiritualiste, janséniste, peintre consciencieux et savant d'âmes graves et réfléchies ; Gérard de Lairesse se fait disciple des Italiens, classique, académique, peintre érudit du costume et des vraisemblances historiques et mythologiques. La raison raisonnante prend l'empire dans les arts ; elle l'avait déjà pris dans les mœurs. — Deux tableaux du musée de Gand manifestent à la fois cette altération de la peinture et cette altération du milieu. Tous deux représentent des entrées princières, l'une en 1666, l'autre en 1717. Le premier, d'un beau ton rougeâtre, montre les derniers hommes de la grande époque, leur prestance cavalière, leur forte carrure, leur aptitude à l'action corporelle, leurs riches costumes décoratifs, leurs chevaux à grande crinière, ici des nobles, parents des seigneurs de Van Dyck, là des piquiers en buffle et en cuirasse, parents des soldats de Wallenstein ; bref, les derniers restes de l'âge héroïque et pittoresque. Le second, d'un ton froid et pâle, montre des gens affinés, adoucis, francisés, en perruques, des gentilshommes qui savent saluer, des femmes du monde qui songent à leur maintien ; bref, l'importation des mœurs de salon et des bienséances étrangères. Dans les cinquante années qui séparent le second du premier, l'esprit et l'art national ont disparu.

IV

Pendant que les provinces du Sud, désormais sujettes et catholiques, suivaient dans l'art la voie de l'Italie et représentaient sur la toile l'épopée mythologique du grand corps héroïque et nu, les provinces du Nord, devenant libres et protestantes, développaient dans un autre sens leur vie et leur art. Le climat y est plus pluvieux et plus froid, et, partant, la présence du nu est plus rare et moins sympathique. La race germanique y est pure, et, partant, l'esprit est moins enclin à goûter l'art classique, tel que la Renaissance italienne l'a conçu. La vie y est plus difficile, plus laborieuse, plus frugale, et, partant, l'homme, habitué à l'effort, au calcul, au gouvernement méthodique de lui-même, a plus de peine à comprendre le beau rêve de la vie sensuelle ou librement épanouie. Figurons-nous le bourgeois hollandais qui rentre chez lui, après avoir travaillé tout le jour à son comptoir. Sa maison n'a que de petites chambres, presque semblables aux cabines d'un navire ; on serait fort embarrassé d'y accrocher les grands tableaux qui ornent les salles d'un palais italien ; ce dont le maître a besoin, c'est de propreté et de confortable : il les a, cela lui suffit ; il ne tient pas à la décoration. — Selon les ambassadeurs vénitiens[1], « ils sont si modérés,

1. Motley, *United Netherland*, IV, 551. Relation de Contarini, 1609.

« qu'on ne voit chez les plus riches ni luxe ni pompe
« extraordinaire.... Ils ne font point usage de servi-
« teurs, d'habits de soie; très peu d'argenterie, point
« de tapisseries dans les maisons; tout le ménage est
« très mince et très limité.... Tous conservent chez eux
« et dehors, dans l'habillement et le reste, la vraie
« modération d'une modeste fortune, sans qu'on y voie
« de superflu. » Quand le comte de Leicester vint commander pour Élisabeth en Hollande, quand Spinola vint
traiter de la paix pour le roi d'Espagne, leur magnificence monarchique fit contraste et presque scandale.
Le chef de la république, le héros du siècle, Guillaume
d'Orange le Taciturne portait une vieille robe, qui eût
paru râpée à un étudiant, un pourpoint déboutonné
tout pareil, et un gilet de laine comme les bateliers.
Au siècle suivant, l'adversaire de Louis XIV, le grand-
pensionnaire Jean de Witt, n'avait qu'un domestique ;
tout le monde pouvait l'aborder ; il imitait son glorieux
prédécesseur, qui vivait de pair à compagnon avec « les
« brasseurs et les bourgeois ». Aujourd'hui encore on
retrouve dans les mœurs maint indice de la sobriété
antique. Il est clair que, dans des caractères semblables,
il n'y a guère de place pour les instincts décoratifs ou
voluptueux, qui ont établi ailleurs en Europe la parade
seigneuriale et fait comprendre la poésie païenne des
beaux corps.

En effet, ce sont les instincts contraires qui prennent
l'ascendant. Allégée du contrepoids que lui faisaient les
provinces du Midi, la Hollande, à la fin du xvie siècle,

penche tout d'un coup, et avec une force extraordinaire, du côté où son naturel l'entraînait. On voit apparaître avec un éclat magnifique les facultés et les inclinations primitives ; elles ne naissent pas, elles se montrent. Cent cinquante années auparavant, les bons observateurs les avaient démêlées : « La Frise est libre,
« disait le pape Æneas Sylvius[1], vit selon ses coutumes,
« ne supporte pas d'obéir aux étrangers, ne souhaite
« pas commander à d'autres. Le Frison ne fait pas dif-
« ficulté de s'offrir à la mort pour la liberté. Cette
« nation, fière et exercée aux armes, grande et robuste
« de corps, calme et intrépide par l'âme, se glorifie
« d'être libre, quoique Philippe, le duc de Bourgogne,
« se dise seigneur du pays. Ils haïssent la morgue féo-
« dale et militaire, ne tolèrent pas l'homme qui veut
« lever la tête au-dessus des autres. Leurs magistrats
« sont annuels, élus par eux, tenus d'administrer avec
« équité la chose publique.... Ils punissent très sévère-
« ment l'impudicité chez les femmes.... Ils ont peine à
« accepter un prêtre sans épouse ; c'est par crainte
« qu'il ne corrompe la femme d'autrui, car ils estiment
« que la continence est très difficile et au-dessus de la
« nature. » Toutes les conceptions germaniques de l'État, du mariage, de la religion, sont ici en germe et annoncent la floraison finale, qui est le protestantisme et la république. Mis à l'épreuve par Philippe II, ils firent d'avance le sacrifice « de leurs biens et de leurs

---

1. *Cosmographia*, 421

« vies ». Un petit peuple de marchands perdu sur un tas de boue, à l'extrémité d'un empire plus vaste et plus redouté que celui de Napoléon, résista, subsista, grandit sous le poids du colosse qui voulait l'écraser. Tous leurs sièges sont admirables; des bourgeois, des femmes, aidés par quelques centaines de soldats, arrêtent devant leurs murailles ruinées une armée complète, les meilleures troupes de l'Europe, les plus grands généraux, les plus savants ingénieurs; et ce reste d'exténués, après avoir mangé pendant quatre et six mois des rats, des feuilles et du cuir bouilli, décide, plutôt que de se rendre, qu'on sortira en carré, les infirmes au centre, pour se faire tuer sur les retranchements de l'ennemi. Il faut avoir lu le détail de cette guerre pour savoir jusqu'où peuvent aller la patience, le sang-froid, l'énergie de l'homme[1]. Sur mer, un vaisseau hollandais se faisait sauter plutôt que d'amener pavillon, et leurs voyages de découverte, de fondation et de conquête, à la Nouvelle-Zemble, dans l'Inde, au Brésil, par le détroit de Magellan, sont aussi beaux que leurs combats. Plus on demande à la nature humaine et plus elle donne; ses facultés s'exaltent à l'œuvre, et l'on n'aperçoit plus de limites à sa puissance de faire et de souffrir. — Enfin, en 1609, après trente-sept ans de guerre, la partie est gagnée; l'Espagne reconnaît leur indépendance, et pendant tout le xviie siècle ils vont jouer en Europe l'un des premiers rôles. Personne

---

1. Entre autres, la prise de Bois-le-Duc par Heraugière et 69 volontaires.

ne les fera plier, ni l'Espagne pendant une seconde guerre de vingt-sept ans, ni Cromwell, ni Charles II, ni l'Angleterre unie à la France, ni la nouvelle et formidable puissance de Louis XIV ; après trois guerres, ils verront ses ambassadeurs venir humblement et inutilement les implorer à Gertruydenberg, et leur grand-pensionnaire Heinsius sera l'un des trois potentats qui alors mèneront l'Europe. — A l'intérieur, leur gouvernement est aussi bon que leur rang extérieur est haut. Pour la première fois dans le monde, la conscience est libre, et le citoyen est respecté dans tous ses droits. Leur État est une société de provinces volontairement unies, qui, chacune chez soi, maintiennent, avec une perfection jusqu'alors inconnue, la sécurité publique et l'indépendance des individus : « Ils aiment tous la
« liberté, dit Parival en 1660 ; il n'est pas permis
« chez eux de battre ni de gourmander personne, et les
« servantes ont tant de privilèges que les maîtres eux-
« mêmes ne les osent pas frapper. » Et, plein d'admiration, il insiste à plusieurs reprises sur ce merveilleux respect de la personne humaine. « Il n'y a point aujour-
« d'hui de province en tout le monde qui jouisse de
« tant de liberté que la Hollande, avec une si juste
« harmonie que les petits ne peuvent être gourmandés
« par les grands, ni les pauvres par les riches et opu-
« lents.... Sitôt qu'un seigneur a amené dans ce pays-ci
« quelques serfs ou esclaves, ils sont libres ; oui, et
« l'argent qu'il a donné en les achetant est perdu....
« Les villageois, ayant payé ce qu'ils doivent, sont aussi

« libres que les citadins.... Surtout, un chacun est roi
« dans sa maison, et c'est un crime très dangereux
« d'avoir violenté un bourgeois en son logis. » Chacun
peut sortir du pays quand il veut, avec l'argent qu'il
veut. Jour et nuit, les chemins sont sûrs, même pour
un homme qui voyage seul. Défense au maître de retenir un domestique malgré lui. Personne n'est recherché
pour sa religion. Liberté de parler de tout, « même des
« magistrats », et d'en médire. Égalité foncière : « Ceux
« qui possèdent les offices doivent plutôt se faire aimer
« par une communication ouverte, que se préférer aux
« autres par une humeur altière. » A une telle nation,
la prospérité ne peut faire défaut; quand l'homme est
à la fois énergique et juste, tout le reste lui est donné
par surcroît. Amsterdam n'avait que 70 000 habitants
au commencement de la guerre de l'Indépendance; en
1618 elle en a 300 000. Les ambassadeurs vénitiens
écrivent qu'à toute heure du jour le fourmillement des
habitants est celui d'une foire; son étendue s'accroît
des deux tiers; l'espace que peut recouvrir un pied
d'homme y est payé un ducat d'or. La campagne vaut
la ville. Nulle part le paysan n'est si riche et si habile à
tirer parti du sol : un village possède 4000 vaches; un
bœuf pèse 2000 livres; un fermier offre sa fille au
prince Maurice avec 100 000 florins de dot. Nulle part
l'industrie et les fabriques ne sont si parfaites : toiles,
miroirs, raffineries de sucre, porcelaines, poteries, étoffes
riches de satin, de soie et de brocart, manufactures de
fer, d'agrès de navires; ils fournissent à l'Europe la

moitié de son luxe et presque tous ses transports. Mille navires vont chercher les matières brutes dans la Baltique, huit cents pêchent le hareng; de grandes Compagnies ont le monopole du commerce avec l'Inde, la Chine, le Japon; Batavia est le centre d'un empire hollandais. A ce moment[1], la Hollande est sur les mers et dans le monde ce que l'Angleterre était sous Napoléon. Elle a 100 000 matelots; en temps de guerre, elle pourrait armer 2000 navires; cinquante ans plus tard, elle tiendra tête à toutes les flottes unies de la France et de l'Angleterre; d'année en année, on voit s'élargir le grand courant de ses prospérités et de ses succès.

Mais la source est encore plus belle que le courant; car, ce qui l'entretient, c'est une surabondance de courage, de raison, d'abnégation, de volonté et de génie : « Ces peuples, disent les ambassadeurs vénitiens, « sont si enclins à l'industrie et au travail qu'il n'est « aucune chose si difficile qu'ils n'entreprennent d'en « venir à bout.... Ils sont nés pour travailler et se « priver, et tous travaillent, qui d'une façon, qui d'une « autre. » Beaucoup produire, peu consommer, c'est ainsi que s'accroît une fortune publique. « Les plus « pauvres, dans leurs petites et humbles habitations », ont toutes les choses nécessaires. Les plus riches, dans leurs grandes maisons, évitent le superflu et la parade; personne ne manque, personne n'abuse, tout le monde fait œuvre de ses mains ou de son esprit. « On fait ici profit

1. 1609.

« de tout, dit Parival ; il n'y a pas jusqu'à ceux qui
« tirent les ordures du fond des canaux... qui ne gagnent
« un demi-écu par jour. Les enfants même, qui
« apprennent leur métier, gagnent presque d'abord leur
« pain. — Ils sont si ennemis du mauvais gouvernement
« et de l'oisiveté, qu'il y a des endroits où les magistrats
« font enfermer les oisifs et vagabonds et ceux qui ne
« gouvernent pas bien leurs affaires, étant suffisant que
« leurs femmes ou d'autres de leurs parents se plaignent
« aux magistrats, et, dans ces endroits, ils sont forcés
« de travailler et de gagner leur vie, encore qu'ils ne le
« veuillent pas. » Les couvents ont été transformés en
hôpitaux, en asiles, en orphelinats, et les anciens revenus
des moines oisifs nourrissent les invalides, les vieillards,
les veuves et les enfants des soldats et des marins qui
ont péri à la guerre. L'armée est si bonne, qu'un simple
gendarme pourrait être capitaine dans une armée italienne, et qu'un capitaine italien n'y serait pas admis
comme simple gendarme. — Pour la culture et l'instruction, comme pour l'art d'organiser et de gouverner,
ils sont en avance de deux siècles sur le reste de l'Europe.
On trouve à peine chez eux un homme, une femme, un
enfant, qui ne sache lire et écrire[1]. Dans chaque village
est une école publique. Dans une famille bourgeoise,
tous les garçons entendent le latin, et toutes les filles le
français. Quantité de gens écrivent et parlent plusieurs
langues modernes. Ce n'est pas simple précaution, habi-

1. 1609.

tude d'approvisionnement, calcul d'utilité; ils sentent aussi la dignité de la science. Leyde, à qui les États Généraux proposent une récompense après sa défense héroïque, demande une Université; à tout prix, on y attire les plus grands savants de l'Europe; les États écrivent et font écrire par Henri IV à Scaliger pauvre et précepteur, pour qu'il vienne honorer la ville de sa présence; on ne lui demande pas de leçons; il suffit qu'il vienne : il conversera avec les érudits, les dirigera, et fera participer la nation à la gloire de ses écrits. Sous ce régime, Leyde devient l'école la plus renommée de l'Europe; elle a deux mille étudiants; la philosophie, chassée de France, s'y réfugie; pendant le xviie siècle, la Hollande est le premier des pays pensants. Les sciences positives y trouvent leur sol natal ou leur patrie d'emprunt. Scaliger, Juste Lipse, Saumaise, Meursius, les deux Heinsius, les deux Dousa, Marnix de Sainte-Aldegonde, Hugo Grotius, Snellius, y guident l'érudition, le droit, la physique, les mathématiques. Les Elzevirs impriment. Lindshoten et Mercator instruisent les voyageurs et font la géographie. Hooft, Bor et Van Meteren écrivent l'histoire de la nation. Jacob Cats lui donne sa poésie. La théologie, qui est la philosophie du temps, reprend avec Arminius et Gomar la question de la grâce, et agite jusque dans les moindres villages l'esprit des paysans et des bourgeois. Enfin, en 1619, le synode de Dordrecht est le concile œcuménique de la Réforme. — A cette primauté de l'intelligence spéculative joignez celle du génie pratique; depuis Barnevelt jusqu'aux de Witt, depuis le Taciturne jusqu'à Guillaume III, depuis Heemskerck, l'amiral, jusqu'à Tromp et Ruyter, une suite d'hommes supérieurs conduisent la guerre et les affaires. — C'est dans ces circonstances que paraît l'art national. Tous les grands peintres originaux naissent dans les trente premières années du xviie siècle, quand la Hollande est fondée, quand les suprêmes dangers sont écartés, quand la victoire finale est assurée, quand l'homme, sentant les grandes choses qu'il a faites, montre à ses enfants la carrière ouverte par son grand cœur et ses fortes mains. Ici, comme ailleurs, l'artiste est le fils du héros. Les facultés qui se sont employées à créer un monde réel débordent au delà, maintenant que l'œuvre est accomplie, et s'emploient à créer un monde imaginaire. L'homme a trop fait pour se remettre à l'école; devant lui, autour de lui, c'est son action qui peuple le champ ouvert à sa vue; elle est si glorieuse et si féconde qu'il peut longuement l'admirer et la contempler; il ne subordonne plus sa pensée à une pensée étrangère; ce qu'il cherche et ce qu'il découvre, c'est son sentiment propre; il ose s'y confier, le suivre jusqu'au bout, ne pas imiter, tout tirer de lui-même, inventer sans autre guide que les sourdes préférences de ses sens et de son cœur. Ses puissances intimes, ses aptitudes foncières, ses instincts primitifs et héréditaires, sollicités et fortifiés par l'épreuve, continuent d'agir après l'épreuve, et, après avoir fait une nation, font un art.

Considérons cet art; il manifeste, par des couleurs et

des formes, tous les instincts qui viennent de se montrer dans les actions et les œuvres. — Tant que les sept provinces du Nord et les dix provinces du Midi n'avaient formé qu'une nation, elles n'avaient eu qu'une école. Engelbrecht, Lucas de Leyde, Jean Schoreel, le vieil Heemskerck, Corneille de Harlem, Bloemaert, Goltzius, peignent dans le même style que leurs contemporains de Bruges et d'Anvers. Il n'y a point encore d'école hollandaise distincte, parce qu'il n'y a point encore d'école belge distincte. Au moment où commence la guerre de l'Indépendance, les peintres du Nord travaillaient à se faire Italiens comme les maîtres du Midi. — Mais, à partir de 1600, tout change, dans la peinture comme dans le reste. La sève nationale qui afflue donne l'ascendant aux instincts nationaux. Plus de nus; le corps idéal, le bel animal humain qui vit en plein soleil, la noble symétrie des membres et de l'attitude, le grand tableau allégorique ou mythologique, ne conviennent pas au goût germanique. D'ailleurs, le calvinisme qui règne les exclut de ses temples, et, dans ce peuple de travailleurs économes et sérieux, on ne trouve point la représentation seigneuriale, l'épicurisme étalé et grandiose, qui, ailleurs, dans les palais, près des argenteries, des livrées et des meubles de luxe, appellent le tableau sensuel et païen. Quand Amélie de Solm voudra élever un monument de ce style à son mari le stathouder Frédéric-Henri, elle sera obligée de faire venir à l'Orangesaal des peintres flamands, Van Thulden et Jordaens. Pour ces imaginations réalistes et parmi ces mœurs républicaines, dans ce pays où un cordonnier armateur peut se trouver vice-amiral, le personnage intéressant est le citoyen, un homme de chair et d'os, non pas habillé ou déshabillé à la grecque, mais avec son costume et son attitude ordinaires, tel magistrat qui gouverne bien, tel officier qui s'est bravement battu. Il n'y a qu'un emploi pour le style héroïque : ce sont les grands portraits qui décorent les hôtels de ville et les établissements publics, en commémoration des services rendus. Et, de fait, on voit naître ici un genre nouveau de peinture, le vaste tableau qui comprend cinq, dix, vingt, trente portraits en pied de grandeur naturelle, administrateurs d'hôpital, arquebusiers qui vont au tir, syndics assemblés autour d'une table, officiers qui portent un toast dans un banquet, professeurs qui démontrent à l'amphithéâtre, tous groupés autour d'une action conforme à leur état, tous figurés avec les habits, les armes, les bannières, les accessoires et les alentours que fournissait leur vie réelle, véritable tableau d'histoire, le plus instructif et le plus expressif de tous, où Franz Hals, Rembrandt, Govaert Flinck, Ferdinand Bol, Théodore de Keyser, Jean Ravenstein, ont représenté l'âge héroïque de leur nation, où les têtes sensées, énergiques, loyales, ont la noblesse de la force et de la conscience, où le beau costume de la Renaissance, les écharpes, les justaucorps de buffle, les fraises, les collerettes ouvragées, le pourpoint et le manteau noirs entourent de leur sérieux et de leur éclat la solide prestance des corps résistants et l'expression franche des physionomies, où l'artiste, tantôt par la mâle simplicité de ses moyens, tantôt par la sincérité et la puissance de sa conviction, devient l'égal de ses héros.

Telle est la peinture publique ; reste la peinture privée, celle qui orne les maisons des particuliers et qui, par ses dimensions comme par ses sujets, s'accommode à la condition et au caractère de ses acheteurs. « Il n'y a si pauvre bourgeois, dit Parival, qui ne « veuille en être bien pourvu. » Un boulanger paye six cents florins une seule figure par Van der Meer de Delft. Avec la propreté et l'agrément de l'intérieur, c'est là leur luxe ; « ils n'y plaignent pas l'argent, « qu'ils épargnent plutôt sur leur dépense de bouche. » Ici reparaît l'instinct national, tel qu'il s'était montré à la première époque, dans les Van Eyck, Quentin Massys et Lucas de Leyde. Et c'est bien l'instinct national ; il est si intime et si vif, que, même en Belgique, près de la peinture mythologique et décorative, il coule chez les Breughel et les Teniers, comme un petit ruisseau à côté d'un large fleuve. — Ce qu'il exige et ce qu'il provoque, c'est la représentation de l'homme réel et de la vie réelle, tels que les yeux les voient : bourgeois, paysans, bétail, échoppes, auberges, appartements, rues et paysages. On n'a pas besoin de les transformer pour les ennoblir ; il leur suffit d'être, pour être dignes d'intérêt. La nature par elle-même, quelle qu'elle soit, humaine, animale, végétale, inanimée, avec ses irrégularités, ses trivialités, ses lacunes, a raison d'être comme elle est ; dès qu'on la comprend, on l'aime et on

jouit de la voir. L'art a pour but, non de l'altérer, mais de l'interpréter ; à force de sympathie, il la rend belle. Ainsi entendue, la peinture peut représenter la ménagère qui file dans sa chaumière, le menuisier qui pousse son rabot sur son établi, le chirurgien qui panse le bras d'un rustre, la cuisinière qui embroche sa volaille, la dame riche à qui l'on donne à laver, tous les intérieurs, depuis le taudis jusqu'au salon, tous les types, depuis la trogne enluminée du gros buveur jusqu'au sourire calme de la demoiselle bien apprise, toutes les scènes de la vie élégante ou rustique, une partie de cartes dans une salle tapissée de fleurons d'or, une ripaille de paysans dans une auberge nue, des patineurs sur un canal glacé, des vaches à l'abreuvoir, des barques sur la mer, et toute l'infinie diversité du ciel, des terrains, de l'eau, de la nuit et du jour. Terburg, Metzu, Gérard Dow, Van der Meer de Delft, Adrien Brouwer, Schalken, Franz Mieris, Jean Steen, Wouwermans, les deux Van Ostade, Wynants, Cuyp, Van der Neer, Ruysdael, Hobbema, Paul Potter, Backhuysen, les deux Van de Velde, Philippe de Kœnig, Van der Heyden, combien en citerais-je ! Il n'y pas d'école où les talents originaux soient si nombreux ; lorsque l'art a pour domaine, non une cime bornée, mais toute la large étendue de la vie, il offre à chaque esprit un champ distinct ; l'idéal est étroit et ne se laisse habiter que par deux ou trois génies ; le réel est immense et fournit des places à cinquante talents.
— Une paisible et heureuse harmonie se dégage de

toutes ces œuvres ; on se repose à les regarder ; l'âme de l'artiste, comme celle de ses personnages, est en équilibre ; on serait bien et à l'aise dans son tableau. On voit qu'il n'imagine pas au delà ; il semble qu'il soit, comme ses figures, content de vivre ; la nature lui paraît bonne ; tout ce qu'il songe à lui ajouter, c'est un arrangement, un ton près d'un ton, un effet de lumière, un choix d'attitudes ; devant elle, il est comme un Hollandais heureux et marié devant sa femme ; il ne la souhaite point autre ; il l'aime par habitude de cœur et concordance intime ; tout au plus, tel jour de fête, il lui demandera de mettre sa robe rouge, au lieu de sa robe bleue. Il ne ressemble pas à nos peintres, observateurs raffinés, remplis par les livres et les journaux de philosophie et d'esthétique, qui peignent le paysan et l'ouvrier comme le Turc et l'Arabe, c'est-à-dire à titre d'animal curieux et de spécimen intéressant, qui portent dans leurs paysages des délicatesses, des raffinements et des émotions de citadins et de poètes, pour en dégager la vie sourde et le rêve silencieux. Il est bien plus naïf ; l'excès de la vie cérébrale ne l'a point détraqué ni surexcité ; comparé à nous, c'est un artisan ; quand il entre dans la peinture, il n'a que des intentions pittoresques ; il est moins touché par le détail inattendu et frappant que par les grands traits généraux et simples. A cause de cela, son œuvre, plus saine et moins poignante, s'adresse à des âmes moins cultivées et fait plaisir à plus d'hommes. — Parmi tous ces peintres, deux seulement, Ruysdael, par une finesse d'âme et une supériorité d'éducation singulières, Rembrandt surtout, par une structure d'œil particulière et une sauvagerie extraordinaire de génie, ont poussé au delà de leur nation et de leur siècle, jusqu'aux instincts communs qui relient les races germaniques et conduisent aux sentiments modernes. Celui-ci, collectionneur, solitaire, entraîné par le développement d'une faculté monstrueuse, a vécu, comme notre Balzac, en magicien et en visionnaire, dans un monde construit par lui-même et dont seul il avait la clef. Supérieur à tous les peintres par la délicatesse et l'acuité natives de ses perceptions optiques, il a compris et suivi dans toutes ses conséquences cette vérité, que pour l'œil toute l'essence d'une chose visible est dans *la tache*, que d'ailleurs la plus simple couleur est infiniment complexe, que toute sensation visuelle est un produit de ses éléments et, en outre, de ses alentours, que chaque objet dans le champ visuel n'est qu'une tache modifiée par d'autres taches, et qu'ainsi le principal personnage d'un tableau est l'air coloré, vibrant, interposé, dans lequel les figures sont plongées comme les poissons dans la mer. Il a rendu cet air palpable, il en a montré la vie fourmillante et mystérieuse; il y a fait entrer la lumière de son pays, lumière débile et jaunâtre, comme celle d'une lampe dans une cave; il a senti le douloureux combat qu'elle livre à l'ombre, la défaillance des rayons plus rares qui vont mourir dans les profondeurs, les tremblotements des reflets qui s'accrochent en vain aux parois luisantes, et toute cette population vague des demi-ténèbres, qui, invisible au regard ordinaire, semble, dans ses tableaux et ses estampes, un monde sous-marin entrevu à travers l'abîme des eaux. Au sortir de cette obscurité, la pleine lumière a été pour ses yeux une pluie éblouissante ; il l'a sentie comme un flamboiement d'éclairs, comme une illumination magique, ou comme une gerbe de dards. En sorte qu'il a trouvé dans le monde inanimé le drame le plus complet et le plus expressif, tous les contrastes, tous les conflits, ce qu'il y a de plus accablant et de plus mortellement lugubre dans la nuit, ce qu'il y a de plus fuyant et de plus mélancolique, dans l'ombre ambiguë, ce qu'il y a de plus violent et de plus irrésistible dans l'irruption du jour. — Cela fait, il n'a eu qu'à poser sur le drame naturel le drame humain ; un théâtre ainsi construit désigne lui-même ses personnages. Les Grecs et les Italiens n'avaient connu de l'homme et de la vie que les pousses les plus droites et les plus hautes, la fleur saine qui s'épanouit dans la lumière ; il en a vu la souche, tout ce qui rampe et moisit dans l'ombre, les avortons déformés et rabougris, le peuple obscur des pauvres, la juiverie d'Amsterdam, la populace fangeuse et souffrante d'une grande ville et d'un mauvais climat, le gueux bancal, la vieille idiote bouffie, le crâne chauve de l'artisan usé, la face blême du malade, toute la foule grouillante des passions mauvaises et des misères hideuses qui pullulent dans nos civilisations comme des vers dans un arbre pourri. Une fois sur cette voie, il a pu

comprendre la religion de la douleur, le christianisme
véritable, interpréter la Bible comme aurait fait un lol-
lard, retrouver le Christ éternel, présent aujourd'hui
comme autrefois, aussi vivant dans un cellier ou une
auberge de Hollande que sous le soleil de Jérusalem,
le consolateur et le guérisseur des misérables. seul
capable de les sauver, parce qu'il est aussi pauvre et
encore plus triste qu'eux. Lui-même, par contre-coup,
il a senti la pitié; à côté des autres qui semblent des
peintres d'aristocratie, il est peuple; du moins, il est le
plus humain de tous; ses sympathies plus larges
embrassent la nature plus à fond; aucune laideur ne
lui répugne, aucun besoin de joie ou de noblesse ne lui
dissimule aucun bas-fond de la vérité. — C'est pourquoi,
libre de toute entrave et guidé par la sensibilité excessive de ses organes, il a pu représenter dans l'homme,
non seulement la charpente générale et le type abstrait
qui suffisent à l'art classique, mais encore les particularités et les profondeurs de l'individu, les complica-
tions infinies et indéfinissables de la personne morale,
toute cette empreinte mouvante qui concentre en un
moment sur un visage l'histoire entière d'une âme,
et que Shakespeare seul a vue avec une aussi prodigieuse lucidité. En cela, il est le plus original des
artistes modernes, et il forge l'un des bouts de la
chaîne dont les Grecs ont fondu l'autre bout; tous les
autres maîtres, Florentins, Vénitiens, Flamands, sont
dans l'entre-deux, et, quand aujourd'hui notre sensibilité surexcitée, notre curiosité acharnée à la poursuite

des nuances, notre recherche impitoyable du vrai, notre divination des lointains et des dessous de la nature humaine, cherchent des précurseurs et des maîtres, c'est chez lui et chez Shakespeare que Balzac et Delacroix pourraient en trouver.

Une pareille floraison est passagère; car la sève qui la produit s'épuise à sa production. Vers 1667, après les défaites navales de l'Angleterre, de légers indices montrent l'altération naissante des mœurs et des sentiments qui avaient suscité l'art national. Le bien-être est trop grand. Déjà, en 1660, Parival, parlant de leur prospérité, s'extasie à tous ses chapitres; les Compagnies des Grandes-Indes et des Petites-Indes donnent à leurs actionnaires des dividendes de 40 et de 45 pour 100. Les héros deviennent des bourgeois; Parival note chez eux, au premier rang, la soif du gain. De plus, « ils « haïssent les duels, batteries et querelles, et disent « communément que les gens riches ne se battent pas. » Ils veulent jouir, et les maisons des grands, que les ambassadeurs vénitiens, au commencement du siècle, trouvaient si simples et si nues, deviennent luxueuses ; chez « les principaux bourgeois », on trouve des tapisseries, des tableaux de prix, « de la vaisselle d'or et d'argent ». Les riches intérieurs de Terburg et de Metzu nous montrent l'élégance nouvelle, les robes de soie pâle, les corsages de velours, les bijoux, les perles, les tentures gaufrées d'or, les hautes cheminées à colonnes de marbre. L'antique énergie se relâche. Quand Louis XIV, en 1672, envahira le pays, il ne trouvera point de résistance. Ils ont négligé l'armée; leurs troupes se débandent; leurs villes se rendent du premier coup ; quatre cavaliers français prennent Muyden, qui est la clef des écluses; les États Généraux implorent la paix à toutes conditions. En même temps le sentiment national s'affaiblit dans les arts ; le goût s'altère ; Rembrandt, en 1669, meurt pauvre, presque à l'insu de tous; le luxe nouveau prend ses modèles à l'étranger, en France et en Italie. — Déjà, pendant la belle époque, quantité de peintres étaient allés à Rome pour peindre des figurines et des paysages ; et Jean Both, Berghem, Karel Dujardin, vingt autres, Wouwermans lui-même, faisaient, à côté de l'école nationale, une école demi-italienne. Mais cette école était spontanée et naturelle ; parmi les montagnes, les ruines, les fabriques et les guenilles d'outre monts, la blancheur vaporeuse de l'air, la bonhomie des figures, la mollesse des carnations, la gaieté et la belle humeur du peintre, marquaient la persistance et la liberté de l'instinct hollandais. — Au contraire, à ce moment, on voit cet instinct faiblir sous l'invasion de la mode. Sur la Kaisergracht et sur la Heeregracht s'élèvent de grands hôtels en style Louis XIV, et le peintre flamand qui a fondé l'école académique, Gérard de Lairesse, vient de les décorer de ses doctes allégories et de ses mythologies hybrides. — Il est vrai que l'art national ne cède pas tout d'un coup l'empire ; il se prolonge par une suite de chefs-d'œuvre jusqu'aux premières années du xviiie siècle ; en même temps, le sentiment national, réveillé par l'humiliation et le danger, provoque une révolution populaire, des sacrifices héroïques, l'inondation du pays, et tous les succès qui vont suivre. Mais ces succès eux-mêmes achèvent de ruiner l'énergie et l'enthousiasme que ce retour passager avait produits. Pendant toute la guerre de la succession d'Espagne, la Hollande, dont le stathouder est devenu roi d'Angleterre, est sacrifiée à son alliée ; après le traité de 1713, elle perd la primauté maritime, tombe au second rang et ensuite plus bas ; bientôt le grand Frédéric dira qu'elle est traînée à la remorque par l'Angleterre, comme une chaloupe par un vaisseau de ligne. La France la foule pendant la guerre de la succession d'Autriche ; plus tard, l'Angleterre lui impose le droit de visite et lui prend la côte de Coromandel. A la fin, la Prusse vient chez elle accabler le parti républicain et rétablir le stathoudérat. Comme tous les faibles, elle est rudoyée par les forts, puis, après 1789, conquise et reconquise. Ce qui est pis, elle s'y résigne et se contente d'être une bonne maison de commerce et de banque. Déjà en 1723, son historien, un réfugié, Jean Leclerc, raillait platement les vaillants marins qui, pendant la guerre de l'Indépendance, se faisaient sauter plutôt que d'amener leur pavillon[1]. En 1732, un autre historien déclare que « les Hollandais ne songent plus qu'à « amasser des richesses ». Après 1748, on laisse tomber l'armée et la flotte. En 1787, le duc de Brunswick sou-

---

1. « Ce bon capitaine était de ceux qui mouraient de peur de « mourir. Si Dieu pardonne à ces gens-là, c'est comme à des « gens hors de sens. »

met le pays presque sans coup férir. Quelle distance entre ces sentiments et ceux des compagnons du Taciturne, de Ruyter et de Tromp ! — C'est pourquoi, par une concordance admirable, on voit l'invention pittoresque finir avec l'énergie active. Dix ans après le commencement du xviiie siècle, tous les grands peintres sont morts. Depuis une génération déjà, la décadence se manifeste dans le style plus pauvre, l'imagination plus restreinte, le fini plus minutieux, chez Franz Mieris, Schalken et les autres. Un des derniers, Adrien Van der Werf, par sa peinture froide et polie, par ses mythologies et ses nudités, par ses carnations d'ivoire, par son retour impuissant vers le style italien, témoigne que les Hollandais ont oublié leurs goûts natifs et leur génie propre. Ses successeurs ressemblent à des hommes qui veulent parler et n'ont rien à dire; élevés par des maîtres ou des pères illustres, Pierre Van der Werf, Henri Van Limborch, Philippe Van Dyck, Mieris le fils, Mieris le petit-fils, Nicolas Verkolie, Constantin Netscher, répètent la phrase qu'ils ont entendue, mais en automates. Le talent ne survit que chez les peintres d'accessoires et de fleurs, Jacques de Witt, Rachel Ruysch, Van Huysum, dans un petit genre qui exige une moindre invention et dure quelques années encore, semblable à une broussaille tenace, sur une terre desséchée où tous les grands arbres sont morts. Il meurt à son tour, et le sol reste vide. Dernière preuve de la dépendance qui attache l'originalité individuelle à la vie sociale, et proportionne les facultés inventives de l'artiste aux énergies actives de la nation.

QUATRIÈME PARTIE

LA SCULPTURE EN GRÈCE

QUATRIÈME PARTIE
LA SCULPTURE EN GRÈCE

Messieurs,

Pendant les années précédentes, je vous ai présenté l'histoire des deux grandes écoles originales qui, dans les temps modernes, ont figuré aux yeux le corps humain : celle d'Italie et celle des Pays-Bas. Il me reste, pour achever ce cours, à vous faire connaître la plus grande et la plus originale de toutes, l'ancienne école grecque. — Cette fois, je ne vous parlerai pas de la peinture. Sauf les vases, sauf quelques mosaïques et les petites décorations murales de Pompéi et d'Herculanum, les monuments de la peinture antique ont péri ; on ne peut pas en parler avec précision. D'ailleurs, pour figurer aux yeux le corps humain, il y avait en Grèce un art plus national, mieux approprié aux mœurs et à l'esprit public, probablement plus cultivé et plus parfait, la sculpture ; c'est la sculpture grecque qui sera le sujet de ce cours.

Par malheur, en cela comme dans tout le reste, l'antiquité n'est qu'une ruine. Ce que nous avons gardé de la statuaire antique n'est presque rien à côté de ce qui a péri. Nous en sommes réduits à deux têtes [1] pour conjecturer les dieux colossaux en qui s'était exprimée la pensée du grand siècle et dont la majesté remplissait les temples ; nous n'avons pas un morceau authentique de Phidias ; nous ne connaissons Myron, Polyclète, Praxitèle, Scopas, Lysippe, que par des copies ou des imitations plus ou moins lointaines et douteuses. Les belles statues de nos musées sont ordinairement de l'époque romaine ou datent tout au plus des successeurs d'Alexandre. Encore les meilleures sont mutilées. Votre musée de plâtres ressemble à un champ de bataille après le combat, torses, têtes, membres épars. Ajoutez enfin que la biographie des maîtres manque entièrement. Il a fallu tous les efforts de l'érudition la plus ingénieuse et la plus patiente [2] pour découvrir, dans un demi-chapitre de Pline, dans quelques mauvaises descriptions de Pausanias, dans quelques phrases isolées de Cicéron, Lucien, Quintilien, la chronologie des artistes, la filiation des écoles, le caractère des talents, le développement et les altérations graduelles de l'art. Nous n'avons qu'un moyen de combler ces lacunes ; à défaut de l'histoire détaillée, il nous reste l'histoire générale ; plus que jamais, pour comprendre l'œuvre, nous sommes obligés de considérer le peuple qui l'a faite, les mœurs qui la suggéraient, et le milieu où elle est née.

1. Tête de Junon à la villa Ludovisi. Tête du Jupiter d'Otricoli.
2. *Geschichte der griechischen Plastik*, von J. Overbeck. — *Künstler-Geschichte*, von Braun.

CHAPITRE I

LA RACE

Tâchons d'abord de nous représenter exactement cette race, et, pour cela, observons le pays. Un peuple reçoit toujours l'empreinte de la contrée qu'il habite; mais cette empreinte est d'autant plus forte qu'au moment où il s'établit il est plus inculte et plus enfant. — Quand les Français allèrent coloniser l'île Bourbon ou la Martinique, quand les Anglais vinrent peupler l'Amérique du Nord et l'Australie, ils apportaient avec eux des armes, des instruments, des arts, des industries, des institutions, des idées, bref une civilisation ancienne et complète, par laquelle ils pouvaient maintenir leur type acquis et résister à l'ascendant de leur nouveau milieu. Mais, quand l'homme neuf et désarmé se trouve livré à la nature, elle l'enveloppe, elle le façonne, elle le moule, et l'argile morale, toute molle et flexible encore, se plie et se pétrit sous la pression physique contre laquelle son passé ne lui fournit pas d'appui. Les philologues nous montrent une époque primitive où les Indiens, les Perses, les Germains, les Celtes, les Latins, les Grecs avaient la même langue et le même degré de culture; une époque moins ancienne où les Latins et les Grecs, déjà séparés de leurs autres frères, étaient encore unis entre eux[1], connaissaient le vin, vivaient de pâturage et de labourage, possédaient des barques à rames, avaient ajouté à leurs vieilles divinités védiques une divinité nouvelle, Hestia, Vesta, le foyer. Ce sont à peine les rudiments de la première culture; s'ils ne sont plus des sauvages, ils sont encore des barbares. A partir de ce moment les deux rameaux issus de la même souche commencent à diverger; quand nous les retrouvons plus tard, leur structure et leurs fruits, au lieu d'être les mêmes, sont différents; mais l'un pousse en Italie, l'autre en Grèce, et nous sommes conduits à regarder les alentours de la plante grecque, pour chercher si l'air et le sol qui l'ont nourrie n'expliquent point les particularités de sa forme et la direction de son développement.

1. Mommsen, *Römische Geschichte*, I, 21.

I.

Jetons les yeux sur une carte. La Grèce est une péninsule en forme de triangle, qui, appuyée par sa base sur la Turquie d'Europe, s'en détache, s'allonge vers le midi, s'enfonce dans la mer, s'effile dans l'isthme de Corinthe pour former au delà une seconde presqu'île plus méridionale encore, le Péloponèse, sorte de feuille de mûrier qu'un mince pédoncule relie au continent. Joignez-y une centaine d'îles, avec la côte asiatique qui fait face : une frange de petits pays cousue aux gros continents barbares, et un semis d'îles éparses sur une mer bleue que la frange enserre, voilà la contrée qui a nourri et formé ce peuple si précoce et si intelligent. — Elle était singulièrement propre à cette œuvre. Au nord[1] de la mer Égée, le climat est encore dur, semblable à celui de l'Allemagne du centre; la Roumélie ne connaît pas les fruits du Sud; point de myrtes sur sa côte. Le contraste est frappant, lorsque, descendant vers le midi, on entre en Grèce. Au 40ᵉ degré, en Thessalie, commencent les forêts d'arbres toujours verts; au 39ᵉ degré, en Phtiotide, l'air tiède de la mer et des côtes fait pousser le riz, le cotonnier, l'olivier. Dans l'Eubée et l'Attique on trouve déjà les palmiers. Ils abondent dans

---

1. Curtius, *Griechische Geschichte*, I, 4.

les Cyclades; sur la côte orientale de l'Argolide sont des bois épais de citronniers et d'orangers; le dattier africain vit dans un coin de la Crète. A Athènes, qui est le centre de la civilisation grecque, les plus nobles fruits du Midi croissent sans culture. Il n'y gèle guère que tous les vingt ans; la grande chaleur de l'été y est modérée par la brise de la mer; sauf quelques coups du vent de Thrace et des bouffées de sirocco, la température y est exquise; aujourd'hui encore[1] « le peuple a « l'habitude de coucher dans les rues, depuis le milieu « de mai jusqu'à la fin de septembre; les femmes dor- « ment sur les terrasses. » En pareil pays on vit en plein air. Les anciens eux-mêmes jugeaient que leur climat était un don des dieux : « Douce et clémente, « disait Euripide, est notre atmosphère; le froid de « l'hiver est pour nous sans rigueur, et les traits de « Phœbus ne nous blessent pas. » Et ailleurs il ajoute : « O vous! descendants d'Érechthée, heureux dès l'anti- « quité, enfants chéris des dieux bienheureux, vous « cueillez dans votre patrie sacrée et jamais conquise « la sagesse glorieuse comme un fruit de votre sol, « et vous marchez constamment avec une douce satis- « faction dans l'éther rayonnant de votre ciel, où les « neuf Muses sacrées de Piérie nourrissent Harmonie « aux boucles d'or, votre enfant commun. On dit aussi « que Cypris, la déesse, a puisé des vagues dans l'Ilissus « aux belles ondes et qu'elle les a répandues dans le

---

1. About, *La Grèce contemporaine*, 345.

« pays sous forme de zéphyrs doux et frais, et que tou-
« jours la séduisante déesse, se couronnant de roses
« parfumées, envoie les Amours pour se joindre à la
« Sagesse vénérable et pour soutenir les ouvrages de
« toute vertu. »[1] Ce sont là de beaux mots de poète;
mais à travers l'ode on aperçoit la vérité. Un peuple
formé par un semblable climat se développe plus vite
et plus harmonieusement qu'un autre; l'homme n'est
pas accablé ou amolli par la chaleur excessive, ni raidi
et figé par la rigueur du froid. Il n'est pas condamné à
l'inertie rêveuse ni à l'exercice continu; il ne s'attarde
pas dans les contemplations mystiques ni dans la barbarie brutale. Comparez un Napolitain ou un Provençal
à un Breton, un Hollandais à un Indou : vous sentirez
comment la douceur et la modération de la nature physique mettent dans l'âme la vivacité avec l'équilibre pour
conduire l'esprit dispos et agile vers la pensée et vers
l'action.

Deux caractères du sol opèrent dans le même sens
— D'abord la Grèce est un réseau de montagnes. Le
Pinde, son arête centrale, prolongé vers le midi par
l'Otrys, l'Æta, le Parnasse, l'Hélicon, le Cithéron et
leurs contreforts, fait une chaîne dont les anneaux multipliés vont au delà de l'isthme se relever et s'enche-
vêtrer dans le Péloponèse; au delà, les îles sont encore
des échines et des têtes de montagnes émergentes. Ce
terrain, ainsi bosselé, n'a presque pas de plaines; par-

---

1. Voyez aussi le célèbre chœur de Sophocle dans *Œdipe à
Colone : Euhippou, Xène, tès chôras.*

tout le roc affleure, comme dans notre Provence; les trois cinquièmes du sol sont impropres à la culture. Regardez *les Vues et Paysages* de M. de Stackelberg; partout la pierre nue; de petites rivières, des torrents laissent, entre leur lit demi-desséché et le roc stérile, une bande étroite de sol productif. Hérodote opposait déjà la Sicile et l'Italie du Sud, ces grasses nourrices, à la maigre Grèce « qui, en naissant, eut la pauvreté « pour sœur de lait ». En Attique notamment le sol est plus maigre et plus léger qu'ailleurs : des oliviers, de la vigne, de l'orge, un peu de blé, voilà tout ce qu'il fournit à l'homme. Dans ces belles îles de marbre qui constellent l'azur de la mer Égée, on trouvait çà et là un bois sacré, des cyprès, des lauriers, des palmiers, un bouquet de verdures élégantes, des vignes éparses sur les coteaux rocailleux, de beaux fruits dans les jardins, quelques petites moissons dans un creux ou sur une pente; mais il y avait plus pour les yeux et la délicatesse des sens que pour l'estomac et les besoins positifs du corps. Un tel pays fait des montagnards sveltes, actifs, sobres, nourris d'air pur. Encore aujourd'hui[1] « la nourriture d'un laboureur anglais suffirait « en Grèce à une famille de six personnes; les riches « se contentent fort bien d'un plat de légumes pour « leur repas; les pauvres, d'une poignée d'olives ou « d'un morceau de poisson salé; le peuple tout entier « mange de la viande à Pâques pour toute l'année. »

---

1. About, *La Grèce contemporaine*, 41.

A cet égard il est curieux de les voir à Athènes en été.
« Les gourmets se partagent entre sept ou huit une tête
« de mouton de six sous. Les hommes sobres achètent
« une tranche de pastèque ou un gros concombre qu'ils
« mordent à belles dents comme une pomme. » Point
d'ivrognes : ils sont grands buveurs, mais d'eau pure.
« S'ils entrent dans un cabaret, c'est pour jaser; » au
café, « ils demandent une tasse de café d'un sou, un
« verre d'eau, du feu pour allumer leurs cigarettes, un
« journal et un jeu de dominos : voilà de quoi les occu-
« per toute la journée. » Un tel régime n'est pas fait
pour alourdir l'esprit; en diminuant les exigences du
ventre, il augmente celles de l'intelligence. Les anciens
avaient déjà remarqué les contrastes correspondants de
la Béotie et de l'Attique, du Béotien et de l'Athénien :
l'un, nourri dans des plaines grasses et au milieu d'un
air épais, habitué à la grosse nourriture et aux anguilles
du lac Copaïs, était mangeur, buveur, épais d'intelligence; l'autre, né sur le plus mauvais sol de la Grèce,
content d'une tête de poisson, d'un oignon, de quelques
olives, élevé dans un air léger, transparent, lumineux,
montrait dès sa naissance une finesse et une vivacité
d'esprit singulières, inventait, goûtait, sentait, entre-
prenait sans relâche, ne se souciait point d'autre chose
« et semblait n'avoir en propre que sa pensée »[1].

D'autre part, si la Grèce est un pays de montagnes,
elle est aussi un pays de côtes. Quoique moindre que le

---

1. *Thucydide*, liv. Ier, ch. LXX.

Portugal, elle en a plus que toute l'Espagne. La mer y entre par une infinité de golfes, d'anfractuosités, de creux, de dentelures; si vous regardez les vues que rapportent les voyageurs, une fois sur deux, même dans l'intérieur des terres, vous apercevrez sa bande bleue, son triangle ou son demi-cercle lumineux à l'horizon Le plus souvent, elle est encadrée de rocs qui avancent, ou d'îles qui se rapprochent et font un port naturel. — Une pareille situation pousse à la vie maritime, surtout quand le sol pauvre et les côtes rocheuses ne suffisent pas à nourrir les habitants. Aux époques primitives, il n'y a qu'une sorte de navigation, le cabotage, et aucune mer n'est mieux faite pour y inviter ses riverains. Chaque matin, le vent du nord se lève pour conduire les barques d'Athènes aux Cyclades; chaque soir, le vent contraire les ramène au port. De la Grèce à l'Asie Mineure, les îles sont posées comme des pierres sur un gué; par un temps clair, un navire qui fait ce trajet a toujours la côte en vue. De Corcyre, on voit l'Italie; du cap Malée, les cimes de la Crète; de la Crète, les montagnes de Rhodes; de Rhodes, l'Asie Mineure; deux jours de navigation conduisent de la Crète à Cyrène; il n'en faut que trois pour passer de la Crète en Égypte. Aujourd'hui encore [1], « il y a dans chaque Grec « l'étoffe d'un marin »[2]. Dans ce pays, qui n'a que neuf

---

1. About, *La Grèce contemporaine*, 146.
2. *Ibid.* — « Deux insulaires se rencontrent sur le port de
« Syra : « Bonjour, frère, comment vas-tu ? — Bien, merci; que
« dit-on de nouveau ? — Le Dimitri, le fils de Nicolas, est revenu
« de Marseille. — A-t-il gagné beaucoup d'argent ? — 23 600 drachmes,

cent mille âmes, on comptait en 1840 trente mille marins et quatre mille navires ; ils font presque tout le cabotage de la Méditerranée. — Déjà, au temps d'Homère, nous leur trouvons les mêmes mœurs ; à chaque instant on lance un navire à la mer ; Ulysse en construit un de ses mains ; on va commercer, piller sur les côtes environnantes. Négociants, voyageurs, pirates, courtiers, aventuriers, ils l'ont été à l'origine et dans toute leur histoire ; d'une main adroite ou violente, ils allaient traire les grosses monarchies orientales ou les peuples barbares de l'Occident, rapportaient l'or, l'argent, l'ivoire, les esclaves, les bois de construction, toutes les marchandises précieuses achetées à vil prix, et, par-dessus le marché, les inventions et les idées

« à ce qu'on assure ; c'est beaucoup d'argent. — Il y a longtemps
« que je me dis : il faut que j'aille à Marseille. Mais je n'ai pas
« de bateau. — Si tu voulais, nous en ferions un à nous deux ;
« n'as-tu pas du bois ? — J'en ai bien peu. — On en a tou-
« jours assez pour faire un bateau. J'ai de la toile à voile et
« mon cousin Jean a des cordages : nous nous mettrons ensemble.
« — Qui est-ce qui commandera ? — C'est Jean, il a déjà navigué.
« — Il nous faudra un petit garçon pour nous aider. — J'ai mon
« filleul Basile. — Un enfant de huit ans ! Il est bien petit. —
« On est toujours assez grand pour naviguer. — Mais quel char-
« gement prendrons-nous ? — Notre voisin Petros a des vallonées ;
« le papas a quelques tonnes de vin ; je connais un homme de
« Tinos qui a du coton ; nous passerons à Smyrne, si tu veux,
« pour charger de la soie. » — Le bateau se construit tant bien
« que mal ; l'équipage se recrute dans une ou deux familles ; on
« prend chez les voisins et les amis toutes les marchandises qu'ils
« veulent vendre : on va à Marseille en passant par Smyrne ou
« même par Alexandrie ; on vend la cargaison, on en prend une
« autre, et, lorsqu'on revient à Syra, le navire est payé par le
« fret, et les associés se partagent encore quelques drachmes de
« bénéfice. »

d'autrui, celles de l'Égypte, de la Phénicie, de la Chaldée, de la Perse[1], de l'Étrurie. Un tel régime affine et excite singulièrement l'intelligence. La preuve en est que les peuples les plus précoces, les plus civilisés, les plus ingénieux de l'ancienne Grèce étaient tous marins : Ioniens de l'Asie Mineure, colons de la Grande-Grèce, Corinthiens, Éginètes, Sicyoniens, Athéniens. Au contraire, les Arcadiens, enfermés dans leurs montagnes, demeurent rustiques et simples ; pareillement les Acarnaniens, les Épirotes, les Locriens Ozoles, qui débouchent sur une autre mer moins favorable et ne sont point voyageurs, restent jusqu'au bout demi-barbares ; au temps de la conquête romaine, leurs voisins, les Étoliens, n'avaient encore que des bourgs sans murailles et n'étaient que des pillards brutaux. L'aiguillon qui avait pressé les autres ne les avait pas touchés. — Voilà les circonstances physiques qui, dès l'origine, ont été propices à l'éveil de l'esprit. On peut comparer ce peuple à une ruche d'abeilles qui, née sous un ciel clément, mais sur un sol maigre, profite des routes de l'air qui lui sont ouvertes, récolte, butine, essaime, se défend par sa dextérité et son aiguillon, construit des édifices délicats, compose un miel exquis, toujours en quête, agitée, bourdonnante, au milieu des massives créatures qui l'environnent et ne savent que paître sous un maître ou s'entre-choquer au hasard.

---

1. Alcée loue son frère d'être allé combattre en Babylonie et d'en avoir rapporté un glaive à poignée d'ivoire. — Récits de Ménélas dans l'*Odyssée*.

De nos jours encore, si déchus qu'ils soient[1], « ils
« ont de l'esprit autant que peuple au monde, et il
« n'est pour ainsi dire aucun travail intellectuel dont
« ils ne soient capables. Ils comprennent vite et bien ;
« ils apprennent avec une facilité merveilleuse tout ce
« qu'il leur plaît d'apprendre. Les jeunes commerçants
« se mettent rapidement en état de parler cinq ou six
« langues. » Les ouvriers, en quelques mois, deviennent
capables d'exercer un métier même difficile. Un village
tout entier, parèdre en tête, interroge et écoute curieusement des voyageurs. « Ce qui est le plus remarquable,
« c'est l'application infatigable des écoliers », petits ou
grands ; des domestiques trouvent le loisir, tout en
faisant leur service, de passer leurs examens d'avocats
ou de médecins. « On rencontre à Athènes toutes les
« espèces d'étudiants, excepté l'étudiant qui n'étudie
« pas. » A cet égard, nulle race n'a été si bien dotée
par la nature; et il semble que toutes les circonstances
se soient assemblées pour délier leur intelligence et
aiguiser leurs facultés.

1. About, *La Grèce contemporaine.*

II

Suivons ce trait dans leur histoire. Que l'on considère la pratique ou la spéculation, c'est toujours l'esprit fin, adroit, ingénieux qui se manifeste. Chose étrange, à l'aube de la civilisation, quand ailleurs l'homme est bouillant, naïf et brutal, un de leurs deux héros est le subtil Ulysse, l'homme avisé, prévoyant, rusé, fertile en expédients, inépuisable en mensonges, l'habile navigateur qui toujours songe à ses intérêts. Revenu sous un déguisement, il conseille à sa femme de se faire donner des colliers et des bracelets par les prétendants, et il ne les tue qu'après qu'ils ont enrichi sa maison. Quand Circé se donne à lui ou que Calypso lui propose de partir, il leur fait prêter par précaution un serment préalable. Si on lui demande son nom, il a toujours quelque nouvelle histoire ou généalogie toute prête et bien arrangée. Pallas elle-même, à qui, sans la connaître, il fait des contes, l'admire et le loue : « O « fourbe, menteur, subtil et insatiable en ruses, qui te « surpasserait en adresse, si ce n'est peut-être un dieu ! » — Et les fils sont dignes du père : à la fin comme au commencement de la civilisation, ce qui domine en eux, c'est l'esprit ; il a toujours chez eux primé le caractère ; maintenant il lui survit. Une fois la Grèce soumise, on voit paraître le Grec dilettante, sophiste, rhéteur, scribe, critique, philosophe à gages; puis le Græculus de la domination romaine, parasite, bouffon, entremetteur, toujours dispos, alerte, commode, protée complaisant qui fait tous les métiers, s'accommode à tous les caractères, se tire de tous les mauvais pas, d'une dextérité infinie, premier ancêtre des Scapins, des Mascarilles et de tous les ingénieux drôles qui, n'ayant eu que leur esprit pour héritage, s'en servent pour vivre aux dépens d'autrui. — Revenons vers leur belle époque et considérons leur grande œuvre, celle qui les recommande le plus aux sympathies et à l'admiration du genre humain; c'est la science, et, s'ils l'ont faite, c'est en vertu du même instinct et des mêmes besoins. Le Phénicien, qui est marchand, a des recettes d'arithmétique pour faire ses comptes. L'Égyptien, arpenteur et tailleur de pierres, a des procédés géométriques pour empiler ses moellons et pour retrouver la mesure de son champ, couvert chaque année par l'inondation du Nil. Le Grec reçoit d'eux cette technique et cette routine; mais elles ne lui suffisent pas; il ne se contente point de l'application industrielle et commerciale; il est curieux, spéculatif; il veut savoir le pourquoi, la raison des choses[1]; il

---

1. *Théétète* de Platon. Voyez tout le rôle de Théétète et les rapprochements qu'il fait entre les figures et les nombres. — Voyez aussi le début des *Rivaux*. — A cet égard, Hérodote (liv. II, 29) est très instructif. Personne, parmi les Égyptiens, n'a pu lui répondre quand il leur a demandé la cause des crues périodiques du Nil. Ni les prêtres ni les laïcs n'avaient fait d'enquête ou d'hypothèse sur ce point qui les touchait de si près. — Au contraire, les Grecs avaient déjà imaginé trois explications du phénomène. Hérodote les discute et en propose une quatrième.

cherche la preuve abstraite, il suit la délicate filière des idées qui conduisent d'un théorème à un théorème. Plus de six cents ans avant Jésus-Christ, Thalès s'occupait à démontrer l'égalité des angles du triangle isocèle. Les anciens content que Pythagore fut si transporté de joie, lorsqu'il trouva la proposition du carré de l'hypoténuse, qu'il promit aux dieux une hécatombe. C'est la vérité pure qui les intéressait; Platon, voyant que les mathématiciens de Sicile appliquaient leurs découvertes aux machines, leur reprocha de dégrader la science; selon lui, elle devait s'enfermer dans la contemplation des lignes idéales. En effet, ils la poussèrent toujours en avant, sans s'inquiéter de l'utile. Par exemple, leurs recherches sur les propriétés des sections coniques n'ont trouvé d'emploi que dix-sept siècles plus tard, quand Kepler chercha les lois qui règlent le mouvement des planètes. Dans cette œuvre qui est la base de toutes nos sciences exactes, leur analyse est si rigoureuse qu'aujourd'hui encore, en Angleterre, la géométrie d'Euclide sert de manuel aux écoliers. Décomposer les idées, noter leurs dépendances, former leur chaîne de telle façon qu'aucun anneau ne manque et que la chaîne entière soit accrochée à quelque axiome incontestable ou à un groupe d'expériences familières, prendre plaisir à forger, attacher, multiplier, éprouver tous ces chaînons, sans autre motif que le désir de les sentir toujours plus nombreux et plus sûrs, voilà le don particulier de l'esprit grec. Ils pensent pour penser, et c'est pour cela qu'ils ont fait les sciences. Nous n'en construisons pas une aujourd'hui qui ne s'appuie sur les fondements qu'ils ont posés ; souvent nous leur devons un premier étage, parfois une aile tout entière[1] ; une série d'inventeurs se déroule pour les mathématiques, de Pythagore à Archimède ; pour l'astronomie, depuis Thalès et Pythagore jusqu'à Hipparque et Ptolémée ; pour les sciences naturelles, depuis Hippocrate jusqu'à Aristote et aux anatomistes d'Alexandrie ; pour l'histoire, depuis Hérodote jusqu'à Thucydide et Polybe ; pour la logique, la politique, la morale, l'esthétique, depuis Platon, Xénophon, Aristote jusqu'aux stoïciens et aux néoplatoniciens. — Des hommes si fort épris des idées ne pouvaient manquer d'aimer les plus belles de toutes, les idées d'ensemble. Pendant onze siècles, de Thalès à Justinien, leur philosophie n'a jamais discontinué sa pousse ; toujours un système nouveau vient fleurir au-dessus ou à côté des systèmes anciens ; même lorsque la spéculation est emprisonnée dans l'orthodoxie chrétienne, elle se fraye une voie et végète à travers les fissures : « La langue « grecque, disait un Père de l'Église, est la mère des « hérésies. » Dans cet énorme dépôt, nous trouvons encore aujourd'hui nos hypothèses les plus fécondes[2] ; ils ont tant pensé, ils avaient l'esprit si bien fait, que leurs conjectures se sont rencontrées maintes fois avec la vérité.

---

1. La Géométrie d'Euclide, la Théorie du syllogisme d'Aristote, la Morale des stoïciens.
2. Les Idées types de Platon, les Causes finales d'Aristote, les Atomes d'Épicure, les Dilatations et les Condensations des stoïciens.

A cet égard, leur œuvre n'a été surpassée que par leur zèle. — Deux occupations à leurs yeux distinguaient l'homme de la brute, et le Grec du Barbare : le soin des affaires publiques et l'étude de la philosophie. On n'a qu'à lire le *Théagès* et le *Protagoras* de Platon pour voir l'enthousiasme soutenu avec lequel les plus jeunes gens, à travers les ronces et les épines de la dialectique, couraient aux idées. Ce qui est plus frappant, c'est leur goût pour la dialectique elle-même ; ils ne s'ennuient point de ses longs détours ; ils aiment la chasse autant que la prise, et le voyage autant que l'arrivée. Le Grec est raisonneur encore plus que métaphysicien ou savant ; il se plaît aux distinctions délicates, aux analyses subtiles ; il raffine, il tisse volontiers des toiles d'araignée[1]. En cela, sa dextérité est sans égale ; que ce réseau trop compliqué et trop ténu reste sans emploi dans la théorie et dans la pratique, peu lui importe ; il est content de voir ses fils déliés s'entrecroiser en mailles imperceptibles et symétriques. — Ici le vice national achève de manifester le talent national. La Grèce est la mère des ergoteurs, des rhéteurs et des sophistes. Nulle part ailleurs on n'a vu un groupe d'hommes éminents et populaires enseigner avec succès et avec gloire, comme faisaient les Gorgias, les Protagoras et les Polus, l'art de faire paraître bonne une mau-

1. Voyez, dans Aristote, la théorie des syllogismes modaux, et dans Platon, *le Parménide* et *le Sophiste*. — Rien de plus ingénieux et de plus fragile que toute la physique et la physiologie d'Aristote ; voyez ses *Problèmes*. Ce que ces écoles ont dépensé de sagacité et d'esprit en pure perte est énorme

vaise cause et de soutenir avec vraisemblance une proposition absurde, si choquante qu'elle fût[1]. Ce sont des rhéteurs grecs qui ont fait l'éloge de la peste, de la fièvre, de la punaise, de Polyphème et de Thersite ; c'est un philosophe grec qui a prétendu que le sage se trouverait heureux dans le taureau de Phalaris. Il s'est trouvé des écoles, comme celle de Carnéade, pour plaider le pour et le contre ; d'autres, comme celle d'Énésidème, pour établir que nulle proposition n'est plus vraie que la proposition contraire. Dans le legs que nous avons reçu de l'antiquité se trouve une collection, la plus riche que nous ayons, d'arguments captieux et de paradoxes ; leur subtilité eût trouvé la carrière étroite si elle n'avait poussé ses courses aussi bien du côté de l'erreur que du côté de la vérité.

Telle est la finesse d'esprit qui, transportée du raisonnement dans la littérature, a fait le goût « attique », c'est-à-dire le sentiment des nuances, la grâce légère, l'ironie imperceptible, la simplicité du style, l'aisance du discours, l'élégance de la preuve. On conte qu'Apelles, étant venu voir Protogènes, ne voulut pas dire son nom, prit un pinceau et traça sur un panneau préparé une mince ligne sinueuse. Protogènes, de retour, ayant vu ce trait, s'écria qu'il était certainement d'Apelles ; puis, reprenant l'esquisse, il conduisit à l'entour une ligne plus déliée et plus tenue, et ordonna de la montrer à l'étranger. Apelles revint, et, honteux qu'un autre eût

---

1. Platon, *Euthydème*.

mieux fait, il coupa les deux premiers contours par une troisième ligne dont la finesse surpassait tout. Quand Protogènes la vit : « Je suis vaincu, dit-il, et je vais « embrasser mon maître. » — Cette légende nous donne l'idée la moins imparfaite de l'esprit grec. Voilà le trait délié dans lequel il enserre les contours des choses ; voilà la dextérité, la précision, l'agilité natives avec lesquelles il circule à travers les idées, pour les distinguer et les relier.

III

Ce n'est là pourtant qu'un premier trait, il y en a un autre. Retournons dans le pays et nous verrons le second s'ajouter au premier. — Cette fois encore, c'est la structure physique de la contrée qui a laissé sur l'intelligence de la race l'empreinte que nous retrouvons dans son œuvre et dans son histoire. Rien n'est énorme, gigantesque, dans ce pays; les choses extérieures n'ont point de dimensions disproportionnées, accablantes. On n'y voit rien de semblable à ce monstrueux Himalaya, à ces enchevêtrements infinis de végétation pullulante, à ces énormes fleuves que décrivent les poèmes indiens; rien de semblable aux forêts interminables, aux plaines illimitées, à l'océan sans bornes et sauvage de l'Europe du Nord. L'œil y saisit sans peine les formes des objets et en rapporte une image précise. Tout y est moyen, mesuré, aisément et nettement perceptible aux sens. Les montagnes de Corinthe, de l'Attique, de la Béotie, du Péloponèse, ont trois ou quatre mille pieds de haut; quelques-unes seulement vont jusqu'à six mille; il faut aller à l'extrémité de la Grèce, tout au nord, pour trouver un sommet semblable à ceux des Pyrénées et des Alpes; c'est l'Olympe, et ils en avaient fait le séjour des dieux. Les plus grands fleuves, le Pénée et l'Achéloüs, ont tout au plus trente ou quarante lieues de cours; les autres ne sont, d'ordinaire, que des ruisseaux et des torrents. La mer elle-même, si terrible et si menaçante au nord, est ici une sorte de lac. On n'en sent point l'immensité solitaire; toujours on voit la côte ou quelque île; elle ne laisse pas d'impression sinistre, elle n'apparaît pas comme un être féroce et destructeur; elle n'a pas de teinte blafarde, cadavéreuse ou plombée; elle ne ravage pas ses bords et n'a point de marées qui la bordent de cailloux roulés et de boue. Elle est lustrée, et, suivant le mot d'Homère, « écla-« tante, couleur de vin, ou couleur de violettes »; les roches roussies de la côte enserrent sa nappe luisante dans une bordure ouvragée qui semble le cadre d'un tableau. — Concevez des âmes neuves et primitives qui, pour toute éducation et pour éducation incessante, ont de pareils spectacles. Elles y prendront l'habitude des images déterminées et nettes, et n'auront point le trouble vague, la rêverie débordante, la divination anxieuse de l'*au-delà*. Ainsi se construit un moule d'esprit d'où toutes les idées sortiront plus tard avec relief. — Vingt circonstances du sol et du climat se réunissent pour l'achever. En ce pays, la figure minérale du sol est visible, et plus fortement encore que dans notre Provence; elle n'est pas émoussée, effacée, comme dans nos contrées humides du Nord, par la couche universellement répandue de terre arable et de verdure végétale. Le squelette de la terre, l'ossature géologique, le marbre gris violacé affleure en rocs saillants, s'allonge en escarpements nus, découpe sur le ciel ses profils tranchés, enferme les vallées de ses pitons et de ses crêtes, en sorte que le paysage, labouré de vives cassures, tout tailladé de brèches et d'angles inattendus, semble le dessin d'une main vigoureuse, à qui ses caprices et sa fantaisie n'ôtent rien de sa sûreté et de sa précision. La qualité de l'air accroît encore la saillie des choses. Celui de l'Attique notamment est d'une transparence extraordinaire. En tournant le cap Sunium, on apercevait à plusieurs lieues de distance l'aigrette de Pallas sur l'Acropole. L'Hymette est à deux lieues d'Athènes, et un Européen qui débarque croit pouvoir y aller à pied avant son déjeûner. La vapeur vague, qui flotte toujours dans notre atmosphère, ne vient point amollir les contours lointains; ils ne sont pas incertains, demi-brouillés, estompés; ils se détachent sur leurs fonds, comme les figures des vases antiques. Comptez enfin l'admirable éclat du soleil, qui pousse à l'extrême le contraste des parties claires et des ombres, et qui ajoute l'opposition des masses à la décision des lignes. C'est ainsi que la nature, par les formes dont elle peuple l'esprit, incline directement le Grec vers les conceptions arrêtées et nettes. Elle l'y incline encore, indirectement, par le genre d'association politique auquel elle le conduit et le restreint.

En effet, comparé à sa gloire, c'est un pays bien petit que la Grèce, et elle vous semblera plus petite encore si vous remarquez combien elle est divisée. D'un côté les chaînes principales et les chaînons latéraux des montagnes, de l'autre côté la mer, y découpent quantité de provinces distinctes qui sont des enceintes fermées : la Thessalie, la Béotie, l'Argolide, la Messénie, la Laconie, toutes les îles. Dans les âges barbares, la mer est difficile à franchir, et toujours les défilés des montagnes sont commodes pour la défense. Les peuplades de la Grèce ont donc pu aisément se préserver de la conquête et subsister l'une à côté de l'autre en petits États indépendants. Homère en nomme une trentaine[1], et il y en eut plusieurs centaines, quand les colonies se furent établies et multipliées. Pour des yeux modernes un État grec semble une miniature. L'Argolide a huit à dix milles de long et quatre à cinq de large; la Laconie à peu près autant; l'Achaïe est une bande étroite de terre sur le flanc d'une chaîne qui descend dans la mer. L'Attique entière n'égale pas la moitié d'un de nos moindres départements; le territoire de Corinthe, de Sicyone, de Mégare, se réduit à une banlieue : d'ordinaire, et notamment dans les îles et les colonies, l'État n'est qu'une ville avec une plage ou un pourtour de fermes. D'une acropole, on voit avec les yeux l'acropol ou les montagnes du voisin. Dans une enceinte si resserrée, tout est net pour l'esprit; la patrie morale n'a rien de gigantesque, d'abstrait et de vague comme chez nous; les sens peuvent l'embrasser; elle se confond avec la patrie physique; toutes deux sont fixées dans l'esprit du citoyen par des contours précis. Pour se représenter Athènes, Corinthe, Argos

1. Chant II. Dénombrement des guerriers et des navires.

ou Sparte, il imagine les découpures de sa vallée ou la silhouette de sa ville. Il en connaît tous les citoyens, comme il s'en figure tous les contours, et l'étroitesse de son enclos politique, comme la forme de son enclos naturel, lui fournit d'avance le type moyen et délimité dans lequel s'enfermeront toutes ses conceptions.

A cet égard, considérez leur religion; ils n'ont point le sentiment de cet univers infini dans lequel une génération, un peuple, tout être borné, si grand qu'il soit, n'est qu'un moment et un point. L'éternité ne dresse point devant eux sa pyramide de milliards de siècles, comme une monstrueuse montagne auprès de laquelle notre petite vie est une taupinée, un pli de sable; ils ne se préoccupent pas, comme d'autres, Indiens, Égyptiens, Sémites, Germains, du cercle sans cesse renaissant des métempsycoses, ni du sommeil éternel et silencieux du tombeau, ni de l'abîme sans forme et sans fond d'où les créatures sortent comme des vapeurs éphémères, ni du Dieu unique, absorbant et terrible, en qui se concentrent toutes les forces de la nature et pour qui le ciel et la terre ne sont qu'une tente et un marchepied, ni de cette puissance auguste, mystérieuse, invisible que la vénération du cœur découvre à travers et au delà des choses[1]. Leurs idées sont trop nettes et construites sur un module trop petit. L'universel leur échappe ou du moins ne les touche qu'à demi; ils n'en font pas un dieu, encore bien moins une personne; il

1. Tacite, *De moribus Germanorum*. — *Deorum nominibus appellant secretum illud, quod sola reverentia vident.*

reste à l'arrière-plan dans leur religion, c'est la *Moira*, l'*Aisa*, l'*Eimarménè*, en d'autres termes la part faite à chacun. Elle est fixe; nul être, homme ou dieu, ne peut se soustraire aux événements compris dans son lot. Au fond, c'est là une vérité abstraite; si les Moires d'Homère sont déesses, ce n'est guère que par fiction; sous le mot poétique, comme sous une eau transparente, on voit apparaître l'enchaînement indissoluble des faits et les démarcations indestructibles des choses. Nos sciences les admettent aujourd'hui, et l'idée grecque de la destinée n'est rien de plus que notre idée moderne des lois. Tout est déterminé, voilà ce que prononcent nos formules et ce qu'ont pressenti leurs divinations.

Quand ils développent cette idée, c'est pour fortifier encore les limites qu'elle impose aux êtres. De la puissance sourde qui déroule et distribue les destinées, ils font leur Némésis[1] qui abat les superbes et réprime tous les excès. « Rien de trop, » disait une des grandes sentences de l'oracle. Être en garde contre les trop grands désirs, redouter la prospérité complète, se défendre de toute ivresse, conserver toujours la mesure, voilà le conseil que donnent tous les poètes et tous les penseurs de la grande époque. Nulle part l'instinct n'a été si lucide et la raison si spontanée. Quand, au premier éveil de la réflexion, ils essayent de concevoir le monde, ils le font à l'image de leur esprit. C'est un ordre, *Kosmos*, une harmonie, un bel arrangement

---

1. Tournier, *Némésis ou la Jalousie des dieux*.

régulier de choses qui subsistent et se transforment par elles-mêmes. Plus tard, les stoïciens le compareront à une grande cité gouvernée par les meilleures lois. Il n'y a point de place ici pour les dieux incommensurables et vagues, ni pour les dieux despotes et dévorateurs. Le vertige religieux n'entre point dans les esprits sains et équilibrés qui ont conçu un pareil monde. Leurs dieux deviennent vite des hommes ; ils ont des parents, des enfants, une généalogie, une histoire, des vêtements, des palais, un corps semblable au nôtre ; ils peuvent souffrir, être blessés ; les plus grands, Zeus lui-même, ont vu leur avènement, et verront peut-être un jour la fin de leur règne[1]. Sur le bouclier d'Achille, qui représente une armée, « les hommes « marchaient conduits par Arès et Athéné, tous deux en « or, vêtus d'or, beaux et grands comme il convient à « des dieux ; car les hommes étaient plus petits. » En effet, il n'y a guère entre eux et nous d'autre différence. Plusieurs fois dans l'*Odyssée*, quand Ulysse ou Télémaque rencontrent à l'improviste un personnage grand et beau, ils lui demandent s'il est un dieu. — Des dieux si humains ne jettent pas le trouble dans l'esprit qui les conçoit ; Homère les manie à son aise ; il fait intervenir Athéné à chaque instant pour de petites besognes, pour indiquer à Ulysse la maison d'Alcinoüs, pour marquer l'endroit où est tombé son disque. Le poète théologien circule dans son monde divin avec une liberté

---

1. Eschyle, *Pro*

et une sérénité d'enfant qui joue. On l'y voit s'égayer et rire; quand il montre Arès surpris auprès d'Aphrodite, Apollon plaisante et demande à Hermès s'il voudrait être à la place d'Arès : « Plût aux dieux, ô royal « archer Apollon, que cela arrivât, et que je fusse « enveloppé de liens trois fois plus inextricables, et que « tous les dieux et les déesses le vissent, pourvu que « je fusse auprès de la blonde Aphrodite. » Lisez l'hymne où Aphrodite vient s'offrir à Anchise, et surtout l'hymne à Hermès qui, le jour de sa naissance, se trouve inventeur, voleur, menteur comme un Grec, mais avec tant de grâce, que le récit du poète semble un badinage de sculpteur. Entre les mains d'Aristophane, dans les *Grenouilles* et les *Nuées*, Hercule et Bacchus seront traités bien plus lestement encore. Tout cela conduit aux dieux décoratifs de Pompéi, aux jolies et moqueuses gaietés de Lucien, à un Olympe d'agrément, d'appartement et de théâtre. Des dieux si rapprochés de l'homme deviennent bientôt ses camarades et deviendront plus tard son jouet. L'esprit si net, qui, pour les mettre à sa portée, leur a ôté l'infinité et le mystère, reconnaît en eux ses créatures et s'amuse des mythes qu'il a faits.

Tournons maintenant nos yeux vers la vie pratique. Là encore la vénération leur manque. Le Grec ne sait pas, comme le Romain, se subordonner à quelque grande unité, à une vaste patrie qu'on conçoit et qu'on ne voit pas. Il n'a pas dépassé cette forme d'association dans laquelle l'État est la ville. Ses colonies sont maîtresses d'elles-mêmes ; elles reçoivent de la métropole un pontife, et la regardent avec un sentiment d'affection filiale ; mais à cela se réduit leur dépendance. Elles sont des filles émancipées, semblables au jeune Athénien qui, devenu homme, ne relève de personne et entre en pleine possession de lui-même, tandis que les colonies romaines ne sont que des postes militaires ; pareilles au jeune Romain qui, marié, magistrat, consul même, sent toujours sur son épaule la dure main du père et l'autorité despotique dont rien, sauf une triple vente, ne peut l'affranchir. Abdiquer sa volonté, se soumettre à des magistrats lointains qu'on n'a point vus, se considérer comme une partie dans un vaste ensemble, s'oublier pour un grand intérêt national, voilà ce que les Grecs n'ont jamais pu faire avec suite. Ils se cantonnent, ils se jalousent ; même lorsque Darius et Xerxès viennent envahir leur pays, ils ont de la peine à s'unir ; Syracuse refuse tout secours, parce qu'on ne lui accorde pas le commandement ; Thèbes se range du parti des Mèdes. Quand Alexandre les réunit de force pour conquérir l'Asie, les Lacédémoniens manquent à l'appel. Aucune ville ne parvient à former les autres en confédération sous sa conduite ; tour à tour Sparte, Athènes, Thèbes, y échouent ; plutôt que d'obéir à des compatriotes, les vaincus vont chercher de l'argent chez les Perses et faire au grand roi des soumissions. Dans chaque ville les factions s'exilent tour à tour, et les bannis, comme dans les républiques italiennes, tâchent de rentrer par violence avec le secours de l'étranger. Ainsi divisée, la

Grèce est conquise par des peuples demi-barbares, mais disciplinés, et l'indépendance de chaque cité aboutit à la servitude de la nation. — Cette chute n'est point accidentelle, mais fatale. Tel que les Grecs le conçoivent, l'État est trop petit, insuffisant pour résister au choc des grosses masses extérieures ; c'est une œuvre d'art, ingénieuse, accomplie, mais fragile. Leurs plus grands penseurs, Platon, Aristote, réduisent la cité à une société de cinq ou dix mille hommes libres. Athènes en avait vingt mille ; au delà, selon eux, ce n'est plus qu'une tourbe. Ils n'imaginent pas qu'une association plus large puisse être bien ordonnée. Une acropole couverte de temples, consacrée par les os des héros fondateurs et par les images des dieux nationaux, une agora, un théâtre, un gymnase, quelques milliers d'hommes sobres, beaux, braves et libres, occupés « de philoso- « phie ou d'affaires publiques », servis par des esclaves qui cultivent la terre et exercent les métiers, voilà la cité qu'ils imaginent, admirable œuvre d'art qui, tous les jours, se fonde et s'achève sous leurs yeux, en Thrace, sur les côtes de l'Euxin, de l'Italie, de la Sicile, hors de laquelle toute forme de société leur semble confusion et barbarie, mais dont la perfection tient à la petitesse, et qui, parmi les secousses brutales du conflit humain, ne tiendra qu'un temps.

A ces inconvénients correspondent des avantages égaux. Si le sérieux et la grandeur manquent à leurs conceptions religieuses, si l'assiette et la durée manquent à leurs établissements politiques, ils sont exempts des déformations morales que la grandeur de la religion ou de l'État impose à la nature humaine. — Partout ailleurs, la civilisation a rompu l'équilibre naturel des facultés ; elle a opprimé les unes pour exagérer les autres ; elle a sacrifié la vie présente à la vie future, l'homme à la divinité, l'individu à l'État ; elle a fait le fakir indien, le fonctionnaire égyptien ou chinois, le légiste et le garnisaire romains, le moine du moyen âge, le sujet, l'administré, le bourgeois des temps modernes. Sous cette pression, l'homme s'est tour à tour ou à la fois étriqué et exalté. Il est devenu un rouage dans une vaste machine, ou il s'est considéré comme un néant devant l'infini. — En Grèce, il s'est subordonné ses institutions, au lieu de se subordonner à elles. Il a fait d'elles un moyen, et non un but. Il s'est servi d'elles pour se développer harmonieusement tout entier ; il a pu être à la fois poète, philosophe, critique, magistrat, pontife, juge, citoyen, athlète, exercer ses membres, son esprit et son goût, réunir en lui-même vingt sortes de talents sans qu'aucun d'eux fît tort à l'autre, être soldat sans être automate, danseur et chanteur sans devenir figurant de théâtre, penseur et lettré sans se trouver homme de bibliothèque et de cabinet, décider des affaires publiques sans remettre son autorité à des représentants, fêter ses dieux sans s'enfermer dans les formules d'un dogme, sans se courber sous la tyrannie d'une toute-puissance surhumaine, sans s'absorber dans la contemplation d'un être vague et universel. Il semble qu'ayant arrêté le contour perceptible et précis de l'homme et de la vie ils aient omis

le reste, et se soient dit : « Voici l'homme réel, un
« corps actif et sensible avec une pensée et une
« volonté; et voici la vie réelle, soixante ou soixante-
« dix années, entre les vagissements de l'enfance et le
« silence du tombeau. Songeons à rendre ce corps le
« plus alerte, le plus fort, le plus sain, le plus beau
« qu'il se pourra, à déployer cette pensée et cette
« volonté dans tout le cercle des actions viriles, à
« orner cette vie de toutes les beautés que des sens
« délicats, un esprit prompt, une âme vive et fière
« peuvent créer et goûter. » Au delà ils ne voient rien,
et, s'il y a un *au-delà*, il est pour eux comme ce pays
des Cimmériens dont parle Homère, pâle contrée des
morts, enveloppée de brouillards mornes, où, pareils à
des chauves-souris, les fantômes débiles viennent par
troupeaux, avec des cris aigus, remplir et réchauffer
leurs veines en buvant dans la fosse le sang rouge des
victimes. La structure de leur esprit a enfermé leurs
désirs et leurs efforts dans une enceinte bornée, celle
que le plein soleil éclaire, et c'est dans cette arène, aussi
illuminée et aussi circonscrite que leur stade, qu'il
faut les voir agir.

IV

Pour cela, il nous faut revoir une dernière fois le pays et recueillir notre impression d'ensemble. — C'est un beau pays qui tourne l'âme vers la joie et pousse l'homme à considérer la vie comme une fête. Il n'en reste guère aujourd'hui que le squelette; comme notre Provence, et encore plus que notre Provence, il a été dépouillé, gratté et, pour ainsi dire, raclé; la terre s'est éboulée, la végétation est devenue rare; la pierre âpre et nue, à peine tachetée çà et là de maigres buissons, usurpe l'espace et couvre les trois quarts de l'horizon. Pourtant, on peut se faire une idée de ce qu'il était, en suivant les côtes encore intactes de la Méditerranée, entre Toulon et Hyères, entre Naples et Amalfi; seulement, il faut se représenter un ciel plus bleu, un air plus transparent, des formes de montagnes plus nettes et plus harmonieuses. Il semble qu'en ce pays il n'y ait point d'hiver. Les chênes-lièges, les oliviers, les orangers, les citronniers, les cyprès font, dans les creux et sur les flancs des gorges, un éternel paysage d'été; ils descendent jusqu'au bord de la mer; en février, à certains endroits, des oranges qui se détachent de leur tige tombent dans le flot. Point de brume, presque point de pluie; l'air est tiède; le soleil bon et doux. L'homme n'est pas forcé, comme dans nos climats du Nord, de se défendre contre l'inclémence des choses à force d'inventions compliquées et d'employer le gaz, les poêles, l'habit double, triple et quadruple, les trottoirs, les balayeurs et le reste, pour rendre habitable le cloaque de boue froide dans lequel, sans sa police et son industrie, il barboterait. Il n'a pas besoin d'inventer des salles de spectacle et des décors d'opéra; il n'a qu'à regarder autour de lui; la nature les lui fournit plus beaux que ne ferait son art. A Hyères, en janvier, je voyais le soleil se lever derrière une île; la lumière croissait, emplissait l'air; tout d'un coup, au sommet d'un roc, une flamme jaillissait; le grand ciel de cristal élargissait sa voûte sur la plaine immense de la mer, sur les innombrables petits flots, sur le bleu puissant de l'eau uniforme, où s'allongeait un ruisseau d'or; le soir, les montagnes lointaines prenaient des teintes de mauve, de lilas, de rose-thé. En été, l'illumination du soleil épanche dans l'air et sur la mer une telle splendeur, que les sens et l'imagination comblés se croient transportés dans un triomphe et dans une gloire; tous les flots pétillent; l'eau prend des tons de pierres précieuses, turquoises, améthystes, saphirs, lapis-lazulis, onduleux et mouvants sous la blancheur universelle et immaculée du ciel. C'est dans cette inondation de clarté qu'il faut imaginer les côtes de la Grèce, comme des aiguières et des vasques de marbre jetées çà et là au milieu de l'azur.

Rien d'étonnant si l'on trouve dans le caractère grec ce fonds de gaieté et de verve, ce besoin de bonheur vif et sensible que nous rencontrons encore aujourd'hui chez les Napolitains, et en général dans les populations méridionales¹. L'homme continue toujours le mouve-

1. « Ces races sont vives, sereines, légères. L'infirme n'y est
« pas abattu : il voit doucement venir la mort : tout sourit autour
« de lui. Là est le secret de cette gaîté divine des poèmes homé-
« riques et de Platon : le récit de la mort de Socrate, dans le
« *Phédon*, montre à peine une teinte de tristesse. La vie, c'est
« donner sa fleur, puis son fruit; quoi de plus? Si, comme on
« peut le soutenir, la préoccupation de la mort est le trait le plus
« important du christianisme et du sentiment religieux moderne,
« la race grecque est la moins religieuse des races. C'est une race
« superficielle, prenant la vie comme une chose sans surnaturel
« ni arrière-plan. Une telle simplicité de conception tient en grande
« partie au climat, à la pureté de l'air, à l'étonnante joie qu'on y
« respire, mais bien plus encore aux instincts de la race hellénique,
« adorablement idéaliste. Un rien, un arbre, une fleur, un lézard,
« une tortue, provoquent le souvenir de mille métamorphoses
« chantées par les poètes; un filet d'eau, un petit creux dans le
« rocher, qu'on qualifie d'antre des nymphes; un puits avec une
« tasse sur la margelle, un pertuis de mer si étroit que les papil-
« lons le traversent et pourtant navigable aux plus grands vais-
« seaux, comme à Poros; des orangers, des cyprès dont l'ombre
« s'étend sur la mer, un petit bois de pins au milieu des rochers,
« suffisent en Grèce pour produire le contentement qu'éveille la
« beauté. Se promener dans les jardins pendant la nuit, écouter
« les cigales, s'asseoir au clair de la lune en jouant de la flûte;
« aller boire de l'eau dans la montagne, apporter avec soi un
« petit pain, un poisson et un lécythe de vin qu'on boit en chan-
« tant; aux fêtes de famille, suspendre une couronne de feuil-
« lages au-dessus de sa porte, aller avec des chapeaux de fleurs;
« les jours de fêtes publiques, porter des thyrses garnis de feuil-
« lages, passer des journées à danser, à jouer avec des chèvres
« apprivoisées, voilà les plaisirs grecs, plaisirs d'une race pauvre,
« économe, éternellement jeune, habitant un pays charmant, trou-
« vant son bien en elle-même et dans les dons que les dieux lui
« ont faits. La pastorale à la façon de Théocrite fut dans les pays
« helléniques une vérité; la Grèce se plut toujours à ce petit genre
« de poésie fin et aimable, l'un des plus caractéristiques de sa
« littérature, miroir de sa propre vie, presque partout ailleurs
« niais et factice. La belle humeur, la joie de vivre, sont les choses
« grecques par excellence. Cette race a toujours vingt ans : pour

ment que lui imprime d'abord la nature ; car les aptitudes et les tendances qu'elle établit en lui à demeure sont justement les aptitudes et les tendances que journellement elle satisfait. Quelques vers d'Aristophane vous peindront cette sensualité si franche, si légère et si brillante. Il s'agit de paysans athéniens qui célèbrent le retour de la paix. « Quelle joie, quelle joie de déposer
« le casque et de laisser là fromages et oignons ! Ce que
« j'aime, ce n'est pas à combattre, c'est à boire avec
« des amis et des camarades, à voir pétiller dans le feu
« les branchages secs coupés en été, à faire rôtir des
« pois chiches sur les charbons, à faire griller les faînes,
« à caresser la jeune Thratta pendant que ma femme
« est au bain. Il n'y a rien de plus agréable, quand les
« semailles sont faites et quand le dieu les arrose,

« elle, *indulgere genio* n'est pas la pesante ivresse de l'Anglais,
« le grossier ébattement du Français ; c'est tout simplement penser
« que la nature est bonne, qu'on peut et qu'on doit y céder. Pour
« le Grec, en effet, la nature est une conseillère d'élégance, une
« maîtresse de droiture et de vertu. La concupiscence, cette idée
« que la nature nous induit à mal faire, est un non-sens pour
« lui. Le goût de la parure, qui distingue le palicare et qui se
« montre avec tant d'innocence dans la jeune Grecque, n'est pas
« la pompeuse vanité du barbare, la sotte prétention de la bour-
« geoise, bouffie de son ridicule orgueil de parvenue; c'est le
« sentiment pur et fin de naïfs jouvenceaux, se sentant fils légi-
« times des vrais inventeurs de la beauté. » (*Saint Paul*, par Ernest Renan, 202.) — Un de mes amis, qui a longtemps voyagé en Grèce, me raconte que souvent les conducteurs de chevaux et les guides cueillent une belle plante, la portent délicatement à la main toute la journée, la posent à l'abri le soir au moment de la couchée, et la reprennent le lendemain pour s'en délecter encore.

« que de causer ainsi avec le voisin : Dis-moi, Comar-
« chidès, qu'allons-nous faire? Il me plairait assez de
« boire, pendant que Zeus féconde la glèbe. Allons,
« femme, fais sécher trois chénix de fèves, mêles-y du
« froment, choisis parmi les figues ; il n'y a pas moyen
« aujourd'hui d'ébourgeonner la vigne ni de casser les
« mottes, la terre est trop mouillée. Qu'on apporte de
« chez moi la grive et deux pinsons. Il y avait encore
« au logis du colostre et quatre morceaux de lièvre.
« Enfant, apportes-en trois pour nous et donnes-en un
« à mon père ; demande à Æchinadès des myrtes avec
« leurs fruits : et qu'en même temps quelqu'un aille
« crier de la route à Charinadès de venir boire avec
« nous pendant que le dieu nous aide et fait pousser
« nos récoltes.... O vénérable et royale déesse, ô Paix,
« souveraine des cœurs, souveraine des noces, reçois
« notre sacrifice... fais abonder toutes les bonnes choses
« sur notre marché, les belles têtes d'ail, les concombres
« précoces, les pommes, les grenades ; qu'on y voie
« affluer les Béotiens chargés d'oies, de canards, de
« pigeons, de mauviettes ; que les anguilles du lac
« Copaïs y viennent par paniers, et qu'empressés, serrés
« à l'envi pour les acheter, tout autour d'elles, nous
« luttions avec Morychos, Téléas et les autres gour-
« mands.... Cours vite au festin, Dicœopolis..., le prêtre
« de Dionysos t'invite ; hâte-toi, on t'attend ; tout est
« prêt, tables, lits, coussins, couronnes, parfums, frian-
« dises de dessert. Les courtisanes sont arrivées, et, avec
« elles, pâtisseries, gâteaux, belles danseuses, toutes

« les délices. » Je coupe court à la citation, qui devient trop vive ; la sensualité antique et la sensualité méridionale ont des gestes bien osés et des mots bien précis.

Une pareille disposition d'esprit conduit l'homme à prendre la vie comme une partie de plaisir. Entre les mains du Grec, les idées et les institutions les plus graves deviennent riantes ; ses dieux sont « les dieux « heureux qui ne meurent pas ». Ils vivent sur les sommets de l'Olympe « que les vents n'ébranlent point, « qui ne sont jamais mouillés par la pluie, d'où la « neige n'approche point, où s'ouvre l'éther sans « nuages, où court agilement la blanche lumière ». Là, dans un palais éblouissant, assis sur des trônes d'or, ils boivent le nectar et mangent l'ambroisie, pendant que les Muses « chantent avec leurs belles voix ». Un festin éternel en pleine lumière, voilà le ciel pour le Grec ; partant, la plus belle vie est celle qui ressemble le plus à cette vie des dieux. Chez Homère, l'homme heureux est celui qui peut « jouir de sa jeunesse floris- « sante et atteindre au seuil de la vieillesse ». Les cérémonies religieuses sont un banquet joyeux dans lequel les dieux sont contents parce qu'ils ont leur part de vin et de viande. Les fêtes les plus augustes sont des représentations d'opéra. La tragédie, la comédie, les chœurs de danse, les jeux gymniques sont une partie du culte. Ils n'imaginent pas que, pour honorer les dieux, il faille se mortifier, jeûner, prier avec tremblement, se prosterner en déplorant ses fautes ; mais qu'il faut prendre part à leur joie, leur

donner le spectacle des plus beaux corps nus, parer pour eux la cité, élever l'homme jusqu'à eux, en le tirant pour un instant de sa condition mortelle, par le concours de toutes les magnificences que l'art et la poésie peuvent assembler. Pour eux, cet « enthou-
« siasme » est la piété, et après avoir débordé par la tragédie du côté des émotions grandioses et solennelles, il s'épanche encore dans la comédie du côté des bouffonneries folles et de la licence voluptueuse. Il faut avoir lu *Lysistrata*, *la Fête des Thesmophories* dans Aristophane, pour imaginer ces emportements de la vie animale, pour comprendre qu'on célébrait publiquement les Dionysiaques, qu'on dansait la cordace sur le théâtre, qu'à Corinthe mille courtisanes desservaient le temple d'Aphrodite, et que la religion consacrait tout le scandale, tout le vertige d'une kermesse et d'un carnaval.

Ils ont porté la vie sociale aussi légèrement que la vie religieuse. Le Romain conquiert pour acquérir ; il exploite les peuples vaincus comme une métairie, en homme d'administration et d'affaires, avec méthode, à demeure ; l'Athénien navigue, débarque, combat, sans rien fonder, irrégulièrement, selon l'impulsion du moment, par besoin d'action, par élan d'imagination, par esprit d'entreprise, par désir de gloire, pour avoir le plaisir d'être le premier parmi les Grecs. Avec l'argent de ses alliés, le peuple embellit sa ville, commande à ses artistes des temples, des théâtres, des statues, des décorations, des processions, jouit tous les jours et par tous les sens de la fortune publique. Aristophane l'amuse avec la caricature de sa politique et de ses magistrats. On lui donne gratis son entrée au théâtre : à la fin des Dionysiaques on lui distribue l'argent qui reste en caisse sur les contributions des alliés. Bientôt il se fait payer pour juger dans les dicastéries, pour assister aux assemblées publiques. Tout est pour lui ; il oblige les riches à lui fournir à leurs frais des chœurs, des acteurs, des représentations et les plus beaux spectacles. Si pauvre qu'il soit, il a ses bains, ses gymnases défrayés par le Trésor, aussi agréables que ceux des chevaliers[1]. A la fin il ne veut plus prendre de peine, il loue des mercenaires pour faire la guerre à sa place ; s'il s'occupe de politique, c'est pour en causer ; il écoute ses orateurs en dilettante et assiste à leurs débats, à leurs récriminations, à leurs assauts d'éloquence, comme à un combat de coqs. Il juge des talents et applaudit aux coups bien portés. Sa grande affaire est d'avoir des fêtes bien entendues ; il a décrété la peine de mort contre quiconque proposerait de détourner pour la guerre une partie de l'argent qui leur est destiné. Ses généraux sont pour la montre : « Hors un seul que vous envoyez à la guerre, dit « Démosthènes, les autres décorent vos fêtes à la suite « des sacrificateurs. » Quand il faut équiper et faire partir la flotte, on n'agit pas, ou l'on n'agit que trop tard ; au contraire, pour les processions et les représen-

---

1. Xénophon, *La République d'Athènes*.

tations publiques, tout est prévu, ordonné, exactement accompli comme il faut et à l'heure dite. Peu à peu, sous l'ascendant de la sensualité primitive, l'État s'est réduit à une entreprise de spectacles, chargée de fournir des plaisirs poétiques à des gens de goût.

Pareillement enfin, dans la philosophie et la science, ils n'ont voulu cueillir que la fleur des choses. Ils n'ont point eu l'abnégation du savant moderne qui emploie tout son génie à éclaircir un point d'érudition obscur, qui observe dix ans de suite une espèce animale, qui multiplie et vérifie incessamment ses expériences, qui, confiné volontairement dans un labeur ingrat, passe sa vie à tailler patiemment deux ou trois pierres pour un édifice immense, dont il ne verra pas l'achèvement, mais qui servira aux générations futures. Ici, la philosophie est une conversation ; elle naît dans les gymnases, sous les portiques, sous des allées de platanes ; le maître parle en se promenant, et on le suit. Tous s'élancent du premier coup aux plus hautes conclusions ; c'est un plaisir que d'avoir des vues d'ensemble ; ils en jouissent et ne songent que médiocrement à construire une bonne route solide ; leurs preuves se réduisent le plus souvent à des vraisemblances. En somme, ce sont des spéculatifs qui aiment à voyager sur les sommets des choses, à parcourir en trois pas, comme les dieux d'Homère, une vaste région nouvelle, à embrasser le monde entier d'un seul regard. Un système est une sorte d'opéra sublime, l'opéra des esprits compréhensifs et curieux. De Thalès à Proclus, leur philosophie s'est déroulée, comme leur tragédie, autour de trente ou quarante thèmes principaux, à travers une infinité de variations, d'amplifications et de mélanges. L'imagination philosophique a manié les idées et les hypothèses, comme l'imagination mythologique maniait les légendes et les dieux.

Si de leur œuvre nous passons à leurs procédés, nous verrons reparaître le même tour d'esprit. Ils sont sophistes autant que philosophes ; ils exercent leur intelligence pour l'exercer. Une subtile distinction, une longue analyse raffinée, un argument captieux et difficile à débrouiller, les attire et les retient. Ils s'amusent et s'attardent dans la dialectique, les arguties et le paradoxe[1] ; ils ne sont pas aussi sérieux qu'il le faudrait ; s'ils entreprennent une recherche, ce n'est point seulement en vue de l'acquis définitif et fixe ; ils n'aiment point la vérité uniquement, absolument, avec oubli et mépris du reste. Elle est un gibier qu'ils prennent souvent dans leur chasse ; mais, à les voir raisonner, on sent bien vite que, sans se l'avouer, ils préfèrent au gibier la chasse, la chasse avec ses adresses, ses ruses, ses circuits, son élan, et ce sentiment d'action libre, voyageuse et victorieuse qu'elle met dans les

---

1. Voyez les procédés logiques de Platon et d'Aristote, notamment les preuves de l'immortalité de l'âme dans le *Phédon*. — Dans toute cette philosophie, les facultés sont supérieures à l'œuvre. Aristote avait écrit un traité sur les problèmes homériques, à l'exemple de ces rhéteurs qui examinaient si, lorsqu'Aphrodite est blessée par Diomède, la blessure est à la main droite ou à la main gauche.

nerfs et l'imagination du chasseur. « O Grecs. Grecs!
« disait à Solon un prêtre égyptien, vous êtes des
« enfants ! » En effet, ils ont joué avec la vie, avec
toutes les choses graves de la vie, avec la religion et les
dieux, avec la politique et l'État, avec la philosophie et
la vérité.

V

C'est pour cela qu'ils ont été les plus grands artistes du monde. Ils ont eu la charmante liberté d'esprit, la surabondance de gaieté inventive, la gracieuse ivresse d'imagination qui poussent l'enfant à fabriquer et à manier incessamment de petits poèmes, sans autre but que de donner carrière aux facultés neuves et trop vives qui tout d'un coup s'éveillent en lui. Les trois traits principaux que nous avons démêlés dans leur caractère sont justement ceux qui font l'âme et l'intelligence de l'artiste. — Délicatesse de la perception, aptitude à saisir les rapports fins, sens des nuances, voilà ce qui lui permet de construire des ensembles de formes, de sons, de couleurs, d'événements, bref, d'éléments et de détails si bien reliés entre eux, par des attaches intimes, que leur organisation fasse une chose vivante, et surpasse dans le monde imaginaire l'harmonie profonde du monde réel. — Besoin de clarté, sentiment de la mesure, haine du vague et de l'abstrait, dédain du monstrueux et de l'énorme, goût pour les contours arrêtés et précis, voilà ce qui le conduit à enfermer ses conceptions dans une forme aisément perceptible à l'imagination et aux sens, partant, à faire des œuvres que toute race et tout siècle puissent comprendre, et qui, étant humaines, soient éternelles. — Amour et culte de la vie présente, sentiment de la force humaine, besoin de sérénité et d'allégresse, voilà ce qui le porte à éviter la peinture de l'infirmité physique et de la maladie morale, à représenter la santé de l'âme et la perfection du corps, à soutenir la beauté acquise de l'expression par la beauté foncière du sujet. — Ce sont là les traits distinctifs de tout leur art. Un regard jeté sur leur littérature, comparée à celle de l'Orient, du moyen âge et des temps modernes, une lecture d'Homère, comparé à la *Divine Comédie*, à *Faust* ou aux épopées indiennes, une étude de leur prose, comparée à toute autre prose de tout autre siècle ou de tout autre pays, vous en convaincrait bien vite. Auprès de leur style littéraire, tout style est emphatique, lourd, inexact et forcé ; auprès de leurs types moraux, tout type est excessif, triste et malsain ; auprès de leurs cadres poétiques et oratoires, tout cadre qui ne leur a pas été emprunté est disproportionné, mal attaché, disloqué par l'œuvre qu'il contient.

Mais l'espace nous manque, et, entre cent exemples, nous ne pouvons en choisir qu'un. Considérons ce qui se voit avec les yeux et ce qui frappe d'abord les regards, lorsqu'on entre dans la ville, je veux dire le temple. — D'ordinaire, il est sur une hauteur qui est l'acropole, sur un soubassement de roches comme à Syracuse, ou sur une petite montagne qui fut, comme à Athènes, le premier lieu de refuge et l'emplacement originel de la cité. On le voit de toute la plaine et des collines voisines ; les vaisseaux le saluent de loin en approchant du port. Il se détache tout entier nettement dans l'air limpide[1]. Il n'est point, comme les cathédrales du moyen âge, serré, étouffé par les files des maisons, dissimulé, à demi caché, inaccessible à l'œil, sauf dans ses détails et ses parties hautes. Sa base, ses flancs, toute sa masse et toutes ses proportions apparaissent d'un seul coup. On n'est pas obligé de deviner l'ensemble d'après un morceau ; son emplacement le proportionne aux sens de l'homme. — Pour qu'il ne manque rien à la netteté de l'impression, ils lui donnent des dimensions moyennes ou petites. Parmi les temples grecs, il n'y en a que deux ou trois aussi grands que la Madeleine. Rien de semblable aux énormes monuments de l'Inde, de Babylone et de l'Égypte, aux palais superposés et entassés, aux dédales d'avenues, d'enceintes, de salles, de colosses dont la multitude finit par jeter l'esprit dans le trouble et l'éblouissement. Rien de semblable aux gigantesques cathédrales qui abritaient sous leurs nefs toute la population d'une cité, que l'œil, même si elles étaient sur une hauteur, ne pourrait pas embrasser tout entières, dont les profils échappent, et dont l'harmonie totale ne peut être sentie que sur un plan. Le temple grec n'est pas un lieu d'assemblée, mais l'habitation particulière d'un dieu, un reliquaire pour son effigie, l'ostensoir de marbre qui enferme une statue unique. A cent pas de l'enceinte sacrée qui l'entoure, on saisit la direction et l'accord de ses prin-

---

[1]. Voyez les restaurations, accompagnées de Mémoires, de MM. Tetaz, Paccard, Boitte et Garnier.

cipales lignes. — D'ailleurs, elles sont si simples qu'il suffit d'un regard pour en comprendre l'ensemble. Rien de compliqué, de bizarre, de tourmenté dans cet édifice ; c'est un rectangle bordé par un péristyle de colonnes ; trois ou quatre formes élémentaires de la géométrie en font tous les frais, et la symétrie de l'ordonnance les accuse, en les répétant et en les opposant. Le couronnement du fronton, la cannelure des fûts, le tailloir du chapiteau, tous les accessoires et tous les détails viennent encore manifester en plus haut relief le caractère propre de chaque membre, et la diversité de la polychromie achève de marquer et de préciser toutes ces valeurs.

Dans ces différents traits vous avez reconnu le besoin fondamental des formes délimitées et claires. Une série d'autres caractères va nous montrer la finesse de leur tact et la délicatesse exquise de leurs perceptions. — Il y a un lien entre toutes les formes et toutes les dimensions d'un temple, comme entre tous les organes d'un corps vivant, et ils ont trouvé ce lien ; ils ont fixé le module architectural, qui, d'après le diamètre d'une colonne, détermine sa hauteur, par suite son ordre, par suite sa base, son chapiteau, par suite la distance des colonnes et l'économie générale de l'édifice. Ils ont modifié de parti pris la rectitude grossière des formes mathématiques, ils les ont appropriées aux exigences secrètes de l'œil, ils ont renflé[1] la colonne par une

---

1. *Entasis.*

courbe savante aux deux tiers de sa hauteur, ils ont bombé toutes les lignes horizontales et incliné vers le centre toutes les lignes verticales du Parthénon, ils se sont dégagés des entraves de la symétrie mécanique ; il sont donné des ailes inégales à leurs Propylées, des niveaux différents aux deux sanctuaires de leur Érecthéion ; ils ont entre-croisé, varié, infléchi leurs plans et leurs angles, de manière à communiquer à la géométrie architecturale la grâce, la diversité, l'imprévu, la souplesse fuyante de la vie, et, sans amoindrir l'effet de ses masses, ils ont brodé sur sa surface la plus élégante trame d'ornements peints et sculptés. En tout cela, rien n'égale l'originalité de leur goût, si ce n'est sa justesse ; ils ont réuni deux qualités qui semblent s'exclure, l'extrême richesse et l'extrême sobriété. Nos sens modernes n'y atteignent point ; nous ne parvenons qu'à demi et par degrés à deviner combien leur invention était parfaite. Il a fallu l'exhumation de Pompéi pour nous faire soupçonner l'harmonie et la vivacité charmantes de la décoration dont ils revêtaient leurs murs, et c'est de nos jours qu'un architecte anglais a mesuré l'imperceptible inflexion des horizontales renflées et des perpendiculaires convergentes qui donnent à leur plus beau temple sa suprême beauté. Nous sommes devant eux comme un auditeur ordinaire devant un musicien né et élevé pour la musique ; son jeu a des délicatesses d'exécution, des puretés de sons, des plénitudes d'accords, des finesses d'intention, des réussites d'expression que l'autre, médiocrement doué et mal préparé, ne saisit qu'en gros et de loin en loin. Nous n'en gardons qu'une impression totale, et cette impression, conforme au génie de la race, est justement celle d'une fête heureuse et fortifiante. — La créature architecturale est ici saine, viable par elle-même; elle n'a pas besoin, comme la cathédrale gothique, d'entretenir à ses pieds une colonie de maçons qui réparent incessamment sa ruine incessante; elle n'emprunte pas l'appui de ses voûtes à des contreforts extérieurs; il ne lui faut pas une armature de fer pour soutenir le prodigieux échafaudage de ses clochers ouvragés et découpés, pour accrocher à ses murailles sa merveilleuse dentelle compliquée, son fragile filigrane de pierre. Elle n'est point l'œuvre de l'imagination surexcitée, mais de la raison lucide. Elle est faite pour durer par elle-même et sans secours. Presque tous les temples de la Grèce seraient encore entiers si la brutalité ou le fanatisme de l'homme n'étaient intervenus pour les détruire. Ceux de Pæstum sont debout après vingt-trois siècles; c'est l'explosion d'un magasin de poudre qui a coupé en deux le Parthénon. Livré à lui seul, le temple grec demeure et subsiste; on s'en aperçoit à sa forte assiette; sa masse le consolide au lieu de le charger. Nous sentons l'équilibre stable de ses divers membres; car l'architecte a manifesté la structure interne par les dehors visibles, et les lignes qui flattent l'œil de leurs proportions harmonieuses sont justement les lignes qui contentent l'intelligence par des promesses d'éternité[1]. Ajoutez à

1. Lire à ce propos la *Philosophie de l'architecture en Grèce*,

cet air de force l'air d'aisance et d'élégance ; l'édifice grec ne songe pas seulement à durer comme l'édifice égyptien. Il n'est pas accablé sous le poids de sa matière, comme un Atlas obstiné et trapu ; il se développe, se déploie, se dresse comme un beau corps d'athlète en qui la vigueur s'accorde avec la finesse et la sérénité. Considérez encore sa parure, les boucliers d'or qui étoilent son architrave, les acrotères d'or, les têtes de lion qui luisent en plein soleil, les filets d'or et parfois les émaux qui serpentent sur ses chapiteaux, le revêtement de vermillon, de minium, de bleu, d'ocre pâle, de vert, de tous les tons vifs ou sourds qui, reliés et opposés comme à Pompéi, donnent à l'œil la sensation de la franche et saine joie méridionale. Comptez enfin les bas-reliefs, les statues des frontons, des métopes et de la frise, surtout l'effigie colossale de la cella intérieure, toutes les sculptures de marbre, d'ivoire et d'or, tous ces corps héroïques ou divins qui mettent sous les yeux de l'homme les images accomplies de la force virile, de la perfection athlétique, de la vertu militante, de la noblesse simple, de la sérénité inaltérable, et vous aurez une première idée de leur génie et de leur art.

ar M. E. Boutmy, ouvrage d'un esprit très exact, très conscieneux et très délicat.

CHAPITRE II

LE MOMENT

Il faut maintenant faire un pas de plus et considérer un nouveau caractère de la civilisation grecque. — Non seulement un Grec de l'ancienne Grèce est grec, mais encore il est ancien; il ne diffère pas seulement de l'Anglais ou de l'Espagnol, parce qu'étant d'une autre race il a d'autres aptitudes et d'autres inclinations; il diffère de l'Anglais, de l'Espagnol et du Grec moderne en ce qu'étant placé à une époque antérieure de l'histoire il a d'autres idées et d'autres sentiments. Il nous précède et nous le suivons. Il n'a pas bâti sa civilisation sur la nôtre; nous avons bâti notre civilisation sur la sienne et sur plusieurs autres. Il est au rez-de-chaussée, et nous sommes au second ou au troisième étage. De là des suites infinies en nombre et en importance. Quoi de plus différent que deux vies, l'une au niveau du sol avec toutes les portes ouvertes sur la campagne, l'autre juchée et enfermée dans les compartiments étroits d'une haute maison moderne? Ce contraste s'exprime en deux mots : leur vie et leur esprit sont simples, notre vie et notre esprit sont compliqués. Partant, leur art est plus simple que le nôtre, et l'idée qu'ils se forment de l'âme et du corps de l'homme fournit matière à des œuvres que notre civilisation ne comporte plus.

I

Il suffit d'un coup d'œil jeté sur les dehors de leur vie pour remarquer combien elle est simple. La civilisation, en se déplaçant vers le nord, a dû pourvoir à toutes sortes de besoins qu'elle n'était pas obligée de satisfaire dans ses premières stations du sud. — Dans un climat humide ou froid comme la Gaule, la Germanie, l'Angleterre, l'Amérique du Nord, l'homme mange davantage; il lui faut des maisons plus solides et mieux closes, des habits plus chauds et plus épais, plus de feu et plus de lumière, plus d'abris, de vivres, d'instruments et d'industries. Il devient forcément industriel, et, comme ses exigences croissent avec ses satisfactions, il tourne les trois quarts de son effort vers l'acquisition du bien-être. Mais les commodités dont il se munit sont autant d'assujettissements dans lesquels il s'embarrasse, et l'artifice de son confortable le tient captif. Combien de choses aujourd'hui dans l'habillement d'un homme ordinaire! Combien plus de choses encore dans la toilette d'une femme, même de la condition moyenne! Deux ou trois armoires n'y suffisent pas. Notez qu'aujourd'hui les dames de Naples ou d'Athènes nous empruntent nos modes. Un Pallicare porte un accoutrement aussi surabondant que le nôtre. Nos civilisations du Nord, en refluant sur les peuples arriérés du Midi, y ont importé un costume étranger, d'une complication superflue, et il faut aller dans les districts reculés, descendre jusqu'à la classe très pauvre, pour trouver comme à Naples des lazzaroni vêtus d'un pagne, comme en Arcadie des femmes couvertes d'une simple chemise, bref, des gens qui réduisent et proportionnent leur habillement aux petites exigences de leur climat.

Dans la Grèce ancienne, une tunique courte et sans manches pour l'homme, pour la femme une longue tunique qui descend jusqu'aux pieds et, se doublant à la hauteur des épaules, retombe jusqu'à la ceinture : voilà tout l'essentiel du costume ; ajoutez une grande pièce carrée d'étoffe dont on se drape, pour la femme un voile quand elle sort, assez ordinairement des sandales ; Socrate n'en portait qu'aux jours de festin : très souvent on va pieds nus et tête nue. Tous ces vêtements peuvent être ôtés en un tour de main ; ils ne serrent point la taille, ils indiquent les formes ; le nu apparaît par leurs interstices et dans leurs mouvements. On les ôte tout à fait dans les gymnases, dans le stade, dans plusieurs danses solennelles : « C'est le propre des Grecs, « dit Pline, de ne rien voiler. » L'habillement n'est chez eux qu'un accessoire lâche, qui laisse au corps sa liberté, et qu'à volonté, en un instant, on peut jeter bas. — Même simplicité pour la seconde enveloppe de l'homme, je veux dire la maison. Comparez une maison de Saint-Germain ou de Fontainebleau à une maison de Pompéi ou d'Herculanum, deux jolies villes de province qui tenaient auprès de Rome la place et l'emploi que Saint-Germain ou Fontainebleau tiennent aujourd'hui auprès de Paris ; comptez tout ce qui compose aujourd'hui un logis passable, grande bâtisse de pierre de taille à deux ou trois étages, fenêtres vitrées, papiers, tentures, persiennes, doubles et triples rideaux, calorifères, cheminées, tapis, lits, sièges, meubles de toute espèce, innombrables brimborions et ustensiles de ménage et de luxe, et mettez en regard les frêles murailles d'une maison de Pompéi, ses dix ou douze petits cabinets rangés autour d'une petite cour où bruit un filet d'eau, ses fines peintures, ses petits bronzes ; c'est un abri léger pour dormir la nuit, faire la sieste le jour, goûter la fraîcheur en suivant des yeux des arabesques délicates et de belles harmonies de couleurs ; le climat ne réclame rien de plus. Aux beaux siècles de la Grèce, le ménage est bien plus réduit encore[1]. Des murs qu'un voleur peut percer, blanchis à la chaux, encore dépourvus de peintures au temps de Périclès ; un lit avec quelques couvertures, un coffre, quelques beaux vases peints, des armes suspendues, une lampe de structure toute primitive ; une toute petite maison qui n'a pas toujours de premier étage : cela suffit à un Athénien noble ; il vit au dehors, en plein air, sous les portiques, dans l'Agora, dans les gymnases, et les bâtiments publics qui abritent sa vie publique sont aussi peu garnis que sa maison privée. Au lieu d'un palais comme celui du

1. Voyez, sur tous ces détails de la vie privée, Becker, *Chariclès*, surtout les *Excursus*.

Corps législatif ou Westminster de Londres, avec son aménagement intérieur, ses banquettes, son éclairage, sa bibliothèque, sa buvette, tous ses compartiments et tous ses services, il a une place vide, le Pnyx, et quelques degrés de pierre qui font une tribune à l'orateur. En ce moment nous bâtissons un Opéra, et il nous faut une grande façade, quatre ou cinq vastes pavillons, des foyers, salons et couloirs de toute sorte, un large cercle pour l'assistance, une énorme scène, un grenier gigantesque pour remiser les décors, et une infinité de loges et de logements pour les administrateurs et les acteurs; nous dépensons quarante millions et la salle aura deux mille places. En Grèce, un théâtre contient de trente à cinquante mille spectateurs, et coûte vingt fois moins que chez nous; c'est que la nature en fait les frais; un flanc de colline où l'on taille des gradins circulaires, un autel en bas et au centre, un grand mur sculpté, comme celui d'Orange, pour répercuter la voix de l'acteur, le soleil pour lampe, et, pour décor lointain, tantôt la mer luisante, tantôt des groupes de montagnes veloutées par la lumière : ils arrivent à la magnificence par l'économie, et pourvoient à leurs plaisirs, comme à leurs affaires, avec une perfection que nos profusions d'argent n'atteignent pas.

Passons aux constructions morales. Aujourd'hui un État comprend trente à quarante millions d'hommes répandus sur un territoire large et long de plusieurs centaines de lieues. C'est pourquoi il est plus solide qu'une cité antique; mais, en revanche, il est bien plus compliqué, et, pour y remplir un emploi, un homme doit être spécial. Partant, les emplois publics sont spéciaux comme les autres. La masse de la population n'intervient dans les affaires générales que de loin en loin, par des élections. Elle vit ou vivote en province, sans pouvoir se faire d'opinions personnelles ni précises, réduite à des impressions vagues et à des émotions aveugles, obligée de se remettre aux mains de gens plus instruits qu'elle expédie dans la capitale et qui la remplacent, quand il faut décider de la guerre, de la paix ou des impôts. — Même substitution, s'il s'agit de la religion, de la justice, de l'armée et de la marine. Dans chacun de ces services, nous avons un corps d'hommes spéciaux; il faut un long apprentissage pour y jouer un rôle; ils échappent à la majorité des citoyens. Nous n'y prenons point part; nous avons des délégués qui, choisis par eux-mêmes ou par l'État, combattent, naviguent, jugent ou prient pour nous. Et nous ne pouvons faire autrement; le service est trop compliqué pour être exécuté à l'improviste par le premier venu; il faut que le prêtre ait passé par le séminaire, le magistrat par l'école de droit, l'officier par les écoles préparatoires, la caserne ou le navire, l'employé par les examens et les bureaux. — Au contraire, dans un petit État comme la cité grecque, l'homme ordinaire est au niveau de toutes les fonctions publiques; la société ne se divise pas en fonctionnaires et en administrés : il n'y a pas de bourgeois retirés, il n'y a que des citoyens actifs. L'Athénien décide lui-même des intérêts généraux; cinq ou six mille citoyens écoutent les orateurs et votent sur la place publique; c'est la place du marché; on y vient pour faire des décrets et des lois, comme pour vendre son vin et ses olives; le territoire n'étant qu'une banlieue, le campagnard n'a pas beaucoup plus de chemin à faire que le citadin. De plus, les affaires dont il s'agit sont à sa portée; car ce sont des intérêts de clocher, puisque la cité n'est qu'une ville. Il n'a pas de peine à comprendre la conduite qu'il faut tenir avec Mégare ou Corinthe; il lui suffit pour cela de son expérience personnelle et de ses impressions journalières; il n'a pas besoin d'être un politique de profession, versé dans la géographie, l'histoire, la statistique et le reste. Pareillement, il est prêtre chez lui, et, de temps en temps, pontife de sa phratrie ou de sa tribu; car sa religion est un beau conte de nourrice, et la cérémonie qu'il accomplit consiste en une danse ou un chant qu'il sait dès l'enfance, et dans un repas auquel il préside avec un certain habit. — De plus, il est juge dans les dicastéries, au civil, au criminel, au religieux, avocat et obligé de plaider dans sa propre cause. Un Méridional, un Grec, est naturellement vif d'esprit, bon et beau parleur; les lois ne se sont pas encore multipliées, enchevêtrées en un Code et en un fatras; il les sait en gros; les plaideurs les lui citent; d'ailleurs, l'usage lui permet d'écouter son instinct, son bon sens, son émotion, ses passions, au moins autant que le droit strict et les arguments légaux. — S'il est riche, il est impresario. Vous avez vu que leur théâtre est moins compliqué que le nôtre, et, pour faire répéter des danseurs, des chanteurs, des acteurs, un Grec, un Athénien a toujours du goût. — Riche ou pauvre, il est soldat; comme l'art militaire est encore simple et qu'on ignore les machines de guerre, la garde nationale est l'armée. Jusqu'à la venue des Romains, il n'y en a pas eu de meilleure. Pour la former et former le parfait soldat, deux conditions sont requises, et ces deux conditions sont données par l'éducation commune, sans instruction spéciale, sans école de peloton, sans discipline ni exercices de caserne. D'un côté, ils veulent que chaque soldat soit le meilleur gladiateur qu'il se pourra, le corps le plus robuste, le plus souple et le plus agile, le plus capable de bien frapper, parer et courir; à cela leurs gymnases pourvoient : ce sont les collèges de la jeunesse; on y apprend, toute la journée et pendant de longues années, à lutter, sauter, courir, lancer le disque, et, méthodiquement, on y exerce et l'on fortifie tous les membres et tous les muscles. De l'autre côté, ils veulent que les soldats sachent marcher, courir, faire toutes les évolutions en bon ordre; à cela l'orchestrique suffit : toutes leurs fêtes nationales et religieuses enseignent aux enfants et aux jeunes gens l'art de former et de dénouer leurs groupes; à Sparte, le chœur de danse publique et la compagnie militaire[1] sont disposés sur le même patron. Ainsi préparé par les mœurs, on comprend que le citoyen soit soldat sans effort et du premier coup. — Il sera marin sans beaucoup plus d'ap-

1. *Choros* et *Lochos*.

prentissage. En ce temps-là un navire de guerre n'est qu'un bateau de cabotage, contient tout au plus deux cents hommes et ne perd guère de vue les côtes. Dans une cité qui a un port et vit de commerce maritime, il n'est personne qui ne s'entende à manœuvrer un tel navire, personne qui ne connaisse d'avance ou n'apprenne vite les signes du temps, les chances du vent, les positions et les distances, toute la technique et tous les accessoires qu'un matelot ou un officier de mer ne sait chez nous qu'après dix ans d'étude et de pratique. — Toutes ces particularités de la vie antique dérivent de la même cause, qui est la simplicité d'une civilisation sans précédents, et toutes aboutissent au même effet, qui est la simplicité d'une âme bien équilibrée, en qui nul groupe d'aptitudes et de penchants n'a été développé au détriment des autres, qui n'a pas reçu de tour exclusif, que nulle fonction spéciale n'a déformée. Aujourd'hui nous avons l'homme cultivé et l'homme inculte, le citadin et le paysan, le provincial et le parisien, en outre, autant d'espèces distinctes qu'il y a de classes, de professions et de métiers, partout l'individu parqué dans le compartiment qu'il s'est fait et assiégé par la multitude des besoins qu'il s'est donnés. Moins artificiel, moins spécial, moins éloigné de l'état primitif, le Grec agissait dans un cercle politique mieux proportionné aux facultés humaines, parmi des mœurs plus favorables à l'entretien des facultés animales : plus voisin de la vie naturelle, moins assujetti par la civilisation surajoutée, il était plus homme.

II

Ce ne sont là que les alentours et les moules extérieurs qui modèlent l'individu. Pénétrons dans l'individu lui-même, jusqu'à ses sentiments et à ses idées ; nous serons encore plus frappés de la distance qui les sépare des nôtres. Deux sortes de culture les forment en tout temps et en tout pays : la culture religieuse et la culture laïque, et l'une et l'autre opèrent dans le même sens, alors pour les garder simples, aujourd'hui pour les rendre compliqués. — Les peuples modernes sont chrétiens, et le christianisme est une religion de seconde pousse, qui contredit l'instinct naturel. On peut le comparer à une contraction violente qui a infléchi l'attitude primitive de l'âme humaine. En effet, il déclare que le monde est mauvais et que l'homme est gâté ; et certes, au siècle où il naquit, cela était indubitable. Il faut donc, selon lui, que l'homme change de voie. La vie présente n'est qu'un exil ; tournons nos regards vers la patrie céleste. Notre fond naturel est vicieux ; réprimons tous nos penchants naturels et mortifions notre corps. L'expérience des sens et le raisonnement des savants sont insuffisants et trompeurs ; prenons pour flambeau la révélation, la foi, l'illumination divine. Par la pénitence, le renoncement, la méditation, développons en nous l'homme spirituel, et que notre vie soit une attente passionnée de la délivrance, un abandon continu de notre volonté, un soupir incessant vers Dieu, une pensée d'amour sublime, parfois récompensée par l'extase et la vision de l'au-delà. Pendant quatorze siècles le modèle idéal a été l'anachorète ou le moine. Pour mesurer la puissance d'une pareille idée et la grandeur de la transformation qu'elle impose aux facultés et aux habitudes humaines, lisez tour à tour le grand poème chrétien et le grand poème païen, d'un côté *la Divine Comédie*, de l'autre *l'Odyssée* et *l'Iliade*. — Dante a une vision, il est transporté hors de notre petit monde éphémère, dans les régions éternelles ; il en voit les tortures, les expiations, les félicités ; il est troublé d'angoisses et d'horreurs surhumaines ; tout ce qu'une imagination furieuse et raffinée de justicier et de bourreau peut inventer, il le voit, il le subit, il en défaille ; puis il monte dans la lumière ; son corps n'a plus de poids ; il s'envole, involontairement attiré par le sourire d'une dame rayonnante ; il entend les âmes qui sont des voix et des mélodies flottantes ; il voit des cœurs, une grande rose de lumières vivantes, qui sont des vertus et des puissances célestes ; les paroles sacrées, les dogmes de la vérité théologique retentissent dans l'éther. Dans ces hauteurs brûlantes où la raison se fond comme une cire, le symbole et l'apparition, entrelacés, effacés l'un par l'autre, aboutissent à l'éblouissement mystique, et le poème tout entier, infernal ou divin, est un rêve qui commence par le cauchemar pour finir par le ravissement. — Combien plus naturel et plus sain est le

spectacle que nous présente Homère ! C'est la Troade, l'île d'Ithaque, les côtes de la Grèce ; encore aujourd'hui on le suit à la trace, on reconnaît les formes des montagnes, la couleur de la mer, les sources jaillissantes, les cyprès, les aulnes où nichent les oiseaux de mer ; il a copié la nature stable et subsistante ; partout, chez lui, on pose le pied sur le sol solide de la vérité. Son livre est un document d'histoire ; ses contemporains ont eu les mœurs qu'il décrit ; son Olympe lui-même n'est qu'une famille grecque. Nous n'avons pas besoin de nous forcer et de nous exalter, pour retrouver en nous les sentiments qu'il exprime, ni pour imaginer le monde qu'il peint, combats, voyages, festins, discours publics, entretiens privés, toutes les scènes de la vie réelle, amitié, amour paternel et conjugal, besoin de gloire et d'action, colères, apaisements, goût des fêtes, plaisir de vivre, toutes les émotions et toutes les passions de l'homme naturel. Il se renferme dans le cercle visible qu'à chaque génération retrouve l'expérience humaine ; il n'en sort pas ; ce monde lui suffit, il est seul important ; l'*au-delà* n'est que le séjour vague des ombres vaines ; lorsque Ulysse, rencontrant Achille chez Hadès, le félicite d'être encore le premier parmi les ombres, celui-ci lui répond : « Ne me parle pas de la mort, glorieux Ulysse.
« J'aimerais mieux être laboureur et servir pour un
« salaire un homme sans héritage et qui aurait de la
« peine à se nourrir, j'aimerais mieux cela que de
« commander à tous les morts qui ont vécu. Mais plutôt
« parle-moi de mon glorieux fils, dis-moi s'il a été le

« premier à la guerre. » — Ainsi, par delà le tombeau, c'est encore la vie présente qui le préoccupe. « L'âme « du rapide Achille s'éloigne alors, marchant à grands « pas dans la prairie d'asphodèles, joyeuse parce que je « lui avais dit que son fils était illustre et brave. » — A toutes les époques de la civilisation grecque reparaît, avec diverses nuances, le même sentiment; leur monde est celui que le soleil éclaire; le mourant a pour espoir et consolation la survivance en pleine lumière de ses fils, de sa gloire, de son tombeau, de sa patrie. « Le « plus heureux homme que j'aie connu, disait Solon « à Crésus, c'est Tellos d'Athènes; car, sa cité étant « prospère, il a eu des enfants beaux et bons, qui ont « eu tous des enfants et conservé leurs biens, lui vivant; « ayant ainsi prospéré dans la vie, sa fin a été glorieuse; « car, les Athéniens ayant combattu contre leurs voi- « sins d'Éleusis, il a porté aide, et il est mort en faisant « fuir les ennemis, et les Athéniens l'ont enseveli aux « frais de l'État à l'endroit où il est tombé, et ils l'ont « honoré grandement. » Au temps de Platon, Hippias, interprète de l'opinion populaire, dit de même : « Ce « qu'il y a de plus beau en tout temps, pour tout homme « et en tout lieu, c'est d'avoir des richesses, de la santé, « de la considération parmi les Grecs, de parvenir ainsi « à la vieillesse, et, après avoir rendu honorablement « les derniers devoirs à ses parents, d'être conduit soi- « même au tombeau par ses descendants avec la même « magnificence. » Lorsque la réflexion philosophique vient à s'appesantir sur *l'au-delà*, il ne paraît point

terrible, infini, disproportionné à la vie présente, aussi indubitable qu'elle, inépuisable en supplices ou en délices, comme un gouffre épouvantable ou comme une « gloire angélique. De deux choses, la mort est l'une,
« disait Socrate à ses juges ; ou bien celui qui est mort
« n'est plus rien et n'a aucune sensation d'aucune chose,
« quelle qu'elle soit ; ou bien, comme on le dit, la mort
« se trouve être un changement, le passage de l'âme
« qui va de ce lieu-ci en un autre lieu. Si, quand on
« est mort, il n'y a plus de sensation, et si l'on est
« comme en un sommeil où l'on n'a pas même de
« songes, alors mourir est un merveilleux avantage ;
« car, à mon avis, si quelqu'un choisissait parmi ses
« nuits une nuit pareille, une nuit où il a été si fort
« assoupi qu'il n'a pas eu un songe, et mettait en regard
« les autres jours et les autres nuits de sa vie, pour
« chercher combien, parmi ces heures-là, il en a eu de
« meilleures et de plus douces, il n'aurait pas de peine
« à faire le compte, et je parle ici, non pas seulement
« d'un particulier, mais du grand roi. Si donc la mort
« est telle, je dis qu'elle est un gain ; car, de cette façon,
« tout le temps après la mort n'est rien de plus qu'une
« seule nuit. — Mais, si la mort est le passage en un
« autre lieu, et si, comme on le raconte, en ce lieu-là
« tous les morts sont ensemble, quel plus grand bien,
« ô juges, pourrait-on imaginer que celui-là ! Si un
« homme, arrivant chez Hadès et délivré des prétendus
« juges qu'on voit ici, trouvait là-bas de vrais juges,
« ceux qui, dit-on, jugent là-bas, Minos, Rhadamanthe,

« Éaque, Triptolème et tous ceux des demi-dieux qui
« ont été justes dans leur vie, est-ce que ce changement
« de séjour serait fâcheux? Vivre avec Orphée, Musée,
« Hésiode, Homère, à quel prix chacun de nous n'achète-
« rait-il pas un pareil bien? Pour moi, si cela est vrai,
« je veux mourir plusieurs fois. » Ainsi, dans l'un et
l'autre cas, « nous devons avoir bonne espérance en la
« mort ». — Vingt siècles plus tard, Pascal, reprenant
la même question et le même doute, ne voyait pour
l'incrédule d'autre attente « que l'horrible alternative
« d'être éternellement anéanti ou éternellement malheu-
« reux ». Un tel contraste montre le trouble qui, depuis
dix-huit cents ans, a bouleversé l'âme humaine. La
perspective d'une éternité bienheureuse ou malheureuse
a rompu son équilibre; jusqu'à la fin du moyen âge,
sous ce poids incommensurable, elle a été comme une
balance affolée et détraquée, au plus bas, au plus haut,
toujours dans les extrêmes. Quand, vers la Renaissance,
la nature opprimée s'est redressée et a repris l'ascendant, elle a trouvé devant elle, pour la rabattre, la vieille
doctrine ascétique et mystique, non seulement avec sa
tradition et ses institutions maintenues ou renouvelées,
mais encore avec le trouble durable qu'elle avait porté
dans l'âme endolorie et dans l'imagination surexcitée.
Encore aujourd'hui la discorde subsiste; il y a, en nous
et autour de nous, deux morales, deux idées de la nature
et de la vie, et leur conflit incessant nous fait sentir
l'aisance harmonieuse du jeune monde où les instincts
naturels se déployaient intacts et droits sous une reli-

gion qui favorisait leur pousse au lieu de la réprimer.

Si la culture religieuse a superposé chez nous aux inclinations spontanées des sentiments disparates, la culture laïque a enchevêtré dans notre esprit un labyrinthe d'idées élaborées et étrangères. Comparez la première et la plus puissante des éducations, celle que donne la langue, en Grèce et chez nous. Nos langues modernes, italien, espagnol, français, anglais, sont des patois, restes déformés d'un bel idiome qu'une longue décadence avait gâté et que des importations et des mélanges sont encore venus altérer et brouiller. Ils ressemblent à ces édifices construits avec les débris d'un temple ancien et avec d'autres matériaux ramassés au hasard; en effet, c'est avec des pierres latines, mutilées, raccordées dans un autre ordre, avec des cailloux du chemin et un plâtras tel quel, que nous avons fait la bâtisse dans laquelle nous vivons, d'abord un château gothique, aujourd'hui une maison moderne. Notre esprit y vit, parce qu'il s'y est fait; mais combien celui des Grecs se mouvait plus aisément dans la sienne! Nous ne comprenons pas de prime saut nos mots un peu généraux; ils ne sont pas transparents; ils ne laissent pas voir leur racine, le fait sensible auquel ils sont empruntés; il faut qu'on nous explique des termes qu'autrefois l'homme entendait sans effort et par la seule vertu de l'analogie, *genre, espèce, grammaire, calcul, économie, loi, pensée, conception,* et le reste. Même dans l'allemand où cet inconvénient est moindre le fil conducteur manque. Presque tout notre vocabulaire philosophique et scientifique est étranger; pour nous en bien servir, nous sommes obligés de savoir le grec et le latin; et le plus souvent nous nous en servons mal. Ce vocabulaire technique a inséré quantité de ses mots dans la conversation courante et le style littéraire; d'où il arrive qu'aujourd'hui nous parlons et nous pensons avec des termes pesants et difficiles à manier. Nous les prenons tout faits et tout accouplés; nous les répétons par routine; nous les employons sans en mesurer la portée et sans en démêler la nuance; nous ne disons qu'à peu près ce que nous voulons dire. Il faut quinze ans à un écrivain pour apprendre à écrire, non pas avec génie, car cela ne s'apprend pas, mais avec clarté, suite, propriété et précision. C'est qu'il a été obligé de sonder et d'approfondir dix ou douze mille mots et expressions diverses, d'en noter les origines, la filiation, les alliances, de rebâtir à neuf et sur un plan original toutes ses idées et tout son esprit. S'il ne l'a pas fait et qu'il veuille raisonner sur le droit, le devoir, le beau, l'État et tous les grands intérêts de l'homme, il tâtonne et trébuche; il s'embarrasse dans les grandes phrases vagues, dans les lieux communs sonores, dans les formules abstraites et rébarbatives : voyez là-dessus les journaux et les discours des orateurs populaires; c'est surtout le cas des ouvriers intelligents, mais qui n'ont point passé par l'éducation classique; ils ne sont pas maîtres des mots ni, partant, des idées; ils parlent une langue savante qui ne leur est point naturelle; pour eux, elle est trouble : c'est pourquoi elle trouble leur esprit; ils n'ont pas eu le temps de la filtrer goutte à goutte. Désavantage énorme et dont les Grecs étaient exempts. Il n'y avait pas de distance chez eux entre la langue des faits sensibles et la langue du pur raisonnement, entre la langue que parle le peuple et la langue que parlent les gens doctes ; l'une continuait l'autre ; il n'y a pas un terme, dans un dialogue de Platon, que ne sache un adolescent qui sort de son gymnase ; il n'y a pas une phrase, dans une harangue de Démosthènes, qui ne trouve pour se loger une case toute prête dans le cerveau d'un forgeron ou d'un paysan d'Athènes. Essayez de traduire en bon grec un discours de Pitt ou de Mirabeau, même un morceau d'Addison ou de Nicole, vous serez obligé de le repenser et de le transposer ; vous serez conduit à trouver pour les mêmes choses des expressions plus voisines des faits et de l'expérience sensible[1]. Une lumière vive accroîtra la saillie de toutes les vérités et de toutes les erreurs ; ce qu'auparavant vous appeliez naturel et clarté vous semblera affectation et demi-ténèbres, et vous comprendrez, par la force du contraste, pourquoi chez les Grecs l'instrument de la pensée, étant plus simple, faisait mieux son office avec moins d'effort.

D'autre part, avec l'instrument, l'œuvre s'est compli-

---

1. Lire, à ce sujet, les écrits de Paul-Louis Courier qui a formé son style sur le grec. Comparer sa traduction des premiers chapitres d'Hérodote à celle de Larcher. Dans *François le Champi*, dans les *Maîtres sonneurs*, dans la *Mare au Diable*, George Sand a retrouvé en grande partie la simplicité, le naturel, la belle logique du style grec. Cela fait un singulier contraste avec le style moderne qu'elle emploie lorsqu'elle parle en son propre nom ou fait parler des personnages cultivés.

quée, et au delà de toute mesure. Outre les idées des Grecs, nous avons toutes celles qu'on a fabriquées depuis dix-huit cents ans. Dès nos origines, nous avons été surchargés par nos acquisitions. Au sortir de la barbarie brutale, à la première aube du moyen âge, l'esprit naïf et qui balbutiait à peine a dû s'encombrer des restes de l'antiquité classique, de l'ancienne littérature ecclésiastique, de l'épineuse théologie byzantine, de la vaste et subtile encyclopédie d'Aristote, encore raffinée et obscurcie par ses commentateurs arabes. A partir de la Renaissance, l'antiquité restaurée est venue surajouter toutes ses conceptions aux nôtres, parfois brouiller nos idées, nous imposer à tort son autorité, ses doctrines et ses exemples, nous faire Latins et Grecs de langue et d'esprit, comme les lettrés italiens du xve siècle, nous prescrire ses formes de drame et de style au xviie siècle, nous suggérer ses maximes et ses utopies politiques comme au temps de Rousseau et pendant la Révolution. Cependant le ruisseau élargi grossissait par une infinité d'afflux, par l'accroissement chaque jour plus vaste de la science expérimentale et de l'invention humaine, par les apports distincts des civilisations vivantes qui occupaient à la fois cinq ou six grands pays. Ajoutez, depuis un siècle, la connaissance répandue des langues et des littératures modernes, la découverte des civilisations orientales et lointaines, les progrès extraordinaires de l'histoire, qui a ressuscité devant nos yeux les mœurs et les sentiments de tant de races et de tant de siècles; le courant est devenu un fleuve bigarré autant qu'énorme : voilà ce qu'un esprit humain est maintenant obligé d'engloutir, et il faut le génie, la patience, la longue vie d'un Gœthe, pour y suffire à peu près. — Combien la source primitive était plus mince et plus limpide ! Au plus beau temps de la Grèce, « un jeune homme apprenait à lire, « écrire, compter[1], à jouer de la lyre, à lutter et à faire « tous les autres exercices du corps[2] ». A cela se réduisait l'éducation « pour les enfants des meilleures « familles ». Ajoutons pourtant que, chez le maître de musique, on lui avait enseigné à chanter quelques hymnes religieux et nationaux, à répéter des morceaux d'Homère, d'Hésiode et des poètes lyriques, le pæan qu'il chantait à la guerre, la chanson d'Harmodius qu'il récitait à table. Un peu plus âgé, il écoutait sur l'Agora des discours d'orateurs, des décrets, des mentions de lois. Au temps de Socrate, s'il était curieux, il allait entendre les disputes et les dissertations des sophistes ; il tâchait de se procurer un livre d'Anaxagore ou de Zénon l'Éléate ; quelques-uns s'intéressaient aux démonstrations géométriques. Mais, en somme, l'éducation était toute gymnastique et musicale, et le petit nombre d'heures qu'ils employaient, entre deux exercices du corps, à suivre une discussion philosophique ne peut pas plus se comparer à nos quinze ou vingt ans d'études classiques et d'études spéciales, que leur vingt

---

1. *Grammata*. Comme les lettres servaient de chiffres, ce mot désigne les trois choses.
2. Platon, *Théagès*, éd. Frédéric Ast. t. VIII, 386.

ou trente rouleaux de papyrus manuscrit à nos bibliothèques de trois millions de volumes. — Toutes ces oppositions se réduisent à une seule, celle qui sépare une civilisation prime-sautière et nouvelle d'une civilisation élaborée et composite. Moins de moyens et d'outils, moins d'instruments industriels, de rouages sociaux, de mots appris, d'idées acquises; un héritage et un bagage plus petits et, partant, d'un maniement plus aisé; une pousse droite et d'une seule venue, sans crises ni disparates morales; partant un jeu plus libre des facultés, une conception plus saine de la vie, une âme et une intelligence moins tourmentées, moins surmenées, moins déformées : ce trait capital de leur vie va se retrouver dans leur art.

III

En effet, en tout temps l'œuvre idéale a résumé la vie réelle. Si l'on examine l'âme moderne, on y rencontre des altérations, des disparates, des maladies, et, pour ainsi dire, des hypertrophies de sentiment et de facultés dont son art est la contre-épreuve. — Au moyen âge, le développement exagéré de l'homme spirituel et intérieur, la recherche du rêve sublime et tendre, le culte de la douleur, le mépris du corps, conduisent l'imagination et la sensibilité surexcitées jusqu'à la vision et l'adoration séraphiques. Vous connaissez celles de l'*Imitation* et des *Fioretti*, celles de Dante et de Pétrarque, les délicatesses raffinées et les folies énormes de la chevalerie et des cours d'amour. Par suite, dans la peinture et la sculpture, les personnages sont laids ou dépourvus de beauté, souvent disproportionnés et non viables, presque toujours maigres, atténués, mortifiés et absorbés par une pensée qui détache leurs yeux de la vie présente, immobiles dans l'attente ou dans le ravissement, avec la douceur triste du cloître ou le rayonnement de l'extase, trop frêles ou trop passionnés pour vivre et déjà promis au ciel. — Au temps de la Renaissance, l'amélioration universelle de la condition humaine, l'exemple de l'antiquité retrouvée et comprise, l'élan de l'esprit délivré et enorgueilli par ses grandes découvertes, renouvellent le sentiment et l'art païens. Mais les institutions et les rites du moyen âge subsistent encore, et, en Italie comme en Flandre, vous voyez, dans les plus belles œuvres, le contraste choquant des figures et du sujet; des martyrs qui semblent sortir d'un gymnase antique, des Christs qui sont des Jupiters foudroyants ou des Apollons tranquilles, des Vierges dignes d'un amour profane, des anges aussi gracieux que des Cupidons, parfois même des Madeleines qui sont des sirènes trop florissantes et des Saints Sébastiens qui sont des Hercules trop gaillards; bref, une assemblée de saints et de saintes qui, parmi des instruments de pénitence et de passion, gardent la vigoureuse santé, la belle carnation, la fière attitude qui conviendrait pour une fête heureuse de nobles canéphores et d'athlètes parfaits. — Aujourd'hui l'encombrement de la tête humaine, la multiplicité et la contradiction des doctrines, l'excès de la vie cérébrale, les habitudes sédentaires, le régime artificiel et l'excitation fiévreuse des capitales ont exagéré l'agitation nerveuse, outré le besoin des sensations fortes et neuves, développé les tristesses sourdes, les aspirations vagues, les convoitises illimitées. L'homme n'est plus ce qu'il était, et ce que peut-être il aurait bien fait de rester toujours, un animal de haute espèce, content d'agir et de penser sur la terre qui le nourrit et sous le soleil qui l'éclaire; mais un prodigieux cerveau, une âme infinie, pour qui ses membres ne sont que des appendices et pour qui ses sens ne sont que des serviteurs, insatiable dans ses curiosités et ses ambitions, toujours en quête et en conquête, avec des frémissements et des éclats qui déconcertent sa structure animale et ruinent son support corporel, promené en tous les sens jusqu'aux confins du monde réel et dans les profondeurs du monde imaginaire, tantôt enivré, tantôt accablé par l'immensité de ses acquisitions et de son œuvre, acharné après l'impossible ou rabattu dans le métier, lancé dans le rêve douloureux, intense et grandiose comme Beethoven, Heine et le Faust de Gœthe, ou resserré par la compression de sa case sociale et déjeté tout d'un côté par une spécialité et une monomanie comme les personnages de Balzac. A cet esprit les arts plastiques ne suffisent plus ; ce qui l'intéresse dans une figure, ce ne sont pas les membres, le tronc, toute la charpente vivante : c'est la tête expressive, c'est la physionomie mobile, c'est l'âme transparente manifestée par le geste, c'est la passion ou la pensée incorporelles, toutes palpitantes et débordantes à travers la forme et le dehors ; s'il aime la belle forme sculpturale, c'est par éducation, après une longue culture préalable, par un goût réfléchi de dilettante. Multiple et cosmopolite comme il est, il peut s'intéresser à toutes les formes de l'art, à tous les moments du passé, à tous les étages de la vie, goûter les résurrections des styles étrangers et anciens, les scènes de mœurs rustiques, populacières ou barbares, les paysages exotiques et lointains, tout ce qui est un aliment pour la curiosité, un document pour l'histoire, un sujet d'émotion ou d'instruction. Rassasié et dispersé comme il est, il demande à l'art des sensations imprévues et fortes, des effets nouveaux de couleurs, de physionomies et de sites, des accents qui à tout prix le troublent, le piquent ou l'amusent, bref, un style qui tourne à la manière, au parti pris et à l'excès.

Au contraire, en Grèce, les sentiments sont simples, et, par suite, le goût l'est aussi. Considérez leurs pièces de théâtre; point de caractères complexes et profonds comme ceux de Shakespeare; point d'intrigues savamment nouées et dénouées; point de surprises. La pièce roule sur une légende héroïque qu'on leur a répétée dès leur enfance; ils savent d'avance les événements et le dénoûment. Quant à l'action, on peut la dire en deux mots. Ajax, saisi de vertige, a égorgé les bestiaux du camp en croyant tuer ses ennemis; honteux de sa folie, il se lamente et se tue. Philoctète blessé a été abandonné dans une île avec ses armes; on vient le chercher parce qu'on a besoin de ses flèches : il s'indigne, il refuse, et à la fin, sur l'ordre d'Hercule, il se laisse fléchir. Les comédies de Ménandre, que nous connaissons par celles de Térence, sont faites, pour ainsi dire, avec rien; il fallait en amalgamer deux pour faire une pièce romaine; la plus chargée ne contient guère plus de matière qu'une scène de nos comédies. Lisez le début de la *République* dans Platon, les *Syracusaines* de Théocrite, les *Dialogues* de Lucien, le dernier attique, ou encore les *Économiques* et le *Cyrus* de Xénophon; rien n'est pour l'effet, tout est uni; ce sont de petites scènes familières, dont l'excellence consiste tout entière dans le naturel exquis ; pas un accent fort, pas un trait piquant, véhément; on sourit à peine, et cependant on est charmé comme devant une fleur des champs ou un ruisseau clair. Les personnages s'asseyent, se lèvent, se regardent, en disant des choses ordinaires, sans plus d'efforts que les figurines peintes sur les murs de Pompéi. Avec notre goût émoussé, violenté, accoutumé aux liqueurs fortes, nous sommes d'abord tentés de déclarer ce breuvage insipide; mais, quand pendant quelques mois nous y avons trempé nos lèvres, nous ne voulons plus boire que cette eau si pure et si fraîche, et nous trouvons que les autres littératures sont des piments, des ragoûts ou des poisons.

Suivez cette disposition dans leur art, et notamment dans celui que nous étudions, la sculpture; c'est grâce à ce tour d'esprit qu'ils l'ont portée à la perfection et que véritablement elle est leur art national; car il n'y a pas d'art qui exige davantage un esprit, des sentiments et un goût simples. Une statue est un grand morceau de marbre ou de bronze, et une grande statue est le plus souvent isolée sur un piédestal ; on ne peut pas lui donner un geste trop véhément, ni une expression trop passionnée, comme en comporte la peinture et comme en tolère le bas-relief ; car le personnage semblerait affecté, arrangé pour faire effet, et l'on courrait le risque de tomber dans le style du Bernin. En outre, une statue est solide, ses membres et son torse ont un poids ; on peut tourner autour d'elle, le spectateur a conscience

de sa masse matérielle; d'ailleurs, elle est le plus souvent nue ou presque nue ; le statuaire est donc obligé de donner au tronc et aux membres une importance égale à celle de la tête, et d'aimer la vie animale autant que la vie morale. — La civilisation grecque est la seule qui ait rempli ces deux conditions. A ce stade et dans cette forme de la culture, on s'intéresse au corps; l'âme ne l'a pas subordonné, rejeté au dernier plan; il vaut par lui-même. Le spectateur attache un prix égal à ses différentes parties, nobles ou non nobles, à la poitrine qui respire largement, au cou flexible et fort, aux muscles qui se creusent et se renflent autour de l'échine, aux bras qui lanceront le disque, aux jambes et aux pieds dont la détente énergique lancera tout l'homme en avant pour la course et pour le saut. Un adolescent dans Platon reproche à son rival d'avoir le corps raide et le cou grêle. Aristophane promet au jeune homme qui suivra ses bons conseils la belle santé et la beauté gymnastique : « Tu auras toujours la poitrine pleine, la
« peau blanche, les épaules larges, les jambes grandes....
« Tu vivras beau et florissant dans les palestres; tu
« iras à l'Académie te promener à l'ombrage des oli-
« viers sacrés, une couronne de joncs en fleurs sur la
« tête, avec un sage ami de ton âge, tout à loisir, par-
« fumé par la bonne odeur du smilax et du peuplier
« bourgeonnant, jouissant du beau printemps, quand le
« platane murmure auprès de l'orme. » Ce sont les plaisirs et les perfections d'un cheval de race, et Platon, quelque part, compare les jeunes gens à de beaux cour-

siers consacrés aux dieux et qu'on laisse errer à leur fantaisie dans les pâturages, pour voir si, d'instinct, ils trouveront la sagesse et la vertu. De tels hommes n'ont pas besoin d'études pour contempler avec intelligence et plaisir un corps comme le Thésée du Parthénon ou l'Achille du Louvre, l'assiette flexible du tronc sur le bassin, l'agencement souple des membres, la courbe nette du talon, le réseau des muscles mouvants et coulants sous la peau luisante et ferme. Ils en goûtent la beauté comme un gentleman chasseur d'Angleterre apprécie la race, la structure et l'excellence des chiens et des chevaux qu'il élève. Ils ne sont pas étonnés de le voir nu. La pudeur n'est point encore devenue pruderie; chez eux, l'âme ne siège pas à une hauteur sublime, sur un trône isolé, pour dégrader et reléguer dans l'ombre les organes qui servent à un moins noble emploi; elle n'en rougit pas, elle ne les cache point; leur idée n'excite ni la honte ni le sourire. Leurs noms ne sont ni sales, ni provocants, ni scientifiques; Homère les prononce du même ton que celui des autres parties du corps. L'idée qu'ils éveillent est joyeuse dans Aristophane, sans être ordurière comme dans Rabelais. Elle ne fait point partie d'une littérature secrète devant laquelle les gens austères se voilent la face et les esprits délicats se bouchent le nez. Elle apparaît vingt fois dans une scène, en plein théâtre, aux fêtes des dieux, devant les magistrats, avec le phallus que portent les jeunes filles, et qui lui-même est invoqué comme un dieu[1]. Toutes les

1. Aristophane. *les Acharniens*.

grandes puissances naturelles sont divines en Grèce et il ne s'est point encore fait, dans l'homme, de divorce entre l'animal et l'esprit.

Voilà donc le corps vivant tout entier et sans voile, admiré, glorifié, étalé sans scandale, aux regards de tous, sur son piédestal. Que va-t-il faire et quelle pensée la statue va-t-elle par sympathie communiquer aux spectateurs? Une pensée qui pour nous est presque nulle, parce qu'elle est d'un autre âge et appartient à un autre moment de l'esprit humain. La tête n'est point significative, elle ne contient pas comme les nôtres un monde d'idées nuancées, de passions agitées, de sentiments enchevêtrés; le visage n'est point creusé, affiné, tourmenté : il n'a pas beaucoup de traits, il n'a presque pas d'expression, il est presque toujours immobile; c'est pour cela qu'il convient à la statuaire ; tel que nous le voyons et le faisons aujourd'hui, son importance serait disproportionnée, il tuerait le reste ; nous cesserions de regarder le tronc et les membres, ou nous serions tentés de les habiller. Au contraire, dans la statue grecque, la tête n'excite pas plus d'intérêt que les membres ou le tronc; ses lignes et ses plans ne font que continuer les autres plans et les autres lignes ; sa physionomie n'est point pensive, mais calme, presque terne ; on n'y voit aucune habitude, aucune aspiration, aucune ambition qui dépasse la vie corporelle et présente : l'attitude générale et l'action totale conspirent dans le même sens. Si le personnage se meut énergiquement vers un but, comme le *Discobole* de Rome, le *Combattant* du

Louvre[1] ou le *Faune dansant* de Pompéi, l'effet tout physique épuise tous les désirs et toutes les idées dont il est capable; que le disque soit bien lancé, que le coup soit bien porté ou paré, que la danse soit vive et bien rythmée, il est content; son âme ne vise pas au delà. Mais, d'ordinaire, son attitude est tranquille; il ne fait rien, il ne dit rien; il n'est pas attentif, concentré tout entier dans un regard profond ou avide; il est au repos, détendu, sans fatigue, tantôt debout, un peu plus appuyé sur un pied que sur l'autre, tantôt se tournant à demi, tantôt à demi couché : tout à l'heure, comme la petite Lacédémonienne[2], il a couru; maintenant, comme la Flore, il tient une couronne; presque toujours son action est indifférente; l'idée qui l'occupe est si indéterminée et, pour nous, si absente, qu'aujourd'hui encore, après dix hypothèses, on ne peut dire précisément ce que faisait la Vénus de Milo. Il vit, cela lui suffit et suffit au spectateur antique. Les contemporains de Périclès et de Platon n'ont pas besoin d'effets violents et imprévus qui piquent leur attention émoussée ou troublent leur sensibilité inquiète. Un corps sain et florissant, capable de toutes les actions viriles et gymnastiques, une femme ou un homme de belle pousse et de noble race, une figure sereine en pleine lumière, une harmonie naturelle et simple de lignes heureusement nouées et dénouées, il ne leur faut

1. Appelé d'ordinaire le *Gladiateur combattant.*
2. Collection des plâtres, par M. Ravaisson, à l'École des beaux-arts.

pas de spectacles plus vifs. Ils veulent contempler l'homme proportionné à ses organes et à sa condition, doué de toute la perfection, qu'il peut avoir dans ces limites; rien d'autre ni de plus ; le reste leur eût semblé excès, difformité ou maladie. — Telle est l'enceinte dans laquelle la simplicité de leur culture les a arrêtés et au delà de laquelle la complexité de notre culture nous a poussés; ils y ont rencontré un art approprié, la statuaire ; c'est pourquoi nous avons laissé cet art derrière nous, et nous allons aujourd'hui chercher des modèles chez eux.

CHAPITRE III

LES INSTITUTION

I

Si jamais la correspondance de l'art et de la vie s'est manifestée en traits visibles, c'est dans l'histoire de la statuaire grecque. Pour faire l'homme de marbre ou d'airain, ils ont d'abord fait l'homme vivant, et la grande sculpture se développe chez eux au même moment que l'institution par laquelle se forme le corps parfait. Toutes deux s'accompagnent comme les Dioscures, et, par une rencontre admirable, le crépuscule douteux de l'histoire lointaine s'éclaire à la fois de leurs deux rayons naissants.

C'est dans la première moitié du VIIe siècle qu'elles apparaissent toutes deux ensemble. — A cet instant, l'art fait ses grandes découvertes techniques. Vers 689, Butadès de Sicyone a l'idée de modeler et de cuire au feu des figures d'argile, ce qui le conduit à orner de masques le faîte des toits. A la même époque, Rhoikos et Théodoros de Samos trouvent le moyen de couler l'airain dans un moule. Vers 650, Mélas de Chio fait les premières statues de marbre, et, d'olympiade en olympiade, pendant toute la fin du siècle et tout le siècle suivant, on voit la statuaire se dégrossir, pour s'achever et devenir parfaite après les glorieuses guerres médiques. — C'est que l'orchestrique et la gymnastique deviennent alors des institutions régulières et complètes. Un monde a fini, celui d'Homère et de l'épopée; un monde commence, celui d'Archiloque, de Callinos, de Terpandre, d'Olympos et de la poésie lyrique. Entre Homère ou ses continuateurs, qui sont du ixe et du viiie siècle, et les inventeurs des mètres nouveaux et de la musique nouvelle, qui sont du siècle suivant, une vaste transformation s'est accomplie dans la société et dans les mœurs. — L'horizon de l'homme s'est élargi et s'élargit tous les jours davantage; la Méditerranée tout entière a été explorée; on connaît la Sicile et l'Égypte, sur lesquelles Homère n'avait que des contes. En 632, les Samiens naviguent pour la première fois jusqu'à Tartessos, et, sur la dîme de leur gain, ils consacrent à leur déesse Héré un énorme cratère d'airain, orné de griffons et soutenu par trois figures agenouillées de onze coudées. Les colonies multipliées viennent peupler et exploiter les côtes de la Grande-Grèce, de la Sicile, de l'Asie Mineure, du Pont-Euxin. Toutes les industries se perfectionnent; les barques à cinquante rames des vieux poèmes deviennent des galères de deux cents rameurs Un homme de Chio invente l'art d'amollir, de durcir et souder le fer. On bâtit le temple Dorien; on connaît la monnaie, les chiffres, l'écriture, ignorés d'Homère; la tactique change, on combat à pied et en ligne au lieu de combattre en char et sans discipline. L'association humaine, si lâche dans l'*Iliade* et dans l'*Odyssée*, resserre ses mailles. Au lieu d'une Ithaque, où chaque famille vit à part sous son chef indépendant, où il n'y a pas de pouvoirs publics, où l'on a pu vivre vingt ans sans convoquer l'assemblée, des cités fermées et gardées, pourvues de magistrats, soumises à une police, se sont assises et deviennent des républiques de citoyens égaux sous des chefs élus.

En même temps, et par contre-coup, la culture de l'esprit se diversifie, s'étend et se renouvelle. Sans doute elle demeure toute poétique; la prose ne s'écrira que plus tard; mais la mélopée monotone qui soutenait l'hexamètre épique fait place à une multitude de chants variés et de mètres différents. On ajoute le pentamètre à l'hexamètre; on invente le trochée, l'iambe, l'anapeste; on combine les pieds nouveaux et les pieds anciens en distiques, en strophes, en mesures de toutes espèces. La cithare, qui n'avait que quatre cordes, en reçoit sept; Terpandre fixe ses modes et donne les *nomes* de la musique; Olympos, puis Thalétas, achèvent d'approprier les rythmes de la cithare, de la flûte et des voix aux nuances de la poésie qu'elles accompagnent. Tâchons de nous représenter ce monde si éloigné et dont les débris sont presque tous perdus; il n'y en a pas de plus différent du nôtre, ni qui exige un si grand effort d'imagination pour être compris; mais il est le moule primitif et persistant d'où le monde grec est sorti.

Quand nous voulons nous figurer une poésie lyrique, nous pensons aux odes de Victor Hugo ou aux stances de Lamartine ; cela se lit des yeux ou tout au plus se récite à mi-voix, à côté d'un ami, dans le silence du cabinet ; notre civilisation a fait de la poésie la confidence d'une âme qui parle à une âme. Celle des Grecs était, non seulement débitée à haute voix, mais déclamée, chantée au son des instruments, bien plus encore, mimée et dansée. Rappelons-nous Delsarte ou Mme Viardot chantant un récitatif d'*Iphigénie* ou d'*Orphée*, Rouget de l'Isle ou Mlle Rachel déclamant la *Marseillaise*, un chœur de l'*Alceste* de Gluck, tel que nous le voyons au théâtre, avec un coryphée, un orchestre et des groupes qui s'entrelacent et se dénouent devant l'escalier d'un temple, non pas, comme aujourd'hui, sous la lumière de la rampe et devant des décors peints, mais sur la place publique et sous le vrai soleil ; nous aurons l'idée la moins inexacte de ces fêtes et de ces mœurs. Tout l'homme, esprit et corps, y entre en branle, et les vers qui nous en restent ne sont que des feuillets détachés d'un livret d'opéra. — Dans un village corse, aux funérailles, la « vocératrice » improvise et déclame des chants de vengeance devant le corps d'un homme assassiné, ou des chants de plainte sur le cercueil d'une jeune fille morte avant l'âge. Dans les montagnes de la Calabre ou de la Sicile, aux jours de danse, les jeunes gens figurent, par leurs poses et leurs gestes, de petits drames et des scènes d'amour. Concevons dans un climat semblable, sous un ciel encore plus beau, en de petites cités où chacun connaît tous les autres, des hommes aussi imaginatifs et aussi gesticulateurs, aussi prompts à l'émotion et à l'expression, d'une âme encore plus vive et plus neuve, d'un esprit encore plus inventif, plus ingénieux, plus enclin à embellir toutes les actions et tous les moments de la vie humaine. Cette pantomime musicale, que nous ne rencontrons plus que par fragments isolés et dans des recoins perdus, se développera, se multipliera en cent rameaux et fournira matière à une littérature complète; il n'y aura pas de sentiment qu'elle n'exprime, pas de scène de la vie privée ou publique qu'elle ne vienne décorer, pas d'intention ou de situation auxquelles elle ne puisse suffire. Elle sera la langue naturelle, d'usage aussi universel et aussi commun que notre prose écrite ou imprimée ; celle-ci est une sorte de notation sèche, par laquelle aujourd'hui une pure intelligence communique avec une pure intelligence; comparée au premier langage tout imitatif et corporel, elle n'est plus qu'une algèbre et un résidu.

L'accent du français est uniforme; il n'a pas de chant; les longues et les brèves y sont peu marquées, faiblement distinguées. Il faut avoir entendu une langue musicale, la mélopée continue d'une belle voix italienne qui récite une stance du Tasse, pour savoir ce que la sensation de l'ouïe peut ajouter aux sentiments de l'âme, comment le son et le rythme étendent leur ascendant sur toute notre machine et leur contagion dans tous nos nerfs. Telle était cette langue grecque dont nous n'avons plus que le squelette. On voit, par les commentateurs et les scoliastes, que le son et la mesure y tenaient une place aussi grande que l'idée et l'image. Le poète qui inventait une espèce de mètre, inventait une espèce de sensation. Tel assemblage de brèves et de longues est forcément un allégro, tel autre un largo, tel autre un scherzo, et imprime, non seulement à la pensée, mais au geste et à la musique, ses inflexions et son caractère. Voilà comment l'âge qui a produit le vaste ensemble de la poésie lyrique a produit du même coup l'ensemble non moins vaste de l'orchestrique. On sait les noms de deux cents danses grecques. Jusqu'à seize ans, à Athènes, l'orchestrique faisait toute l'éducation.

« En ce temps-là, dit Aristophane, les jeunes gens
« d'un même quartier, lorsqu'ils allaient chez le maître
« de cithare, marchaient ensemble dans les rues, pieds
« nus et en bon ordre, quand même la neige serait
« tombée comme la farine d'un tamis. Là, ils s'asseyaient
« sans serrer les jambes, et on leur enseignait l'hymne
« Pallas redoutable, dévastatrice des cités », ou « Un cri
« qui s'élève au loin », et ils tendaient leurs voix avec
« l'âpre et mâle harmonie transmise par leurs pères. »

Un jeune homme d'une des premières familles, Hippocléidès, étant venu à Sicyone chez le tyran Clisthènes et s'étant montré accompli dans tous les exercices du corps, voulut, le soir du festin, faire étalage de sa belle éducation[1]. Ayant ordonné à la joueuse de flûte de lui jouer

---

1. Hérodote, VI, ch. cxix.

l'*Emmélie*, il la dansa, puis un instant après, faisant apporter une table, il monta dessus et dansa des figures de l'orchestrique lacédémonienne et athénienne. — Ainsi préparés, ils étaient à la fois « chanteurs et danseurs[1] », et se donnaient eux-mêmes à eux-mêmes les nobles spectacles pittoresques et poétiques pour lesquels plus tard ils payèrent des figurants. Dans les banquets des clubs[2], après le repas, on faisait des libations et l'on chantait le pæan en l'honneur d'Apollon ; puis venait la fête proprement dite[3], la déclamation mimée, la récitation lyrique au son de la cithare ou de la flûte, un solo suivi d'un refrain, comme plus tard la chanson d'Harmodius et d'Aristogiton, un duo chanté et dansé, comme plus tard, dans le *Banquet* de Xénophon, la rencontre de Bacchus et d'Ariane. Quand un citoyen s'était fait tyran et voulait jouir de la vie, il agrandissait et établissait à demeure autour de lui ces sortes de fêtes. Polycrate, à Samos, avait deux poètes, Ibycos et Anacréon, pour en ordonner l'arrangement et pour en faire la musique et les vers. Les jeunes gens qui représentaient ces poésies étaient les plus beaux qu'on eût pu trouver, Bathylle qui jouait de la flûte et chantait à l'ionienne, Cléobule aux beaux yeux de vierge, Simalos, qui dans le chœur maniait la pectis, Smerdiès, à l'abondante chevelure bouclée, qu'on était allé chercher jusque chez les Thraces Cicons. C'était l'opéra en petit et à domicile.

---

1. Lucien. « Autrefois les mêmes chantaient et dansaient. »
2. *Philities*, sociétés d'amis.
3. *Kômos.*

Tous les poètes lyriques de ce temps sont pareillement maîtres de chœurs; leur demeure est une sorte de *Conservatoire*[1], une « Maison des muses ». Il y en avait plusieurs à Lesbos, outre celle de Sapho; des femmes les dirigeaient; elles avaient des élèves qui venaient des îles ou des côtes voisines, de Milet, de Colophon, de Salamine, de la Pamphylie; là, on apprenait pendant de longues années la musique, la récitation, l'art des belles poses; on raillait les ignorantes, « les petites paysannes « qui ne savaient pas relever leurs robes sur leur che- « ville »; on fournissait un coryphée et l'on préparait des chœurs pour les lamentations des funérailles ou la pompe des mariages. — Ainsi la vie privée tout entière, par ses cérémonies comme par ses plaisirs, contribuait à faire de l'homme, mais dans le plus beau sens du mot et avec une dignité parfaite, ce que nous appelons un chanteur, un figurant, un modèle et un acteur.

La vie publique concourait au même effet. En Grèce, l'orchestrique intervient dans la religion et dans la politique, pendant la paix et pendant la guerre, pour honorer les morts et célébrer les vainqueurs. A la fête ionienne des Thargélies, Mimnermos le poète et sa maîtresse Nanno conduisaient le cortège en jouant de la flûte. Callinos, Alcée, Théognis, exhortaient, en vers qu'ils chantaient eux-mêmes, leurs concitoyens ou leur parti. Quand les Athéniens, plusieurs fois vaincus, eurent décrété la mort contre celui qui parlerait de

---

1. Simonide de Céos habitait ordinairement le Chorégéion, près du temple d'Apollon.

reprendre Salamine, Solon, en costume de héraut, le chapeau d'Hermès sur la tête, parut soudainement dans l'assemblée, monta sur la pierre où se tenaient les hérauts et récita avec tant de force une élégie, que la jeunesse partit sur-le-champ « pour délivrer l'île char-« mante et détourner d'Athènes l'opprobre et la honte ».
— En campagne, les Spartiates récitaient des chants sous la tente. Le soir, après le repas, chacun à son tour se levait pour dire et mimer l'élégie, et le polé-marque donnait à celui qui emportait le prix un plus grand morceau de viande. Certainement le spectacle était beau, lorsque ces grands jeunes gens, les plus forts et les mieux faits de la Grèce, avec leurs cheveux longs et soigneusement rattachés au sommet de la tête, avec leur tunique rouge, leurs larges boucliers polis, leurs gestes de héros et d'athlètes, venaient chanter des vers comme ceux-ci :

« Combattons avec courage pour cette terre, notre
« sol, — et mourons pour nos enfants, sans épargner
« nos âmes. — Et vous, jeunes gens, combattez fermes
« l'un à côté de l'autre ; — que nul de vous ne donne
« l'exemple de la fuite honteuse ni de la peur, — mais
« plutôt, faites-vous un grand et vaillant cœur dans
« votre poitrine.... — Pour les anciens, les vieillards
« dont les genoux ne sont plus agiles, — né les aban-
« donnez pas, ne fuyez pas ; — car il est honteux de
« voir tomber au premier rang, devant les jeunes gens,
« — un homme vieux qui a déjà la tête et la barbe
« blanches ; — il est honteux de le voir gisant, exha-

« lant dans la poussière sa vaillante âme — et serrant
« de ses mains sa plaie sanglante sur sa peau nue. —
« Au contraire, tout convient aux jeunes, — quand ils
« ont la fleur éclatante de l'adolescence. — Admirés
« par les hommes, aimés par les femmes, — ils sont
« encore beaux, s'ils tombent au premier rang.... —
« Ce qui est laid à voir, c'est un homme gisant dans la
« poussière, — percé par derrière, le dos traversé par
« la pointe d'une lance. — Que chaque homme, après
« l'élan, reste ferme, — fixé au sol par ses deux pieds,
« mordant sa lèvre avec ses dents — les cuisses, les
« jambes, les épaules, et au-dessous la poitrine jus-
« qu'au ventre, tout le corps, — couvert par son large
« bouclier ; — qu'il combatte pied contre pied, bou-
« clier contre bouclier, — casque contre casque,
« aigrette contre aigrette, poitrine contre poitrine,
« tout proche, — et que, de tout près, corps à corps,
« frappant de sa longue pique ou de son épée, — il
« perce et tue un ennemi. »

Il y avait des chants semblables pour toutes les circonstances de la vie militaire, entre autres des anapestes pour aller à l'attaque au son des flûtes. Nous avons revu un spectacle semblable pendant le premier enthousiasme de la Révolution ; le jour où Dumouriez, mettant son chapeau au bout de son épée, gravit l'escarpement de Jemmapes, il entonna le *Chant du Départ*, et les soldats le chantèrent en courant avec lui. Par cette grande clameur discordante, nous pouvons imaginer un chœur de bataille régulier, une marche musicale antique. Il y en eut une, après la victoire de Salamine, lorsque Sophocle, âgé de quinze ans, le plus bel adolescent d'Athènes, se mit nu, selon le rite, et dansa le pæan en l'honneur d'Apollon, au milieu de la pompe militaire et devant le trophée.

Mais le culte fournissait encore plus de matière à l'orchestrique que la politique et la guerre. Selon les Grecs, le plus agréable spectacle que l'on pût donner aux dieux était celui que présentent de beaux corps florissants, développés dans toutes les attitudes qui montrent la force et la santé. C'est pourquoi leurs fêtes les plus saintes étaient des défilés d'opéra et des ballets sérieux. Des citoyens choisis, quelquefois, comme à Sparte, la cité tout entière[1], formaient des chœurs devant les dieux ; chaque ville importante avait ses poètes, qui faisaient la musique et les vers, ordonnaient les groupes et les évolutions, enseignaient les poses, instruisaient longuement les acteurs, réglaient les costumes : pour nous figurer une telle cérémonie, nous n'avons guère qu'un exemple contemporain, celui des représentations qui se donnent encore aujourd'hui, tous les dix ans, à Oberammergau en Bavière, où, depuis le moyen âge, tous les habitants de la bourgade, cinq ou six cents personnes, préparés dès l'enfance, jouent solennellement la Passion du Christ. Dans ces fêtes, Alcman et Stésichore étaient à la fois des poètes, des maîtres de chapelle, des maîtres de ballet, quelquefois

---

1. Gymnopédies.

des officiants, premiers coryphées des grandes compositions où les chœurs de jeunes hommes et de jeunes filles représentaient en public la légende héroïque ou divine. Un de ces ballets sacrés, le dithyrambe, devint plus tard la tragédie grecque. Elle-même n'est d'abord que la fête religieuse, à la fois perfectionnée et réduite, transportée de la place publique dans l'enceinte fermée d'un théâtre, une succession de chœurs coupés par le récit et par la mélopée d'un personnage principal, analogue à un *Évangile* de Sébastien-Bach, aux *Sept Paroles* de Haydn, à un oratorio, à une messe de la Sixtine dans laquelle les mêmes personnages chanteraient les parties et feraient les groupes.

Entre toutes ces poésies, les plus populaires et les plus propres à nous faire comprendre ces mœurs lointaines sont les cantates qui célèbrent les vainqueurs des quatre grands jeux. De toute la Grèce, de la Sicile et des îles, on en demandait à Pindare. Il y allait ou envoyait son ami le Stymphalien Énée, pour enseigner au chœur la danse, la musique et les vers de son chant. La fête commençait par une procession et un sacrifice; ensuite les amis de l'athlète, ses parents, les principaux de la ville, s'asseyaient à un banquet. Parfois la cantate était chantée pendant la procession, et le cortège faisait halte pour réciter l'épode; parfois c'était après le festin, dans la grande salle parée de cuirasses, de lances et d'épées[1]. Les acteurs étaient des compagnons

---

1. Voyez les vers d'Alcée sur sa propre maison.

de l'athlète et jouaient leur rôle avec cette verve méridionale qu'on rencontre en Italie dans la *Commedia dell' arte*. Mais ce n'était pas une comédie qu'ils jouaient; leur rôle était sérieux, ou plutôt ce n'était pas un rôle; ils avaient le plaisir le plus profond et le plus noble qu'il soit donné à l'homme d'éprouver, celui de se sentir beau et glorieux, élevé au-dessus de la vie vulgaire, porté jusque dans les hauteurs et le rayonnement de l'Olympe, par le souvenir des héros nationaux, par l'invocation des grands dieux, par la commémoration des ancêtres, par l'éloge de la patrie. Car la victoire de l'athlète était un triomphe public, et les vers du poète y associaient la cité et tous ses divins protecteurs. Entourés de ces grandes images, exaltés par leur propre action, ils arrivaient à cet état extrême qu'ils appelaient l'enthousiasme, indiquant par ce mot que le dieu était en eux; il y était en effet; car il entre dans l'homme, lorsque l'homme sent sa force et sa noblesse grandir au delà de toutes limites, par l'énergie concordante et la joie sympathique de tout le groupe avec lequel il agit.

Nous ne comprenons plus aujourd'hui la poésie de Pindare; elle est trop locale et spéciale; elle est trop pleine de sous-entendus, trop décousue, trop faite pour des athlètes grecs du vi[e] siècle; les vers qui nous restent n'en sont qu'un fragment; l'accent, la mimique, le chant, les sons des instruments, la scène, la danse, le cortège, vingt accessoires, qui les égalaient en importance, ont péri. Nous ne pouvons qu'avec une difficulté extrême nous figurer des esprits neufs qui n'avaient point lu, qui n'avaient point d'idées abstraites, en qui toute pensée était image, en qui tout mot éveillait des formes colorées, des souvenirs de gymnase et de stade, temples, paysages, côtes de la mer lustrée, un peuple de figures toutes vivantes, divines comme aux jours d'Homère, peut-être plus divines encore. Et cependant, de loin en loin, nous entendons un accent de ces voix vibrantes ; nous voyons comme en un éclair l'attitude grandiose du jeune homme couronné[1], qui se détache du chœur pour dire les paroles de Jason ou le vœu d'Hercule ; nous devinons son geste court, ses bras tendus, les larges muscles qui s'enflent sur sa poitrine ; nous retrouvons çà et là un lambeau de la pourpre poétique, aussi vif qu'une peinture déterrée hier à Pompéi.

Tantôt c'est le coryphée qui s'avance : « Comme un « père qui, saisissant d'une main libérale une coupe « d'or massif, joyau de son trésor et parure de ses « festins, l'offre, tout bouillonnante de la rosée de la « vigne, au jeune époux de sa fille : ainsi j'envoie aux « athlètes couronnés un nectar liquide, ce don des « muses, et, des fruits parfumés de ma pensée, je « réjouis les vainqueurs d'Olympie et de Pytho. »

Tantôt le chœur arrêté, puis des demi-chœurs alternatifs, développent en crescendo les sonorités magnifiques de l'ode roulante et triomphante : « Sur la terre

---

1. Pythique IV, Isthmique V.

« et dans l'indomptable Océan, les êtres que Jupiter
« n'a point aimés haïssent la voix des Piérides. Tel est
« cet ennemi des dieux, Typhon, le monstre aux cent
« têtes, qui gît dans le hideux Tartare. La Sicile presse
« sa poitrine velue ; une colonne qui monte jusqu'au
« ciel, l'Etna neigeux, nourrice éternelle des frimas
« âpres, contient son effort....., et, de ses gouffres,
« il vomit des sources éblouissantes de feu inabor-
« dable. Pendant le jour, leurs ruisseaux élèvent un
« torrent de fumée rougeâtre ; aux heures de la nuit,
« la flamme rouge tourbillonnante pousse avec fracas
« des roches dans la profonde mer.... C'est merveille
« de le voir, le prodigieux reptile, lié comme il l'est
« sous les hautes cimes, sous les noires forêts de
« l'Etna, sous la plaine, rugissant sous les chaînes qui
« labourent et aiguillonnent tout son dos prosterné. »

Le ruissellement des images va croissant, coupé à chaque pas de jets imprévus, de retours, de soubresauts, dont la témérité et l'énormité ne souffrent aucune traduction. Il est clair que ces Grecs, si sobres et si lucides dans leur prose, sont enivrés, jetés hors de toute mesure par l'inspiration et la folie lyriques. Ce sont là des excès hors de proportion avec nos organes émoussés et avec notre civilisation réfléchie. Pourtant nous en devinons assez pour comprendre ce qu'une pareille culture peut fournir aux arts qui figurent le corps humain. — Elle forme l'homme au moyen du chœur ; elle lui enseigne les attitudes, les gestes, l'action sculpturale ; elle le met dans un groupe qui est un bas-relief mobile ; elle s'emploie tout entière pour faire de lui un acteur spontané qui représente de verve et pour son plaisir, qui se donne en spectacle à lui-même, qui porte la fierté, le sérieux, la liberté, la dignité simple du citoyen dans les évolutions du figurant et dans la mimique du danseur. L'orchestrique a donné à la sculpture ses poses, ses mouvements, ses draperies, ses groupes ; la frise du Parthénon a pour motif le défilé des Panathénées, et la pyrrhique a suggéré les sculptures de Phigalie et de Budrun.

II

A côté de l'orchestrique il y avait en Grèce une institution plus nationale encore, et qui était la seconde partie de l'éducation, la gymnastique. — On la rencontre déjà dans Homère; les héros luttent, lancent le disque, courent à pied et en char; celui qui n'est pas habile aux exercices du corps passe pour « un marchand », un homme de basse espèce « qui, sur une nef de charge, « n'a souci que du gain et des provisions[1] ». Mais l'institution n'est point encore régulière, ni pure, ni complète. Les jeux n'ont point d'emplacement ni d'époques fixes. On les célèbre par occasion, à la mort d'un héros, pour honorer un étranger. Beaucoup d'exercices propres à accroître l'agilité et la vigueur y sont inconnus; en revanche, on y fait entrer des exercices d'armes, le duel jusqu'au sang, le tir de l'arc, le jet de la pique. C'est seulement dans la période suivante, en même temps que l'orchestrique et la poésie lyrique, qu'on voit la gymnastique se développer, se fixer, prendre la forme et l'importance finale que nous lui connaissons. — Le signal fut donné par les Doriens, peuple nouveau, de pure race grecque, qui, sorti de ses montagnes, envahit le Péloponèse, et, comme les Francs en Gaule, vint

---

1. *Odyssée*, chant VIII.

apporter sa tactique, imposer son ascendant et renouveler de sa sève intacte l'esprit national. C'étaient des hommes énergiques et rudes, assez semblables aux Suisses du moyen âge, bien moins vifs et bien moins brillants que les Ioniens, ayant le goût de la tradition, le sentiment du respect, l'instinct de la discipline, l'âme élevée, virile et calme, et qui avaient mis l'empreinte de leur génie dans la gravité sévère de leur culte, comme dans le caractère héroïque et moral de leurs dieux. La principale peuplade, celle des Spartiates, s'établit dans la Laconie, parmi les anciens habitants exploités ou asservis ; neuf mille familles de maîtres orgueilleux et durs, dans une ville sans murailles, pour tenir dans l'obéissance cent vingt mille fermiers et deux cent mille esclaves : cela faisait une armée campée à demeure au milieu d'ennemis dix fois plus nombreux.

De ce trait principal dépendent tous les autres. Peu à peu le régime imposé par la situation se fixa, et, vers l'époque du rétablissement des jeux olympiques, il était complet. — Devant l'idée du salut public, les intérêts et les caprices de l'individu se sont effacés. La discipline est celle d'un régiment menacé par un danger continu. Défense au Spartiate de commercer, d'exercer une industrie, d'aliéner son lot de terre, d'en augmenter la rente : il ne doit songer qu'à être soldat. S'il voyage, il peut user du cheval, de l'esclave, des provisions de son voisin ; entre camarades, les services sont le droit, et la propriété n'est pas stricte. L'enfant nouveau-né est apporté devant un conseil d'anciens, et on le tue s'il est trop faible ou difforme ; dans une armée, on n'admet que des hommes valides, et ici tous sont conscrits dès le berceau. Un vieillard qui ne peut avoir d'enfants choisit lui-même un jeune homme qu'il amène dans sa maison : c'est que chaque maison doit fournir des recrues. Des hommes faits, afin d'être meilleurs amis, se prêtent leurs femmes ; dans un camp, on n'est pas scrupuleux en fait de ménage, et souvent bien des choses sont communes. On mange en commun, par escouades ; c'est un *mess* qui a ses règlements et où chacun fournit sa part en argent ou en nature. Avant tout, l'exercice militaire ; il est honteux de s'attarder chez soi ; la vie de la caserne prime la vie du foyer. Un jeune marié ne va trouver sa femme qu'en cachette, et passe la journée, comme auparavant, à l'école de peloton et sur la place d'armes. Par la même raison les enfants sont des enfants de troupe[1], tous élevés en commun, et, dès sept ans, distribués en compagnies. Vis-à-vis d'eux tout homme fait est un ancien, un officier[2], et peut les châtier sans que le père réclame. Pieds nus, vêtus d'un seul manteau, et du même manteau en hiver et en été, ils marchent dans les rues, silencieux, les yeux baissés, comme de jeunes conscrits au port d'armes. Le costume est un uniforme, et la tenue, comme la démarche, est prescrite. Ils couchent sur un tas de roseaux, se baignent tous les jours dans les froides eaux de l'Eurotas, mangent peu et vite, vivent plus mal à la ville qu'au camp ; c'est qu'un

1. *Agelai.*
2. *Paidonomos.*

futur soldat doit s'endurcir. Ils sont divisés en troupes de cent, chacune sous un jeune chef, et, des pieds, des poings, ils se battent; c'est un apprentissage de la guerre. S'ils veulent ajouter quelque chose à leur maigre ordinaire, qu'ils le dérobent dans les maisons ou dans les fermes; un soldat doit savoir vivre de maraude. De loin en loin, on les lâche en embuscade sur les chemins, et ils tuent le soir les Ilotes attardés; il est utile d'avoir vu le sang et de s'être fait la main d'avance.

Quant aux arts, ce sont ceux qui conviennent à une armée. Ils ont apporté avec eux un type de musique particulier, le mode dorien, le seul peut-être dont l'origine soit purement grecque[1]. Son caractère est sérieux, viril, élevé, très simple et même âpre, excellent pour inspirer la patience et l'énergie. Il n'est pas livré au caprice de l'individu; la loi empêche qu'on n'y introduise les variations, les mollesses, les agréments du style étranger; il est une institution morale et publique; comme les tambours et les sonneries dans nos régiments, il guide les marches et les parades; il y a des joueurs de flûte héréditaires, semblables aux sonneurs de pibroch dans les clans[2] d'Écosse. La danse elle-même est un exercice ou un défilé. Dès cinq ans, on enseigne aux garçons dans la pyrrhique, pantomime de combattants armés qui

---

1. Platon, dans le *Théagès*, dit, en parlant d'un homme vertueux qui discourt sur la vertu : « Dans l'harmonie merveilleuse de ses « actions et de ses paroles, on reconnaît le mode dorien, le seul « qui soit véritablement grec. »
2. *The fair Maid of Perth*, dans Walter Scott. Voyez le combat du clan de Clhele et du clan de Chattan.

imitent tous les mouvements de la défense et de l'attaque, toutes les attitudes que l'on prend et tous les gestes que l'on fait pour frapper, parer, reculer, sauter, se courber, tirer de l'arc, lancer la pique. Il y en a une autre nommée anapale, où les jeunes garçons simulent la lutte et le pancrace. Il y en a d'autres pour les jeunes hommes ; il y en a d'autres pour les jeunes filles, avec des sauts violents, des « bonds de biche », des courses précipitées où, « pareilles à des poulains et les cheveux « flottants, elles font voler la poussière[1] ». Mais les principales sont les gymnopédies, grandes revues où figurent toute la nation distribuée en chœurs. Celui des vieillards chantait : « Nous avons été jadis de jeunes « hommes pleins de force » ; celui des hommes faits répondait : « Nous le sommes aujourd'hui ; viens en faire « l'épreuve si tu en as envie » ; celui des enfants ajoutait : « Et nous, nous serons un jour plus vaillants « encore. » Tous avaient appris et répété le pas, les évolutions, le ton, l'action dès l'enfance ; nulle part la poésie chorale ne formait des ensembles plus vastes et mieux ordonnés. Et, si l'on voulait aujourd'hui chercher un spectacle analogue de bien loin, mais pourtant à peu près analogue, Saint-Cyr avec ses parades et ses exercices, mieux encore, l'école militaire de gymnastique, où les soldats apprennent à chanter en chœur, pourrait peut-être le donner.

Rien d'étonnant si une pareille cité a organisé et

---

1. Aristophane.

complété la gymnastique. Sous peine de mort, il fallait qu'un Spartiate valût dix Ilotes ; comme il était hoplite, fantassin, et qu'il se battait corps à corps, en ligne et de pied ferme, l'éducation parfaite était celle qui formait le plus agile et le plus robuste gladiateur. Pour y arriver, ils s'y prenaient dès avant la naissance, et, tout à l'opposé des autres Grecs, ils préparaient, non seulement l'homme, mais la femme, afin que l'enfant héritier des deux sangs reçût de sa mère, aussi bien que de son père, le courage et la vigueur[1]. Les jeunes filles ont des gymnases et s'exercent comme les garçons, nues ou en courte tunique, à courir, à sauter, à jeter le disque et la lance ; elles ont leurs chœurs ; elles figurent dans les gymnopédies avec les hommes. Aristophane admire, avec une nuance de raillerie athénienne, leur fraîche carnation, leur florissante santé, leur vigueur un peu brutale[2]. De plus, la loi fixe l'âge des mariages et choisit le moment et les circonstances les plus favorables pour bien engendrer. Il y a chance pour que de tels parents aient des enfants beaux et forts ; c'est le système des haras, et on le suit jusqu'au bout, puisqu'on rejette les produits mal venus. — Une fois que l'enfant commence à marcher, non seulement on l'endurcit et on *l'entraine*, mais encore on l'assouplit et on le fortifie avec méthode ; Xénophon dit que, seuls entre les Grecs, ils exercent également toutes les parties du corps, le cou, les bras, les épaules, les jambes, et non seulement dans l'ado-

---

1. Xénophon, *La République des Lacédémoniens*.
2. Rôle de Lampito, dans les *Ecclesiazousai*.

lescence, mais toute la vie et tous les jours; au camp, c'est deux fois par jour. L'effet de cette discipline fut bientôt visible. « Les Spartiates, dit Xénophon, sont les « plus sains de tous les Grecs, et l'on trouve parmi eux « les plus beaux hommes et les plus belles femmes de « la Grèce. » Ils subjuguèrent les Messéniens, qui combattaient avec le désordre et l'impétuosité des temps homériques; ils devinrent les modérateurs et les chefs de la Grèce, et, au moment des guerres Médiques, leur ascendant était si bien établi, que, non seulement sur terre, mais sur mer où ils n'avaient presque point de navires, tous les Grecs et jusqu'aux Athéniens recevaient d'eux, sans murmurer, des généraux.

Quand un peuple devient le premier dans la politique et dans la guerre, ses voisins imitent, de près ou de loin, les institutions qui lui ont donné la primauté. Peu à peu les Grecs[1] empruntent aux Spartiates, et en général aux Doriens, des traits importants de leurs mœurs, de leur régime et de leur art, l'harmonie dorienne, la haute poésie chorale, plusieurs figures de danse, le style de l'architecture, le vêtement plus simple et plus viril, l'ordonnance militaire plus ferme, la complète nudité de l'athlète, la gymnastique érigée en système. Beaucoup de termes d'art militaire, de musique et de palestre sont d'origine dorienne ou appartiennent au dialecte dorien. Déjà au IXe siècle l'importance nouvelle de la gymnastique s'était manifestée par la restauration des

---

1. Aristote, *Politique*. VIII, 3 et 4.

jeux interrompus, et quantité de faits montrent que d'année en année, ils deviennent plus populaires. En 776 ceux d'Olympie servent d'ère et de point de départ pour attacher la chaîne des années. Pendant les deux siècles qui suivent, on institue ceux de Pytho, de l'Isthme et de Némée. Ils se réduisaient d'abord à la course du stade simple; on y ajoute successivement la course du double stade, la lutte, le pugilat, la course en chars, le pancrace, la course à cheval; puis, pour les enfants, la course, la lutte, le pancrace, le pugilat, d'autres jeux encore, en tout vingt-quatre exercices. Les coutumes lacédémoniennes y prévalent sur les traditions homériques : le vainqueur n'y reçoit plus un objet précieux, mais une simple couronne de feuillage, il ne garde plus l'ancienne ceinture; à la quatorzième olympiade, il se dépouille tout à fait. On voit, par les noms des vainqueurs, qu'il en vient de toute la Grèce, de toute la Grande-Grèce, des îles et des colonies les plus lointaines. Désormais il n'y a plus de cité sans gymnase; c'est un des signes auxquels on reconnaît une ville grecque[1]. A Athènes, le premier date des environs de l'an 700. Sous Solon, on en comptait déjà trois grands, qui étaient publics, et une quantité de petits. De seize à dix-huit ans l'adolescent y passait ses journées, comme dans un lycée d'externes disposé non pour la culture de l'esprit mais pour le perfectionnement du corps. Il semble même qu'à ce moment l'étude de la grammaire et de la musique

---

1. Mot de Pausanias.

cessait pour laisser entrer le jeune homme dans une classe plus spéciale et plus haute. Ce gymnase était un grand carré, avec des portiques et des allées de platanes, ordinairement près d'une source ou d'une rivière, décoré par une quantité de statues de dieux et d'athlètes couronnés. Il avait son chef, ses moniteurs, ses répétiteurs spéciaux, sa fête en l'honneur d'Hermès; dans l'intervalle des exercices les adolescents jouaient; les citoyens y entraient à volonté; il y avait des sièges nombreux autour du champ de course; on y venait pour se promener, pour regarder les jeunes gens; c'était un lieu de conversation; la philosophie y naquit plus tard. Dans cette école qui aboutit à un concours, l'émulation conduit à des excès et à des prodiges; on voit des hommes qui s'exercent toute leur vie. Le règlement des jeux les oblige à jurer, en descendant dans l'arène, qu'ils se sont exercés au moins dix mois de suite sans interruption et avec le plus grand soin; mais ils font bien davantage; leur entraînement dure des années entières et jusque dans l'âge mûr; ils suivent un régime; ils mangent beaucoup, et à certaines heures; ils endurcissent leurs muscles par l'usage du strigile et de l'eau froide; ils s'abstiennent de plaisirs et d'excitations; ils se condamnent à la continence. Plusieurs d'entre eux renouvelèrent les exploits des héros fabuleux. Milon, dit-on, portait un taureau sur ses épaules, et, saisissant par derrière un char attelé, l'empêchait d'avancer. Une inscription placée sous la statue de Phayllos le Crotoniate disait qu'il franchissait en sautant un espace de cinquante-cinq pieds et qu'il lançait à quatre-vingt-quinze pieds le disque de huit livres. Parmi les athlètes de Pindare, il y en a qui sont des géants.

Remarquez que, dans la civilisation grecque, ces admirables corps ne sont point des raretés, des produits de luxe, et, comme aujourd'hui, des pavots inutiles dans un champ de blé; il faut les comparer, au contraire, à des épis plus hauts dans une large moisson. L'État en a besoin; les mœurs publiques les demandent. Les hercules que j'ai cités ne servent pas seulement à la parade. Milon conduisait ses concitoyens au combat, et Phayllos fut le chef des Crotoniates qui vinrent aider les Grecs contre les Mèdes. Un général n'était pas alors un calculateur qui se tenait sur une hauteur, avec une carte et une lorgnette; il se battait, la pique à la main, en tête de sa troupe, corps à corps, en soldat. Miltiade, Aristide, Périclès et même, beaucoup plus tard, Agésilas, Pélopidas, Pyrrhus, font œuvre, non seulement de leur intelligence, mais aussi de leurs bras, pour frapper, parer, à l'assaut, à pied, à cheval, au plus fort de la mêlée; Épaminondas, un politique, un philosophe, étant blessé à mort, se console comme un simple hoplite, parce qu'on a sauvé son bouclier. Un vainqueur au pentathle, Aratus, fut le dernier capitaine de la Grèce et se trouva bien de son agilité et de sa force dans ses escalades et ses surprises; Alexandre chargeait au Granique, comme un hussard, et sautait le premier, comme un voltigeur, dans la ville des Oxydraques. Avec une façon si corporelle et si personnelle de faire la guerre, les premiers citoyens, les princes eux-mêmes étaient tenus d'être bons athlètes. — Ajoutez aux exigences du danger l'invitation des fêtes; les cérémonies, comme les batailles, réclamaient des corps exercés; on ne pouvait bien figurer dans les chœurs qu'après avoir passé par le gymnase. J'ai conté comment le poète Sophocle dansa nu le pæan après la victoire de Salamine; à la fin du IVe siècle, les mêmes mœurs subsistaient encore. Alexandre, arrivant dans la Troade, se dépouilla de ses habits, pour honorer Achille, en courant avec ses compagnons autour de la colonne qui marquait la sépulture du héros. Un peu plus loin, à Phaselis, ayant vu sur la place publique la statue du philosophe Théodecte, il vint, après le souper, danser autour de la statue et lui jeter des couronnes. — Pour fournir à de tels goûts et à de tels besoins, le gymnase était la seule école; il ressemblait à ces académies de nos derniers siècles où les jeunes nobles allaient apprendre l'escrime, la danse et l'équitation. Les citoyens libres étaient les nobles de l'antiquité; partant, point de citoyen libre qui n'eût fréquenté le gymnase; à cette condition seulement on était un homme bien élevé[1], sinon, on tombait au rang des gens de métier et d'extraction basse. Platon, Chrysippe, le poète Timocréon, avaient d'abord été athlètes; Pythagore passait pour avoir eu le prix du pugilat; Euripide fut couronné comme athlète aux jeux éleusiniens. Clisthènes, tyran

---

1. *Kalokagathos* opposé à *Basanos*.

de Sycione, ayant reçu chez lui les prétendants de sa fille, leur fournit un champ d'exercice, afin, dit Hérodote, « qu'il pût faire épreuve de leur race et de leur « éducation. » En effet, le corps gardait jusqu'au bout les traces de l'éducation gymnastique ou servile ; on le reconnaissait du premier coup à sa prestance, à sa démarche, à ses gestes, à sa façon de se draper, comme jadis on distinguait le gentilhomme dégourdi et anobli par les académies, du rustre balourd et de l'ouvrier rabougri.

Même immobile et nu il témoignait de ses exercices par la beauté de ses formes. — Sa peau, brunie et affermie par le soleil, l'huile, la poussière, le strigile et les bains froids, ne semblait point déshabillée ; elle était accoutumée à l'air ; à la voir, on la sentait dans son élément ; certainement elle ne frissonnait pas, elle ne présentait pas de marbrures et de chairs de poule ; elle était un tissu sain, d'un beau ton, qui annonçait la vie libre et mâle. Agésilas, pour encourager ses hommes, fit un jour dépouiller les Perses prisonniers ; à la vue de ces chairs blanches et molles, les Grecs se mirent à rire, et marchèrent en avant, pleins de dédain pour leurs ennemis. — Les muscles avaient été tous fortifiés et assouplis ; on n'en avait point négligé ; les diverses parties du corps se faisaient équilibre ; l'arrière-bras, si maigre aujourd'hui, les omoplates mal garnies et raides, s'étaient remplies et faisaient un pendant proportionné aux hanches et aux cuisses ; les maîtres, en véritables artistes, exerçaient le corps pour lui donner, non seulement la vigueur, la résistance et la vitesse, mais encore la symétrie et l'élégance. Le *Gaulois mourant*, qui est de l'école de Pergame, montre, si on le compare aux statues d'athlètes, la distance qui sépare un corps inculte et un corps cultivé : d'un côté, une chevelure éparse en mèches rudes comme une crinière, des pieds et des mains de paysan, une peau épaisse, des muscles non assouplis, des coudes aigus, des veines gonflées, des contours anguleux, des lignes heurtées, rien que le corps animal du sauvage robuste; de l'autre côté, toutes les formes ennoblies, le talon d'abord avachi et veule [1], maintenant circonscrit dans un ovale net, le pied d'abord trop étalé et trahissant sa parenté simienne, maintenant arqué et plus élastique pour le saut; la rotule, les articulations, toute l'ossature, d'abord saillantes, maintenant demi-effacées et simplement indiquées; la ligne des épaules, d'abord horizontale et dure, maintenant infléchie et adoucie; partout l'harmonie des parties qui se continuent et coulent les unes dans les autres, la jeunesse et la fraîcheur d'une vie fluide, aussi naturelle et aussi simple que celle d'un arbre ou d'une fleur. On trouverait vingt passages, dans le *Ménexène*, *les Rivaux*, ou le *Charmide* de Platon, qui saisissent au vol quelqu'une de ces attitudes; un jeune homme ainsi élevé se sert bien et naturellement de ses membres; il sait se pencher, être debout, s'appuyer d'une épaule contre une colonne, et, dans toutes

[1]. Voyez le petit Apollon archaïque de bronze du Louvre, et les statues d'Égine.

ces attitudes, être aussi beau qu'une statue; de même un gentilhomme, avant la Révolution, avait, pour saluer prendre du tabac, écouter, l'aisance et la grâce cavalière que nous retrouvons dans les gravures et dans les portraits. Mais, ce que l'on voyait dans les façons, le geste et la pose du Grec, ce n'était pas l'homme de cour, c'était l'homme de la palestre. Le voici dépeint dans Platon, tel que la gymnastique héréditaire dans une race choisie l'avait formé :

« Il est naturel, Charmide, que tu l'emportes sur tous
« les autres ; car personne ici, je pense, ne montrerait
« aisément à Athènes deux maisons dont l'alliance puisse
« engendrer quelqu'un de plus beau et de meilleur que
« celles dont tu es issu. En effet, votre famille pater-
« nelle, celle de Critias, fils de Dropide, a été louée par
« Anacréon, Solon et beaucoup d'autres poètes, comme
« éminente en beauté, en vertu, et dans tous les autres
« biens où l'on met le bonheur. Et de même celle de ta
« mère. Car personne, à ce qu'on dit, ne parut plus
« beau et plus grand que ton oncle Pyrilampe, toutes les
« fois qu'on l'envoyait en ambassade auprès du grand
« roi ou auprès de quelque autre sur le continent, et
« toute cette autre maison ne cède en rien à la pre-
« mière. Étant né de tels parents, il est naturel que tu
« sois en tout le premier. Et d'abord, pour tout ce que
« l'on voit, pour tout le dehors, cher enfant de Glaucos,
« il me semble que tu ne fais honte à aucun de tes
« ancêtres. »

En effet, ajoute ailleurs Socrate, « il me paraissait

« admirable pour la taille et la beauté.... Qu'il nous
« semblât tel, à nous autres hommes, cela est moins
« étonnant; mais je remarquai que, parmi les enfants
« aussi, personne ne regardait autre part, pas même les
« plus petits... et que tous le contemplaient comme la
« statue d'un dieu. » — Et Chéréphon renchérissant :
« Son visage est bien beau, n'est-ce pas, Socrate? Eh
« bien! s'il voulait se dépouiller, le visage ne paraîtrait
« plus rien, tant toute sa forme est belle. »

Dans cette petite scène qui nous reporte bien plus haut que sa date et jusqu'aux plus beaux temps du corps nu, tout est significatif et précieux. On y voit la tradition du sang, l'effet de l'éducation, le goût populaire et universel du beau, toutes les origines de la parfaite sculpture. Quantité de textes nous confirment dans la même impression. Homère avait cité Achille et Nérée comme les plus beaux des Grecs assemblés contre Troie; Hérodote nomme Callicrate le Spartiate comme le plus beau des Grecs armés contre Mardonius. Toutes les fêtes des dieux, toutes les grandes cérémonies, amenaient un concours de beauté. On choisissait les plus beaux vieillards à Athènes pour porter les rameaux aux Panathénées, les plus beaux hommes à Élis pour porter les offrandes à la déesse. A Sparte, dans les gymnopédies, les généraux, les hommes illustres qui n'avaient pas une taille et une noblesse d'extérieur assez grandes, étaient, dans le défilé choral, relégués aux rangs inférieurs. Les Lacédémoniens, au dire de Théophraste, condamnèrent leur roi Archidamos à l'amende, parce qu'il avait épousé une petite femme, prétendant qu'elle leur donnerait des roitelets et non des rois. Pausanias trouva en Arcadie des concours de beauté, où rivalisaient les femmes, et qui dataient de neuf siècles. Un Perse, parent de Xerxès et le plus grand de son armée, étant mort à Achante, les habitants lui sacrifièrent comme à un héros. Les Egestœens avaient élevé un petit temple sur le tombeau d'un Crotoniate réfugié chez eux, Philippe, vainqueur aux jeux Olympiques, le plus beau des Grecs de son temps, et, du vivant d'Hérodote, ils lui offraient encore des sacrifices. — Tel est le sentiment qu'avait nourri l'éducation, et qui, à son tour, agissant sur elle, lui donnait pour but la formation de la beauté. Certainement la race était belle, mais elle s'était embellie par système; la volonté avait perfectionné la nature, et la statuaire allait achever ce que la nature, même cultivée, ne faisait qu'à demi.

Ainsi, pendant deux siècles, nous avons vu les deux institutions qui forment le corps humain, l'orchestrique et la gymnastique, naître, se développer, se propager autour de leurs points de départ, se répandre dans tout le monde grec, fournir l'instrument de la guerre, la décoration du culte, l'ère de la chronologie, offrir la perfection corporelle comme principal but à la vie humaine, et pousser jusqu'au vice[1] l'admiration de la forme accomplie. Lentement, par degrés et à distance,

---

1. Le vice grec, inconnu au temps d'Homère, commence, selon toutes les vraisemblances, avec l'institution des gymnases. Cf. Becker, *Chariclès* (Excursus).

l'art qui fait la statue de métal, de bois, d'ivoire ou de marbre accompagne l'éducation qui fait la statue vivante. Il ne marche pas du même pas; quoique contemporain, il reste, pendant ces deux siècles, inférieur et simple copiste. On a songé à la vérité avant de songer à l'imitation; on s'est intéressé aux corps véritables avant de s'intéresser aux corps simulés; on s'est occupé à former un chœur avant de sculpter un chœur. Toujours le modèle physique ou moral précède l'œuvre qui le représente; mais il le précède de peu; il faut qu'au moment où l'œuvre se fait, il soit encore présent dans toutes les mémoires. L'art est un écho harmonieux et grossi; il acquiert toute sa netteté et toute sa plénitude juste au moment où faiblit la vie dont il est l'écho. — Tel est le cas de la statuaire grecque; elle devient adulte juste au moment où finit l'âge lyrique, dans les cinquante années qui suivent la bataille de Salamine, quand, avec la prose, le drame et les premières recherches de la philosophie, commence une nouvelle culture. On voit tout d'un coup l'art passer de l'imitation exacte à la belle invention. Aristoclès, les sculpteurs d'Égine, Onatas, Kanachos, Pythagore de Rhégium, Kalamis, Agéladas, copiaient encore de tout près la forme réelle, comme Verocchio, Pollaiolo, Ghirlandajo, Fra Fillipo, Pérugin lui-même; mais, entre les mains de leurs élèves, Myron, Polyclète, Phidias, la forme idéale se dégage, comme entre les mains de Léonard, de Michel-Ange et de Raphaël.

III

Ce ne sont pas seulement des hommes, les plus beaux de tous, qu'a faits la statuaire grecque. Elle a fait aussi des dieux, et, du jugement de tous les anciens, ces dieux étaient ses chefs-d'œuvre. Au sentiment profond de la perfection corporelle et athlétique s'ajoutait, chez le public et chez les maîtres, un sentiment religieux original, une idée du monde aujourd'hui perdue, une façon propre de concevoir, de vénérer et d'adorer les puissances naturelles et divines. C'est ce genre particulier d'émotions et de croyances qu'il faut se représenter, lorsqu'on veut pénétrer un peu dans l'âme et dans le génie de Polyclète, d'Agoracrite ou de Phidias.

Il suffit de lire Hérodote[1] pour voir combien, dans la première moitié du ve siècle, la foi était encore vive. Non seulement Hérodote est pieux, dévot même jusqu'à n'oser proférer tel nom sacré, révéler telle légende, mais encore toute la nation apporte dans son culte la gravité grandiose et passionnée qu'expriment au même moment les vers d'Eschyle et de Pindare. Les dieux sont vivants, présents ; ils parlent ; on les a vus, comme la Vierge et les saints au xiiie siècle. — Les hérauts de Xerxès ayant été tués par les Spartiates, les entrailles

---

1. Hérodote vivait encore à l'époque de la guerre du Péloponèse ; il en parle dans son livre VII, 137, et dans son livre IX, 73.

des victimes deviennent défavorables ; c'est que ce meurtre a offensé un mort, le glorieux héraut d'Agamemnon, Talthybios, auquel les Spartiates ont voué un culte. Pour l'apaiser, deux hommes de la ville, riches et nobles, vont en Asie s'offrir à Xerxès. — Quand arrivent les Perses, toutes les cités consultent l'oracle ; il ordonne aux Athéniens d'appeler leur gendre à leur secours ; ils se souviennent que Borée enleva Orithye, fille d'Erechthée, leur premier ancêtre, et ils lui bâtissent une chapelle près de l'Ilissus. A Delphes, le dieu déclare qu'il se défendra lui-même ; la foudre tombe sur les barbares, des rochers se détachent et les écrasent, pendant que, du temple de Pallas Pronœa, sortent des voix et des cris de guerre, et que deux héros du pays, de taille surhumaine, Phylacos et Autonoos, achèvent de mettre en fuite les Perses épouvantés. — Avant la bataille de Salamine, les Athéniens font venir d'Égine, pour combattre avec eux, les statues des Éacides. Pendant la bataille, des voyageurs près d'Éleusis voient s'élever une grande poussière et entendent la voix du mystique Iacchos qui vient au secours des Grecs. Après la bataille on offre en prémices aux dieux trois navires captifs ; l'un des trois est pour Ajax, et, sur le butin, on prélève l'argent qu'il faut pour offrir à Delphes une statue de douze coudées. — Je ne finirais pas si j'énumérais les marques de la piété publique ; elle était fervente encore, cinquante ans après, dans le peuple. Diopithès, dit Plutarque, « fit un décret qui ordonnait de
« dénoncer ceux qui ne reconnaissaient pas l'existence

« des dieux ou qui enseignaient des doctrines nouvelles « sur les phénomènes célestes ». Aspasie, Anaxagore, Euripide, furent inquiétés ou poursuivis, Alcibiade condamné à mort, Socrate mis à mort, pour crime prétendu ou avéré d'impiété; l'indignation populaire fut terrible contre ceux qui avaient contrefait les mystères ou mutilé les dieux. Sans doute, on voit dans ces détails, en même temps que la persistance de la foi antique, l'avènement de la pensée libre; autour de Périclès, comme autour de Laurent de Médicis, il y avait un petit cénacle de raisonneurs et de philosophes; Phidias, comme plus tard Michel-Ange, y fut admis. Mais, aux deux époques, la tradition et la légende occupaient et dirigeaient en souveraines l'imagination et la conduite. Quand l'écho des discours philosophiques venait faire vibrer une âme remplie de formes pittoresques, c'était pour y épurer et agrandir les figures divines. La sagesse nouvelle ne détruisait pas la religion; elle l'interprétait, elle la ramenait à son fonds, au sentiment poétique des forces naturelles. Les conjectures grandioses des premiers physiciens laissaient le monde aussi vivant et le rendaient plus auguste; c'est peut-être pour avoir entendu Anaxagore parler du *Noûs* que Phidias a conçu son Jupiter, sa Pallas, son Aphrodite céleste, et achevé, comme disaient les Grecs, la majesté des dieux.

Pour avoir le sentiment du divin il faut être capable de démêler, à travers la forme précise du dieu légendaire, les grandes forces permanentes et générales dont il est issu. On demeure un idolâtre sec et borné, si, au delà de la figure personnelle, on n'entrevoit pas, dans une sorte de lumière, la puissance physique ou morale dont la figure est le symbole. On l'entrevoyait encore au temps de Cimon et de Périclès. La comparaison des mythologies a montré récemment que les mythes grecs, parents des mythes sanscrits, n'exprimaient à l'origine que le jeu des forces naturelles, et que, des éléments et des phénomènes physiques, de leur diversité, de leur fécondité, de leur beauté, le langage avait peu à peu fait des dieux. Au fond du polythéisme est le sentiment de la nature vivante, immortelle, créatrice, et ce sentiment durait toujours. Le divin imprégnait les choses; on leur parlait; vingt fois, dans Eschyle et Sophocle, on voit l'homme s'adresser aux éléments, comme à des êtres saints avec lesquels il est associé pour conduire le grand chœur de la vie. Philoctète, au moment de partir, salue « les nymphes coulantes des fontaines, la voix « retentissante de la mer heurtée contre ses promon-« toires. » — « Adieu, terre de Lemnos, entourée par « les vagues; renvoie-moi sans offense, envoie-moi par « une heureuse traversée là où le puissant Destin me « porte. » — Prométhée, cloué sur sa roche, appelle à lui tous les grands êtres qui peuplent l'espace : « O divin « Éther, Souffles rapides, Sources de fleuves, Sourire « infini des vagues marines; ô Terre! mère universelle; « orbe du Soleil qui vois tout, je vous invoque! voyez « quels maux un dieu souffre par la main des dieux! » Les spectateurs n'ont qu'à se laisser conduire par l'émotion lyrique pour retrouver les métaphores primitives qui, sans qu'ils le sachent, ont été le germe de leur religion. « Le Ciel pur, dit Aphrodite dans une pièce « perdue d'Eschyle, aime à pénétrer la Terre ; et « l'Amour la prend pour épouse ; la pluie, qui tombe « du Ciel générateur, féconde la Terre, alors elle enfante « pour les mortels la pâture des bestiaux et le grain de « Déméter[1]. » — Pour comprendre ce langage, il nous suffit de sortir de nos villes artificielles et de nos cultures alignées ; celui qui va seul en un pays montueux, sur les côtes de la mer, et se laisse occuper tout entier par les aspects de la nature intacte, converse bientôt avec elle ; elle s'anime pour lui, comme une physionomie ; les montagnes, immobiles et menaçantes, deviennent des géants chauves ou des monstres accroupis ; les eaux, qui luisent et bondissent, sont de folles créatures babillardes et rieuses ; les grands pins silencieux ressemblent à des vierges sévères, et, quand il regarde la mer du midi, azurée, rayonnante, parée comme pour une fête, avec l'universel sourire dont parlait tout à l'heure Eschyle, il est tout conduit, pour exprimer la beauté voluptueuse dont l'infinité l'entoure et le pénètre, à nommer la déesse née de l'écume, qui, sortant de la vague, vient ravir le cœur des mortels et des dieux.

Lorsqu'un peuple sent la vie divine des choses natu-

---

[1]. Même sentiment conservé ou retrouvé par l'éducation philosophique dans Virgile :

Tunc pater omnipotens fecundis imbribus Æther
Conjugis in gremium lætæ descendit, et omnes
Magnus alit, magno commixtus corpore, fetus.

relles, il n'a pas de peine à démêler le fond naturel d'où sortent les personnes divines. Aux beaux siècles de la statuaire, cet arrière-fond perçait encore visiblement sous la figure humaine et précise par laquelle la légende l'avait traduit. Il y a des divinités, notamment celles des eaux courantes, des bois et des montagnes, qui sont toujours restées transparentes. La naïade ou l'oréade était bien une jeune fille comme celle qu'on voit assise sur un rocher dans les métopes d'Olympie[1]; du moins l'imagination figurative et sculpturale l'exprimait ainsi; mais, en la nommant, on apercevait la gravité mystérieuse de la forêt calme ou la fraîcheur de la source jaillissante. Dans Homère, dont les poèmes sont la Bible des Grecs, Ulysse naufragé, après avoir nagé deux jours, arrive « à l'embouchure d'un fleuve aux belles eaux, et « dit au fleuve : « Entends-moi, ô roi, qui que tu sois ; « je viens à toi, en te suppliant avec ardeur, en fuyant « hors de la mer la colère de Poséidôn..... Prends pitié, « ô roi ! car je me glorifie d'être ton suppliant. » — « Il parla ainsi, et le fleuve s'apaisa, arrêtant son cours « et les flots, et *se fit tranquille* devant Ulysse, et il le « recueillit à son embouchure. » Il est clair que le dieu n'est point ici un personnage à barbe caché dans une grotte, mais le fleuve coulant lui-même, le grand courant paisible et hospitalier. — De même le fleuve irrité contre Achille : « Le Xanthe parla ainsi et se rua sur lui, tout « bouillonnant de fureur, plein de bruit, d'écume, de

---

1. Au Louvre.

« sang et de cadavres. Et l'onde éclatante du fleuve,
« sorti de Zeus, se dressa, saisissant le fils de Pélée...
« Alors Héphæstos tourna contre le fleuve sa flamme res-
« plendissante, et les ormes brûlaient, et les saules, et
« les tamaris ; et le lotos brûlait, et le glaïeul et le
« cyprès, qui abondaient tous autour du fleuve aux
« belles eaux ; et les anguilles et les poissons nageaient
« çà et là ou plongeaient dans les tourbillons, poursui-
« vis par le souffle ardent d'Héphæstos, et la force même
« du fleuve fut consumée, et il cria : « Héphæstos !
« aucun des dieux ne peut lutter contre toi. Cesse
« donc. » — Il parla ainsi, brûlant, et ses eaux lim-
« pides bouillonnaient. » Six siècles après, quand
Alexandre s'embarqua sur l'Hydaspe, debout à la
proue, il fit des libations à la rivière, à l'autre rivière
sa sœur, à l'Indus qui les recevait toutes deux et qui
allait le porter. — Pour une âme simple et saine, un
fleuve, surtout s'il est inconnu, est par lui-même une
puissance divine ; l'homme, devant lui, se sent en présence d'un être un, éternel, toujours agissant, tour à
tour nourricier et dévastateur, aux formes et aux aspects
innombrables ; cet écoulement intarissable et régulier
lui donne l'idée d'une vie calme et virile, mais majestueuse et surhumaine. Aux siècles de décadence, dans
des statues comme celles du Tibre et du Nil, les sculpteurs anciens se souvenaient encore de l'impression
primitive, et le large torse, l'attitude reposée, le vague
regard de la statue, montrent que, par la forme
humaine, ils songeaient toujours à exprimer l'épan-

chement magnifique, uniforme, indifférent de la grande eau.

D'autres fois, le nom du dieu faisait entrevoir sa nature. Hestia signifie le foyer; jamais la déesse n'a pu être tout à fait séparée de la flamme sainte, qui était le centre de la vie domestique. Démèter signifie la terre mère; et les épithètes des rituels l'appellent la noire, la profonde et la souterraine, la nourrice des jeunes êtres, la porteuse de fruits, la verdoyante. Le soleil, dans Homère, est un autre dieu qu'Apollon, et la personne morale se confond en lui avec la lumière physique. Quantité d'autres divinités, *Horai*, les Saisons, *Dicè*, la Justice, *Némésis*, la Répression, portent dans l'âme de l'adorateur leur sens avec leur nom. — Je n'en citerai qu'un, Éros, l'Amour, pour montrer comment le Grec, libre et pénétrant d'esprit, réunissait dans la même émotion l'adoration d'une personne divine et la divination d'une force naturelle. « Amour, dit Sophocle, invincible au combat,
« Amour qui t'abats sur les puissances et les fortunes,
« tu *habites sur les joues délicates de la jeune fille*; et
« tu franchis la mer, et tu vas dans les cabanes rus-
« tiques, et il n'y a personne parmi les immortels ni
« parmi les hommes éphémères qui puisse te fuir. »
Un peu plus tard, entre les mains des convives du *Banquet* [1], selon les diverses interprétations du nom, la nature du dieu varie. Pour les uns, puisque amour signifie sympathie et concorde, l'Amour est le plus uni-

1. Platon.

versel des dieux et, comme le veut Hésiode, l'auteur de tout ordre et toute harmonie dans le monde. Selon d'autres, il est le plus jeune des dieux, car la vieillesse exclut l'amour ; il est le plus délicat, car il marche et se repose sur les choses les plus tendres, les cœurs, et seulement sur ceux qui sont tendres ; il est d'une essence liquide et subtile, car il entre dans les âmes et en sort sans qu'on s'en doute ; il a le teint d'une fleur, car il vit parmi les parfums et les fleurs. Selon d'autres enfin, l'Amour, étant le désir et, partant, le manque de quelque chose, est un fils de la Pauvreté, maigre, malpropre, sans chaussure, couchant à la belle étoile, mais avide du beau, et, partant, hardi, actif, industrieux, persévérant, philosophe. Le mythe renaît ainsi de lui-même et ondoie à travers vingt formes entre les mains de Platon. — Entre celles d'Aristophane, on voit les nuées devenir pour un instant des divinités presque vraisemblables. Si l'on suit dans la théogonie d'Hésiode la confusion demi-réfléchie, demi-involontaire qu'il établit entre les personnages divins et les éléments physiques[1], si l'on remarque qu'il compte « trente mille « dieux gardiens sur la terre nourricière », si l'on se souvient que Thalès, le premier physicien et le premier philosophe, disait que tout est né de l'humide, et, en même temps, que tout est plein de dieux, on comprendra le profond sentiment qui soutenait alors la religion

---

1. Voyez surtout la génération des divers dieux dans la Théogonie. Sa pensée flotte partout entre la cosmologie et la mythologie.

grecque, l'émotion sublime, l'admiration, la vénération avec laquelle le Grec devinait les forces infinies de la nature vivante sous les images de ses dieux.

A la vérité, tous n'étaient pas au même degré incorporés aux choses. Il y en avait, et c'étaient justement les plus populaires, que le travail plus énergique de la légende avait détachés et érigés en personnages distincts. — On peut comparer l'Olympe grec à un olivier vers la fin de l'été. Selon la place et la hauteur des rameaux, les fruits sont plus ou moins avancés; les uns, à peine formés, ne sont guère qu'un pistil grossi, et appartiennent étroitement à l'arbre; les autres, déjà mûrs, tiennent pourtant encore à leur tige; les autres enfin, dont l'élaboration est complète, sont tombés, et il faut quelque attention pour reconnaître le pédoncule qui les a portés. — Tel l'Olympe grec, selon le degré de la transformation qui a humanisé les forces naturelles, présente, à ses divers étages, des divinités où le caractère physique prime la figure personnelle, d'autres en qui les deux faces sont égales, d'autres enfin où le dieu, devenu homme, ne se relie plus que par des fils, parfois par un seul fil à peine visible, au phénomène élémentaire d'où il est issu. Il s'y relie pourtant. Zeus qui dans l'*Iliade* est un chef de famille impérieux, et dans *Prométhée* un roi usurpateur et tyrannique, demeure néanmoins, par beaucoup de traits, ce qu'il a d'abord été, le ciel pluvieux et foudroyant; des épithètes consacrées, de vieilles locutions, indiquent sa nature originelle; les fleuves « tombent de lui », « Zeus pleut ».

En Crète, son nom signifie le jour; Ennius, plus tard à Rome, dira qu'il est cette « sublime blancheur ardente « que tous invoquent sous le nom de Jupiter ». On voit par Aristophane que, pour des paysans, des hommes du peuple, des esprits simples et un peu antiques, il est toujours celui qui « arrose la glèbe et fait pousser les « moissons ». Quand un sophiste leur dit qu'il n'y a pas de Zeus, ils s'étonnent et demandent qui est ce qui éclate en tonnerres ou se verse en pluies[1]. Il a foudroyé les Titans, le monstrueux Typhœos, aux cent têtes de dragons, les noires exhalaisons qui, nées de la terre, s'entrelaçaient comme des serpents et envahissaient la voûte céleste. Il habite les sommets des montagnes qui touchent le ciel, où s'assemblent les nuages, où s'abat le tonnerre ; il est le Zeus de l'Olympe, le Zeus de l'Ithôme, le Zeus de l'Hymette. Au fond, comme tous les dieux, il est multiple, attaché aux divers endroits dans lesquels le cœur de l'homme a le mieux senti sa présence, aux diverses cités et même aux diverses familles qui, l'ayant reconnu dans leurs horizons, se le sont approprié et lui ont sacrifié. « Je t'en conjure, dit Tecmesse, par le Zeus de ton foyer. » — Pour se représenter exactement le sentiment religieux d'un Grec, il faut se figurer une vallée, une côte, tout le paysage primitif dans lequel une peuplade s'est fixée ; ce n'est pas le ciel en général, ni la terre universelle, qu'elle a sentis comme des êtres divins, c'est son ciel avec son horizon

---

1. Τίς ὕει ; τίς ὁ βροντῶν ;

de montagnes onduleuses, c'est cette terre qu'elle habite, ce sont ces bois, ces eaux courantes parmi lesquelles elle vit; elle a son Zeus, son Poséidôn, son Héré, son Apollon, comme ses nymphes bocagères ou fluviales. A Rome, dans une religion qui avait mieux conservé l'esprit primitif, Camille disait : « Il n'y a pas dans « cette ville un lieu qui ne soit imprégné de religion et « qui ne soit occupé par quelque divinité. » — « Je « ne crains pas les dieux de votre pays, dit un person- « nage d'Eschyle, je ne leur dois rien. » A proprement parler, le dieu est local[1]; car par son origine il n'est que la contrée elle-même; c'est pourquoi aux yeux du Grec sa ville est sainte, et les divinités ne font qu'un avec sa ville. Quand il la salue au retour, ce n'est point par une convenance poétique, comme le Tancrède de Voltaire; il n'éprouve pas seulement, comme un moderne, le plaisir de retrouver des objets familiers et de rentrer chez soi; sa plage, ses montagnes, l'enceinte murée qui enclôt son peuple, la voie où des tombeaux gardent les os et les mânes des héros fondateurs, tout ce qui l'entoure est pour lui une sorte de temple. « Argos, et « vous, dieux indigènes, dit Agamemnon, c'est vous que « je dois saluer d'abord, vous qui avez été les auxiliaires « de mon retour et de la vengeance que j'ai tirée de la « ville de Priam. » — Plus on regarde de près, plus on trouve leur sentiment sérieux, leur religion justifiable, leur culte bien fondé; et ce n'est que plus tard, aux

---

1. Fustel de Coulanges, *la Cité antique*.

époques de frivolité et de décadence, qu'ils sont devenus idolâtres. « Si nous représentons les dieux sous des « figures humaines, disaient-ils, c'est qu'il n'y a pas de « forme plus belle. » Mais, par delà la forme expressive ils voyaient flotter, comme en un rêve, les puissances générales qui gouvernent l'âme et l'univers.

Suivons une de leurs processions, celle des grandes panathénées, et tâchons de démêler les pensées et les émotions d'un Athénien qui, mêlé au cortège solennel, venait visiter ses dieux. — C'était au commencement du mois de septembre. Pendant trois jours la cité entière avait contemplé des jeux, d'abord, à l'Odéon, toutes les pompes de l'orchestrique, la récitation des poèmes d'Homère, des concours de chant, de cithare et de flûte, des chœurs de jeunes gens nus dansant la pyrrhique, d'autres vêtus formant un chœur cyclique ; ensuite, dans le stade, tous les exercices du corps nu, la lutte, le pugilat, le pancrace, le pentathle pour hommes et pour enfants, la course à pied, simple et double, pour les hommes nus et les hommes armés, la course à pied avec des flambeaux, la course à cheval, la course en char à deux ou à quatre chevaux, en char ordinaire et en char de guerre, avec deux hommes dont l'un sautait à bas, suivait en courant, puis, d'un élan, remontait. Selon une parole de Pindare « les dieux étaient amis des jeux », et l'on ne pouvait mieux les honorer que par ce spectacle. — Le quatrième jour la procession, dont la frise du Parthénon nous a conservé l'image, se mettait en marche ; en tête étaient les pontifes, des vieillards choisis parmi les plus beaux, des vierges de famille noble, les députations des villes alliées avec des offrandes, puis des métèques avec des vases et des ustensiles d'or et d'argent ciselé, les athlètes à pied, ou sur leurs chevaux, ou sur leurs chars, une longue file de sacrificateurs et de victimes, enfin le peuple en habits de fête. La galère sacrée se mettait en mouvement, portant à son mât le voile de Pallas, que les jeunes filles nourries dans l'Erechthéion lui avaient brodé. Partie du Céramique [1], elle allait à l'Eleusinium, en faisait le tour, longeait l'Acropole au nord et à l'est, et s'arrêtait près de l'Aréopage. Là, on détachait le voile pour l'apporter à la déesse, et le cortège montait l'immense escalier de marbre long de cent pieds, large de soixante-dix, qui conduisait aux Propylées, vestibule de l'Acropole. Comme le coin de la vieille Pise où se pressent la cathédrale, la Tour penchée, le Campo Santo et le Baptistère, ce plateau abrupt et tout consacré aux dieux disparaissait sous les monuments sacrés, temples, chapelles, colosses, statues ; mais, de ses quatre cents pieds de haut, il dominait toute la contrée ; entre les colonnes et les angles des édifices profilés sur le ciel les Athéniens apercevaient la moitié de leur Attique, un cercle de montagnes nues brûlées par l'été, la mer luisante encadrée par la saillie mate de ses côtes, tous les grands êtres éternels dans lesquels les dieux avaient leur racine, le Pentélique avec ses autels et la statue lointaine de Pallas-Athéné,

---

1. Beulé, *l'Acropole d'Athènes.*

l'Hymette et l'Anchesme où les colossales effigies de Zeus indiquaient encore la parenté primitive du ciel tonnant et des hauts sommets.

Ils portaient le voile jusqu'à l'Erechthéion, le plus auguste de leurs temples, véritable reliquaire où l'on gardait le palladium tombé du ciel, le tombeau de Cécrops et l'olivier sacré, père de tous les autres. Là, toute la légende, toutes les cérémonies, tous les noms divins élevaient dans l'esprit un vague et grandiose souvenir des premières luttes et des premiers pas de la civilisation humaine ; dans le demi-jour du mythe, l'homme entrevoyait la lutte antique et féconde de l'eau, de la terre et du feu, la terre émergeant des eaux, devenant féconde, se couvrant de bonnes plantes, de grains et d'arbres nourriciers, se peuplant et s'humanisant sous la main des puissances secrètes qui entrechoquent les éléments sauvages, et, peu à peu, à travers leur désordre, établissent l'ascendant de l'esprit. Cécrops, le fondateur, avait pour symbole un être du même nom que lui[1], la cigale, qu'on croyait née de la terre, insecte athénien s'il en fut, mélodieux et maigre habitant des collines sèches, et dont les vieux Athéniens portaient l'image dans leurs cheveux. A côté de lui, le premier inventeur, Triptolème, le broyeur de grains, avait eu pour père Diaulos, le double sillon, et pour fille Gordys, l'orge. Plus significative encore était la légende d'Érechthée, le grand ancêtre. Parmi les

---

1. *Kerkôps.*

nudités de l'imagination enfantine qui exprimait naïvement et bizarrement sa naissance, son nom qui signifie le Sol fertile, le nom de ses filles qui sont l'Air clair, la Rosée et la grande Rosée, laissent percer l'idée de la Terre sèche, fécondée par l'humidité nocturne. Vingt détails du culte achèvent d'en dégager le sens. Les jeunes filles qui ont brodé le voile s'appellent Errhéphores, porteuses de rosée ; ce sont les symboles de la rosée qu'elles vont chercher la nuit dans une caverne près du temple d'Aphrodite. Thallo, la saison des fleurs, Karpo, la saison des fruits, honorées près de là, sont encore des noms de dieux agricoles. Tous ces noms expressifs enfonçaient leur sens dans l'esprit de l'Athénien ; il y sentait, enveloppée et indistincte, l'histoire de sa race ; persuadé que les mânes de ses fondateurs et de ses ancêtres continuaient à vivre autour du tombeau et prolongeaient leur protection sur ceux qui honoraient leur sépulture, il leur apportait des gâteaux, du miel, du vin, et, déposant ses offrandes, il embrassait d'un regard, en arrière et en avant, la longue prospérité de sa ville, et reliait en espérance son avenir à son passé.

Au sortir du sanctuaire antique, où la Pallas primitive siégeait sous le même toit qu'Érechthée, il voyait presque en face de lui le nouveau temple bâti par Ictinus, où elle habitait seule et où tout parlait de sa gloire. Ce qu'elle avait été aux temps primitifs, il ne le sentait qu'à peine ; ses origines physiques s'étaient effacées sous le développement de sa personne morale ;

mais l'enthousiasme est une divination pénétrante, et des fragments de légendes, des attributs consacrés, des épithètes de tradition conduisaient le regard vers les lointains d'où elle était sortie. On la savait fille de Zeus, le Ciel foudroyant, née de lui seul ; elle s'était élancée de son front, au milieu des éclairs et du tumulte des éléments ; Hélios s'était arrêté ; la Terre et l'Olympe avaient tremblé, la mer s'était soulevée ; une pluie d'or, de rayons lumineux, s'était répandue sur la Terre. Sans doute, les premiers hommes avaient d'abord adoré sous son nom la sérénité de l'air éclairci ; devant cette subite blancheur virginale, ils étaient tombés à genoux, tout pénétrés par la fraîcheur fortifiante qui suit l'orage ; ils l'avaient comparée à une jeune fille énergique[1], et l'avaient nommée Pallas. Mais, dans cette Attique où la transparence et la gloire de l'éther immaculé sont plus pures qu'ailleurs, elle était devenue Athéné, l'Athénienne. Un autre de ses plus vieux surnoms, Tritogénie, née des eaux, rappelait aussi qu'elle était née des eaux célestes, ou faisait penser au miroitement lumineux des flots. D'autres traces de son origine étaient la couleur de ses yeux glauques et le choix de son oiseau, le hibou, dont les prunelles, la nuit, sont des lumières clairvoyantes. Par degrés, sa figure s'était dessinée et son histoire s'était accrue. Sa naissance orageuse l'avait faite guerrière, armée, terrible, compagne de Zeus dans les combats contre les Titans révoltés.

1. Sens primitif probable du mot Pallas.

Comme vierge et pure lumière, elle était devenue peu à peu la pensée et l'intelligence, et on l'appelait l'industrieuse parce qu'elle avait inventé les arts, la cavalière parce qu'elle avait dompté le cheval, la salutaire parce qu'elle guérissait les maladies. Tous ses bienfaits et toutes ses victoires étaient figurés sur les murailles, et les yeux, qui, du fronton du temple, se reportaient sur l'immense paysage, embrassaient, dans la même seconde, les deux moments de la religion interprétés l'un par l'autre et réunis dans l'âme par la sensation sublime de la beauté parfaite. Du côté du midi, à l'horizon, ils apercevaient la mer infinie, Poséidôn, qui embrasse et ébranle la terre, le dieu azuré, dont les bras enserraient la côte et les îles, et, du même regard, ils le retrouvaient sous le couronnement occidental du Parthénon, debout, violent, dressant son torse musculeux, son puissant corps nu, avec un geste indigné de dieu farouche, pendant que derrière lui Amphitrite, Aphrodite presque nue sur les genoux de Thalassa, Latone avec ses deux enfants, Leucothoée, Hallirothios, Euryte, laissaient sentir, dans l'inflexion ondoyante de leurs formes enfantines ou féminines, la grâce, le chatoiement, la liberté, le rire éternel de la mer. Sur le même marbre, Pallas victorieuse domptait les chevaux que d'un coup de trident Poséidôn avait fait sortir de la terre ; elle les conduisait du côté des divinités du sol, vers le fondateur Cécrops, vers le premier ancêtre Érechthée, l'homme de la terre, vers ses trois filles qui humectent le sol maigre, vers Callirhoé la belle source, et l'Ilissos le fleuve ombragé ; le regard n'avait qu'à s'abaisser, après avoir contemplé leurs images, pour les découvrir eux-mêmes au bas du plateau.

Mais Pallas elle-même rayonnait à l'entour dans tout l'espace ; il n'y avait pas besoin de réflexions et de science, il ne fallait que des yeux et un cœur de poète ou d'artiste pour démêler l'affinité de la déesse et des choses, pour la sentir présente dans la splendeur de l'air illuminé, dans l'éclat de la lumière agile, dans la pureté de cet air léger auquel les Athéniens attribuaient la vivacité de leur invention et de leur génie ; elle-même était le génie du pays, l'esprit même de la nation ; c'étaient ses dons, son inspiration, son œuvre qu'ils voyaient étalés de toutes parts aussi loin que leur vue pouvait porter, dans les champs d'oliviers et les versants diaprés de cultures, dans les trois ports où fumaient les arsenaux et s'entassaient les navires, dans les longues et puissantes murailles par lesquelles la ville venait de rejoindre la mer, dans la belle cité elle-même qui, de ses gymnases, de ses théâtres, de son Pnyx, de tous ses monuments rebâtis et de toutes ses maisons récentes, couvrait le dos et le penchant des collines, et qui, par ses arts, ses industries, ses fêtes, son invention, son courage infatigable, devenue « l'école « de la Grèce », étendait son empire sur toute la mer et son ascendant sur toute la nation.

A ce moment, les portes du Parthénon pouvaient s'ouvrir et montrer, parmi les offrandes, vases, couronnes, armures, carquois, masques d'argent, la colossale effigie, la protectrice, la vierge, la victorieuse, debout, immobile, sa lance appuyée sur son épaule, son bouclier debout à son côté, tenant dans la main droite une Victoire d'or et d'ivoire, l'égide d'or sur la poitrine, un étroit casque d'or sur la tête, en grande robe d'or de diverses teintes, son visage, ses pieds, ses mains, ses bras se détachant sur la splendeur des armes et des vêtements avec la blancheur chaude et vivante de l'ivoire, ses yeux clairs de pierre précieuse luisant d'un éclat fixe dans le demi-jour de la cella peinte. Certainement, en imaginant son expression sereine et sublime, Phidias avait conçu une puissance qui débordait hors de tout cadre humain; une des forces universelles qui mènent le cours des choses, l'intelligence active qui, pour Athènes, était l'âme de la patrie. Peut-être avait-il entendu résonner dans son cœur l'écho de la physique et de la philosophie nouvelles, qui, confondant encore l'esprit et la matière, considéraient la pensée comme la plus « légère et la plus pure des substances », sorte d'éther subtil répandu partout pour produire et maintenir l'ordre du monde[1]; ainsi s'était formée en lui une idée plus haute encore que l'idée populaire; sa Pallas dépassait celle d'Égine, déjà si grave, de toute la majesté des choses éternelles. — Par un long détour et des cercles de plus en plus rap-

1. Texte conservé d'Anaxagore. Phidias avait écouté Anaxagore chez Périclès, comme Michel-Ange avait écouté les platoniciens de la Renaissance chez Laurent de Médicis.

prochés, nous avons suivi toutes les origines de la statue, et nous voici arrivés à la place vide que l'on reconnaît encore, où s'élevait son piédestal, et d'où sa forme auguste a disparu.

CINQUIÈME PARTIE

DE L'IDÉAL DANS L'ART

CINQUIÈME PARTIE

DE L'IDÉAL DANS L'ART

Messieurs,

Il semble que le sujet dont je vais vous entretenir ne puisse être traité que par la poésie. Quand on parle de l'idéal, c'est avec son cœur; on pense alors au beau rêve vague par lequel s'exprime le sentiment intime; on ne le dit guère qu'à voix basse, avec une sorte d'exaltation contenue; quand on en discourt tout haut, c'est en vers, dans une cantate; on n'y touche que du bout du doigt ou à mains jointes, comme lorsqu'il s'agit du bonheur, du ciel et de l'amour. Pour nous, selon notre habitude, nous l'étudierons en naturalistes, méthodiquement, par l'analyse, et nous tâcherons d'arriver, non à une ode, mais à une loi.

Il faut d'abord entendre ce mot, l'*idéal*; l'explication grammaticale n'en est pas difficile. Rappelons-nous la définition de l'œuvre d'art que nous avons trouvée au commencement de ce cours[1]. Nous avons dit que l'œuvre d'art a pour but de manifester quelque caractère essentiel ou saillant, plus complètement et plus clairement que ne font les objets réels. Pour cela l'artiste se forme l'idée de ce caractère, et, d'après son idée, il transforme l'objet réel. Cet objet, ainsi transformé, se trouve *conforme à l'idée*, en d'autres termes *idéal*. Ainsi, les choses passent du réel à l'idéal lorsque l'artiste les reproduit en les modifiant d'après son idée, et il les modifie d'après son idée lorsque, concevant et dégageant en elles quelque caractère notable, il altère systématiquement les rapports naturels de leurs parties, pour rendre ce caractère plus visible et plus dominateur.

---

1. Voir t. I, *De la nature de l'œuvre d'art.*

CHAPITRE I

ESPÈCES ET DEGRÉS DE L'IDÉAL

I

Parmi les idées que les artistes impriment dans leur œuvre, y en a-t-il de supérieures? Peut-on indiquer un caractère qui vaille mieux que les autres? Y a-t-il pour chaque objet une forme idéale, hors de laquelle tout soit déviation ou erreur? Peut-on découvrir un principe de subordination qui assigne des rangs aux diverses œuvres d'art?

Au premier regard, on est tenté de dire que non; la définition que nous avons trouvée semble barrer la voie à cette recherche; elle porte à croire que toutes les œuvres d'art sont de niveau et que le champ est ouvert à l'arbitraire. En effet, si l'objet devient idéal par cela seul qu'il est conforme à l'idée, peu importe l'idée; elle est au choix de l'artiste; il prendra celle-ci ou celle-là, à son goût; nous n'aurons point de réclamation à faire. Le même sujet pourra être traité de telle façon, de la façon opposée et de toutes les façons intermédiaires. — Bien mieux, il semble qu'ici l'histoire soit du même parti que la logique, et que la théorie soit confirmée par les faits. Considérez les divers siècles, les diverses nations et les diverses écoles. Les artistes, étant différents de race, d'esprit et d'éducation, sont frappés différemment par le même objet; chacun y démêle un caractère distinct; chacun s'en forme une idée originale, et cette idée, manifestée dans l'œuvre nouvelle, dresse soudain dans la galerie des formes idéales un nouveau chef-d'œuvre, comme un nouveau dieu dans un olympe qu'on croyait complet. — Plaute avait mis en scène Euclion, l'avare pauvre; Molière reprend le même personnage et fait Harpagon, l'avare riche. Deux siècles après, l'avare, non pas sot et bafoué comme jadis, mais redoutable et triomphant, devient le père Grandet entre les mains de Balzac, et le même avare, tiré de sa province, devenu Parisien, cosmopolite et poète en chambre, fournit au même Balzac l'usurier Gobseck. — Une seule situation, celle du père maltraité par ses enfants ingrats, a suggéré tour à tour l'*Œdipe à Colone* de Sophocle, le *Roi Lear* de Shakespeare et le *Père Goriot* de Balzac. — Tous les romans et toutes les pièces de théâtre représentent un jeune homme et une jeune femme qui s'aiment et veulent s'épouser; sous combien de figures diverses a reparu ce même couple, de Shakespeare à Dickens et de madame de la Fayette à George Sand! — Les amants, le père, l'avare, tous les grands types peuvent donc toujours être renouvelés; ils l'ont été incessamment; ils le seront encore, et c'est justement la marque propre, la gloire unique, l'obligation héréditaire des vrais génies que d'inventer en dehors de la convention et de la tradition.

Si, après les œuvres littéraires, on regarde les arts du dessin, le droit de choisir à volonté tel ou tel caractère paraît encore mieux établi. Une douzaine de personnages et de scènes évangéliques ou mythologiques ont défrayé toute la grande peinture ; l'arbitraire de l'artiste y éclate par la diversité des œuvres comme par la plénitude des succès. Nous n'osons pas louer l'un plus que l'autre, mettre une œuvre parfaite au-dessus d'une œuvre parfaite, dire qu'il faut suivre Rembrandt plutôt que Véronèse, ou Véronèse plutôt que Rembrandt. Et cependant quel contraste ! Dans le *Repas d'Emmaüs*, le Christ de Rembrandt[1] est un ressuscité, figure cadavérique, jaunâtre et douloureuse, qui a connu le froid du tombeau, et dont le triste et miséricordieux regard s'arrête encore une fois sur les misères humaines ; près de lui sont deux disciples, vieux ouvriers fatigués, à tête chauve et blanchie ; ils sont assis à une table d'auberge ; un petit garçon d'écurie regarde d'un air balourd ; autour de la tête du crucifié qui revient, luit l'étrange clarté de l'autre monde. Dans le *Christ aux cent florins*, la même idée reparaît plus forte ; c'est bien là le Christ du peuple, le Sauveur des pauvres, debout dans une de ces caves flamandes où jadis priaient et tissaient les Lollards ; des mendiants en loques, des gueux

1. Voyez le tableau du Louvre, et l'esquisse gravée, qui est un peu différente

d'hôpital tendent vers lui leurs mains suppliantes ; une lourde paysanne à genoux le regarde avec les yeux fixes et béants de la foi profonde ; un paralytique arrive, posé en travers sur une brouette ; partout des guenilles trouées, de vieux manteaux graisseux et déteints aux intempéries, des membres scrofuleux ou difformes, de pâles visages usés ou abrutis, lamentable amas de laideurs et de maladies, sorte de bas-fonds humain, que les heureux du siècle, un bourgmestre ventru, des citadins gras, regardent avec une insolente indifférence, mais sur lequel le bon Christ étend ses mains guérissantes, pendant que sa clarté surnaturelle perce l'ombre rayonne jusque sur les murs suintants. — Si la pauvreté, la tristesse et l'air obscur, rayé de lueurs vagues, ont fourni des chefs-d'œuvre, la richesse, la joie, la chaude et riante lumière du plein jour fournissent un chef-d'œuvre égal. Considérez à Venise et au Louvre les trois repas du Christ par Véronèse. Le grand ciel s'étale au-dessus d'une architecture de balustres, de colonnades et de statues ; la blancheur luisante et les bigarrures variées des marbres encadrent une assemblée de seigneurs et de dames qui font festin ; c'est une fête d'apparat, vénitienne, et du XVIe siècle ; le Christ est au centre et, en longues rangées autour de lui, des nobles en pourpoints de soie, des princesses en robes de brocart mangent et rient, pendant que des lévriers, des négrillons, des nains, des musiciens, occupent les yeux ou les oreilles des assistants. Les simarres chamarrées de noir et d'argent ondulent à côté des jupes de velours brodées d'or : les collerettes de dentelle enserrent la blancheur satinée des nuques; les perles luisent sur les tresses blondes; les florissantes carnations laissent deviner la force d'un sang jeune qui coule aisément et à pleines veines; les têtes spirituelles et vives ne sont pas loin d'un sourire, et, sur le lustre argenté ou rosé de la teinte générale, les jaunes d'or, les bleus turquins, l'écarlate intense, les verts rayés, les tons rompus, reliés, achèvent par leur harmonie délicieuse et élégante la poésie de ce luxe aristocratique et voluptueux. — D'autre part, qu'y a-t-il de mieux déterminé que l'Olympe païen ? La littérature et la statuaire grecques en ont arrêté tous les contours; il semble qu'à son endroit toute innovation soit interdite, toute forme précisée et toute invention bridée. Et cependant chaque peintre, en le transportant sur sa toile, y fait dominer un caractère jusqu'alors inaperçu. Le *Parnasse* de Raphaël présente aux yeux de belles jeunes femmes d'une douceur et d'une grâce tout humaines, un Apollon qui, les yeux au ciel, s'oublie en écoutant le son de sa cithare, une architecture mesurée de formes rythmées et paisibles, des nudités chastes que le ton sobre et presque terne de la fresque rend plus chastes encore. Avec des caractères opposés, Rubens recommence la même œuvre. Rien de moins antique que ses mythologies. Entre ses mains, les divinités grecques sont devenues des corps flamands, à pulpe lymphatique et sanguine, et ses fêtes célestes ressemblent aux mascarades que Ben Jonson, au même moment, arrangeait pour la

cour de Jacques Ier : audacieuses nudités encore rehaussées par la splendeur des draperies tombantes, Vénus grasses et blanches qui retiennent leurs amants avec un geste abandonné de courtisane, malignes Cérès qui rient, dos potelés et frémissants des sirènes tordues, molles et longues inflexions de la chair vivante et ployante, fureur de l'élan, impétuosité des convoitises, magnifique étalage de la sensualité débridée, triomphante, que nourrit le tempérament, que la conscience n'atteint pas, qui devient poétique en restant animale, et, par un accident unique, assemble dans ses jouissances toute la liberté de la nature et toutes les pompes de la civilisation. Ici encore un sommet a été atteint; la « colossale belle humeur » couvre et emporte tout :
« le Titan néerlandais avait des ailes si puissantes qu'il
« s'est élevé jusqu'au soleil, quoique des quintaux de
« fromage de Hollande pendissent à ses jambes[1]. » —
Si enfin, au lieu de comparer deux artistes de race différente, vous vous enfermez dans la même nation, rappelez-vous les œuvres italiennes que je vous ai décrites : tant de Crucifiements, de Nativités, d'Annonciations, de Madones avec l'enfant, tant de Jupiters, d'Apollons, de Vénus et de Dianes, et, pour préciser vos souvenirs, la même scène traitée tour à tour par trois maîtres, Léonard de Vinci, Michel-Ange et Corrège. Il s'agit de leurs *Lédas*, vous connaissez au moins les trois estampes. — La Léda de Léonard est debout, pudique, les yeux bais-

---

1. Henri Heine, *Reisebilder*, I, 154.

sés, et les lignes sinueuses, serpentines de son beau corps, ondulent avec une élégance souveraine et raffinée ; par un geste d'époux, le cygne presque humain l'enveloppe de son aile, et les petits jumeaux qui éclosent à côté de lui ont l'œil oblique de l'oiseau ; nulle part le mystère des anciens jours, la profonde parenté de l'homme et de l'animal, le vague sentiment païen et philosophique de la vie une et universelle, ne s'est exprimé avec une recherche plus exquise et n'a montré les divinations d'un génie plus pénétrant et plus compréhensif. — Au contraire, la Léda de Michel-Ange est une reine de la race colossale et militante, une sœur de ces vierges sublimes qui, dans la chapelle des Médicis, dorment lassées ou s'éveillent douloureusement pour recommencer le combat de la vie ; son grand corps allongé a les mêmes muscles et la même structure : ses joues sont minces ; il n'y a pas en elle la moindre trace de joie ni d'abandon ; jusque dans un pareil moment, elle est sérieuse, presque sombre. L'âme tragique de Michel-Ange soulève ces puissants membres, redresse ce torse héroïque, et raidit ce regard fixe sous le sourcil froncé. — Le siècle tourne, et les sentiments virils font place aux sentiments féminins. La scène, dans Corrège, devient un bain de jeunes filles, sous les doux reflets verts des arbres et parmi les mouvements agiles de l'eau qui bruit et ruisselle. Il n'y a rien qui ne soit séduction et attrait ; le rêve heureux, la grâce suave, la volupté parfaite, n'ont jamais épanoui ni troublé l'âme par un langage plus pénétrant et plus vif. La beauté des corps et des têtes n'est point noble, mais engageante et caressante. Rondes et rieuses, elles ont l'éclat atiné, printanier, des fleurs illuminées par le soleil ; la fraîcheur de la plus fraîche adolescence affermit la blancheur délicate de leur chair imprégnée de lumière. Une, blonde, complaisante, avec un torse et une chevelure ambiguë de jeune garçon, écarte le cygne ; une, petite, mignonne, maligne, tient la chemise ; sa compagne y entre, et le tissu aérien qui l'effleure ne voilera pas les pleins contours de son beau corps ; d'autres, folâtres, au front petit, aux lèvres et au menton amples, jouent dans l'eau avec un abandon mutin ou tendre ; plus abandonnée encore, et contente de s'abandonner, Léda sourit, défaille ; et la sensation délicieuse, enivrante, qui s'est exhalée de toute la scène, arrive au comble dans son extase et dans sa pâmoison.

Laquelle préférer ? Et quel caractère est supérieur, la grâce charmante de la félicité débordante, la grandeur tragique de l'énergie hautaine, ou la profondeur de la sympathie intelligente et raffinée ? Tous correspondent à quelque portion essentielle de la nature humaine, ou à quelque moment essentiel du développement humain. Le bonheur et la tristesse, la raison saine et le rêve mysique, la force active ou la sensibilité fine, les hautes visée de l'esprit inquiet ou le large épanouissement de la joie animale, tous les grands partis pris à l'endroit de la vie ont une valeur. Des siècles et des peuples entiers se sont employés à les produire au jour ; ce que l'histoire a manifesté, l'art le résume, et, de même que les diverses créatures naturelles, quels que soient leur structure et leurs instincts, trouvent leur place dans le monde et leur explication dans la science, de même les diverses œuvres de l'imagination humaine, quel que soit le principe qui les anime et la direction qu'elles manifestent, trouvent leur justification dans la sympathie critique et leur place dans l'art.

II

Et cependant, dans le monde imaginaire comme dans le monde réel, il y a des rangs divers, parce qu'il y a des valeurs diverses. Le public et les connaisseurs assignent les uns et estiment les autres. Nous n'avons pas fait autre chose depuis cinq ans, en parcourant les écoles de l'Italie, des Pays-Bas et de la Grèce. Nous avons toujours, et à chaque pas, porté des jugements. Sans le savoir, nous avions en main un instrument de mesure. Les autres hommes font comme nous, et, en critique comme ailleurs, il y a des vérités acquises. Chacun reconnaît aujourd'hui que certains poètes, comme Dante et Shakespeare, certains compositeurs, comme Mozart et Beethoven, tiennent la première place dans leur art. On l'accorde à Gœthe entre tous les écrivains de notre siècle. Parmi les Flamands, nul ne la dispute à Rubens; parmi les Hollandais, à Rembrandt; parmi les Allemands, à Albert Dürer; parmi les Vénitiens, à Titien. Trois artistes de la renaissance italienne, Léonard de Vinci, Michel-Ange et Raphaël, montent, d'un consentement unanime, au-dessus de tous les autres. — En outre, ces jugements définitifs que la postérité prononce justifient leur autorité par la façon dont ils sont rendus. D'abord les contemporains de l'artiste se sont réunis pour le juger, et cette opinion, à laquelle tant d'esprits, de tempéraments et d'éducations différentes ont concouru, est considérable, parce que les insuffisances de chaque goût individuel ont été comblées par la diversité des autres goûts; les préjugés, en se combattant, se balancent, et cette compensation mutuelle et continue amène peu à peu l'opinion finale plus près de la vérité. Cela fait, un autre siècle a commencé, muni d'un esprit nouveau, puis, après celui-ci, un autre; chacun d'eux a revisé le procès pendant; chacun d'eux l'a revisé à son point de vue ; ce sont là autant de rectifications profondes et de confirmations puissantes. Quand l'œuvre, après avoir ainsi passé de tribunaux en tribunaux, en sort qualifiée de la même manière, et que les juges, échelonnés sur toute la ligne des siècles, s'accordent en un même arrêt, il est probable que la sentence est vraie; car, si l'œuvre n'était pas supérieure, elle n'aurait pas réuni des sympathies si différentes en un seul faisceau. Que si la limitation d'esprit propre aux époques et aux peuples les porte parfois, comme les individus, à mal juger et à mal comprendre, ici, comme pour les individus, les divergences redressées et les oscillations annulées les unes par les autres aboutissent par degrés à cet état de fixité et de certitude où l'opinion se trouve assez solidement et légitimement établie pour que nous puissions y acquiescer avec confiance et avec raison. — Enfin, par delà ces concordances du goût instinctif, les procédés modernes de la critique viennent ajouter l'autorité de la science à l'autorité du sens commun. Un critique sait maintenant que son goût personnel n'a pas de valeur, qu'il doit faire abstraction de son tempérament, de ses inclinations, de son parti, de ses intérêts, qu'avant tout son talent est la sympathie, que la première opération en histoire consiste à se mettre à la place des hommes que l'on veut juger, à entrer dans leurs instincts et dans leurs habitudes, à épouser leurs sentiments, à repenser leurs pensées, à reproduire en soi-même leur état intérieur, à se représenter minutieusement et corporellement leur milieu, à suivre par l'imagination les circonstances et les impressions qui, s'ajoutant à leur caractère inné, ont déterminé leur action et conduit leur vie. Un tel travail, en nous mettant au point de vue des artistes, nous permet de mieux les comprendre, et, comme il se compose d'analyses, il est, ainsi que toute opération scientifique, capable de vérification et de perfectionnement. En suivant cette méthode, nous avons pu approuver et désapprouver tel artiste, blâmer tel fragment et louer tel morceau dans la même œuvre, établir des valeurs, indiquer des progrès et des déviations, reconnaître des floraisons et des dégénérescences, non pas arbitrairement, mais d'après une règle commune. C'est cette règle secrète que je vais tâcher de dégager, de préciser et de prouver devant vous.

III

Considérons pour cela les diverses parties de la définition que nous avons obtenue. Rendre dominateur un caractère notable : voilà le but de l'œuvre d'art. C'est pourquoi, plus une œuvre se rapprochera de ce but, plus elle sera parfaite ; en d'autres termes, plus elle remplira exactement et complètement les conditions indiquées, plus elle sera haut placée dans l'échelle. Il y a deux de ces conditions ; il faut donc que le caractère soit le plus notable possible et le plus dominateur possible. Étudions de près ces deux obligations de l'artiste. — Pour abréger le travail, je n'examinerai que les arts d'imitation, la sculpture, la musique dramatique, la peinture et la littérature, principalement ces deux dernières. Cela suffira ; car vous connaissez le lien qui joint les arts qui imitent et les arts qui n'imitent pas[1]. Les uns et les autres cherchent à rendre dominateur quelque caractère notable. Les uns et les autres y arrivent en employant un ensemble de parties liées dont ils combinent ou modifient les rapports. La seule différence est que les arts d'imitation, la peinture, la sculpture et la poésie reproduisent des liaisons organiques et morales et font des œuvres correspondantes

---

[1]. Voir t. I, *De la nature de l'œuvre d'art.*

aux objets réels, tandis que les autres arts, la musique proprement dite et l'architecture, combinent des rapports mathématiques, pour créer des œuvres qui ne correspondent pas aux objets réels. Mais une symphonie, un temple, ainsi constitués, sont des êtres vivants comme un poème écrit ou une figure peinte ; car ils sont aussi des êtres organisés, dont toutes les parties sont mutuellement dépendantes et régies par un principe directeur ; ils ont aussi une physionomie, ils manifestent aussi une intention, ils parlent aussi par une expression ; ils aboutissent aussi à un effet. A tous ces titres, ils sont des créatures idéales du même ordre que les autres, soumises aux mêmes lois de formation comme aux mêmes règles de critique ; ils ne sont qu'un groupe distinct dans la classe totale, et, avec une restriction connue d'avance, les vérités que l'on trouve à côté d'eux s'appliquent à eux.

CHAPITRE II

LE DEGRÉ D'IMPORTANCE DU CARACTÈRE

I

Qu'est-ce donc qu'un caractère notable, et d'abord comment savoir, deux caractères étant donnés, si l'un est plus important que l'autre? Nous nous trouvons reportés par cette question dans le domaine des sciences; car il s'agit ici des êtres en eux-mêmes, et c'est justement l'affaire des sciences que d'évaluer les caractères dont les êtres sont composés. — Il nous faut faire une excursion dans l'histoire naturelle; je ne m'en excuse pas auprès de vous; si la matière paraît d'abord sèche et abstraite, il n'importe. La parenté qui lie l'art à la science est un honneur pour lui comme pour elle; c'est une gloire pour elle de fournir à la beauté ses principaux supports; c'est une gloire pour lui que d'appuyer ses plus hautes constructions sur la vérité.

Il y a cent ans environ que les sciences naturelles ont découvert la règle d'évaluation que nous allons leur emprunter; c'est le *principe de la subordination des caractères*; toutes les classifications de la botanique et de la zoologie ont été construites d'après lui, et son importance a été prouvée par des découvertes aussi inattendues que profondes. Dans une plante et dans un animal, certains caractères ont été reconnus comme plus importants que les autres; ce sont les *moins variables*; à ce titre, ils possèdent une force plus grande que celle des autres; car ils résistent mieux à l'attaque de toutes les circonstances intérieures ou extérieures qui peuvent les défaire ou les altérer. — Par exemple, dans une plante, la taille et la grandeur sont moins importantes que la structure; car, à l'intérieur, certains caractères accessoires, à l'extérieur, certaines conditions accessoires, font varier la grandeur et la taille sans altérer la structure. Le pois qui rampe à terre et l'acacia qui monte dans l'air sont des légumineuses très voisines; une tige de blé haute de trois pieds et un bambou haut de trente pieds sont des graminées parentes; la fougère, si petite en nos climats, devient un grand arbre sous les tropiques. — Pareillement encore, dans un vertébré, le nombre, la disposition et l'emploi des membres sont moins importants que la possession des mamelles. Il pourra être aquatique, terrestre, aérien, subir tous les changements que comporte le changement d'habitation, sans que pour cela la structure qui le rend capable d'allaiter soit altérée ou détruite. La chauve-souris et la baleine sont des mammifères comme le chien, le cheval et l'homme. Les puissances formatrices qui ont effilé les membres de la chauve-souris et changé ses mains en ailes, qui ont soudé, raccourci et presque effacé les membres postérieurs de la baleine, n'ont point eu de prise chez l'une ni chez l'autre sur l'organe qui donne au petit son aliment, et le mammifère volant, comme le mammifère nageant, restent frères du mammifère qui marche. — Il en est ainsi dans toute l'échelle des êtres et sur toute l'échelle des caractères. Telle disposition organique est un poids plus lourd que les forces capables d'ébranler des poids moindres ne parviennent pas à ébranler.

Par suite, lorsqu'une de ces masses s'ébranle, elle entraîne avec soi des masses proportionnées. En d'autres termes, un caractère amène et emmène avec lui des caractères d'autant plus invariables et plus importants qu'il est plus invariable et plus important lui-même. Par exemple, la présence de l'aile, étant un caractère fort subordonné, n'entraîne avec soi que des modifications légères, et reste sans effet sur la structure générale. Des animaux de classes différentes peuvent avoir des ailes; à côté des oiseaux sont des mammifères ailés comme la chauve-souris, des lézards ailés comme l'ancien ptérodactyle, des poissons volants comme les exocets. Même, la disposition qui rend un animal propre au vol est de si petite conséquence, qu'elle se rencontre jusque dans des embranchements différents; non seulement plusieurs vertébrés, mais encore beaucoup d'articulés ont des ailes; et, d'autre part, cette faculté est si peu importante, que tour à tour elle manque et se montre dans la même classe; cinq familles d'insectes volent, et la dernière, celle des aptères, ne vole pas. — Au contraire, la présence des mamelles, étant un caractère fort important, entraîne avec soi des modifications considérables et détermine dans ses principaux traits la structure de l'animal. Tous les mammifères appartiennent au même embranchement; on est forcément vertébré, dès que l'on est mammifère. Bien plus, la présence des mamelles amène toujours avec soi la circulation double, la viviparité, la circonscription des poumons par une plèvre, ce qui exclut tous les autres vertébrés, oiseaux, reptiles, amphibies et poissons. En général, lisez le nom d'une classe, d'une famille, d'une division quelconque des êtres naturels; ce nom, qui exprime le caractère essentiel, vous montre la disposition organique qu'on a choisie comme signe. Lisez alors les deux ou trois lignes qui suivent : vous y trouverez énumérée une série de caractères qui sont, pour le premier, des compagnons inséparables, et dont l'importance et le nombre mesurent la grandeur des masses qui viennent et s'en vont avec lui.

Si maintenant on cherche la raison qui donne à certains caractères une importance et une invariabilité supérieures, on la trouve d'ordinaire dans la considération suivante : dans un être vivant, il y a deux parties, les éléments et l'agencement; l'agencement est ultérieur, les éléments sont primitifs; on peut bouleverser l'agencement sans altérer les éléments : on ne peut altérer les éléments sans bouleverser l'agencement. On doit donc distinguer deux sortes de caractères, les uns profonds, intimes, originels, fondamentaux, ce sont ceux des éléments ou matériaux; les autres superficiels, extérieurs, dérivés, superposés, ce sont ceux de l'agencement ou arrangement. — Tel est le principe de la plus féconde théorie des sciences naturelles, celle des analogues, par laquelle Geoffroy Saint-Hilaire a expliqué la structure des animaux, et Gœthe la structure des plantes. Dans le squelette d'un animal, il faut démêler deux couches de caractères, l'une qui comprend les pièces anatomiques et leurs connexions, l'autre qui comprend leurs élongations, leurs raccourcissements, leurs soudures et leur adaptation à tel ou tel emploi. La première est primitive, la seconde est dérivée ; les mêmes articles avec les mêmes rapports se retrouvent dans le bras de l'homme, dans l'aile de la chauve-souris, dans le membre à colonne du cheval, dans la patte du chat, dans la nageoire de la baleine; ailleurs, chez l'orvet, chez le boa, des pièces devenues inutiles subsistent à l'état de vestiges, et ces rudiments conservés, comme cette unité de plan maintenue, témoignent de forces élémentaires que toutes les transformations ultérieures n'ont pu abolir. — De la même façon, on a constaté que, primitivement et par leur fonds, toutes les parties de la fleur sont des feuilles, et cette distinction de deux natures, l'une essentielle, l'autre accessoire, a expliqué des avortements, des monstruosités, des analogies aussi nombreuses qu'obscures, en opposant la trame intime du tissu vivant aux plis, aux sutures et aux broderies qui viennent la diversifier et la masquer. — De ces découvertes partielles est sortie une règle générale : c'est que, pour démêler le caractère le plus important, il faut considérer l'être à son origine ou dans ses matériaux, l'observer sous sa forme la plus simple, comme on le fait en embryogénie, ou noter les caractères distinctifs qui sont communs à ses éléments, comme on le fait dans l'anatomie et la physiologie générale. En effet, c'est d'après les caractères fournis par l'embryon, ou d'après le mode de développement commun à toutes les parties, que l'on ordonne aujourd'hui l'immense armée des plantes ; ces deux caractères sont d'une importance si haute, qu'ils s'entraînent mutuellement l'un l'autre et contribuent tous deux à établir la même classification. Selon que l'embryon est muni ou non de petites feuilles primitives, selon qu'il possède une ou deux de ces feuilles, il entre dans l'un des trois embranchements du règne végétal. S'il a deux de ces feuilles, sa tige est formée de couches concentriques et plus dure au centre qu'à la circonférence, sa racine est fournie par l'axe primaire, ses verticilles floraux se composent presque toujours de deux ou cinq pièces ou de leurs multiples. S'il n'a qu'une de ces feuilles, sa tige est formée de faisceaux disséminés et se trouve plus molle au centre qu'à la circonférence, sa racine est fournie par des axes secondaires, ses verticilles floraux se composent presque toujours de trois pièces ou de leurs multiples. — Des correspondances aussi générales et aussi stables se rencontrent dans le règne animal, et la conclusion qu'au bout de leur travail les sciences naturelles lèguent aux sciences morales, c'est que les caractères sont plus ou moins importants, selon qu'ils sont des forces plus ou moins grandes ; c'est que l'on trouve la mesure de leur force dans le degré de leur résistance à l'attaque; c'est que, partant, leur invariabilité plus ou moins grande leur assigne dans la hiérarchie leur place plus ou moins haute; c'est qu'enfin leur invariabilité est d'autant plus grande qu'ils constituent dans l'être une couche plus profonde et appartiennent, non à son agencement, mais à ses éléments.

II

Appliquons ce principe à l'homme, d'abord à l'homme moral et aux arts qui le prennent pour objet, c'est-à-dire à la musique dramatique, au roman, au théâtre, à l'épopée et, en général, à la littérature. Quel est ici l'ordre d'importance des caractères, et comment constater leurs divers degrés de variabilité ? — L'histoire nous fournit un moyen très sûr et très simple ; car les événements, en travaillant sur l'homme, altèrent en des proportions diverses les diverses couches d'idées et de sentiments qu'on remarque en lui. Le temps gratte et creuse sur nous, comme un piocheur sur le sol, et manifeste ainsi notre géologie morale ; sous son effort, nos terrains superposés s'en vont tour à tour, les uns plus vite et les autres plus lentement. Ses premiers coups de bêche raclent aisément un terrain meuble, une sorte d'alluvion molle et tout extérieure ; viennent ensuite des gravois mieux collés, des sables plus épais qui, pour disparaître, exigent un travail plus long. Plus bas s'étendent des calcaires, des marbres, des schistes étagés, tous résistants et compacts ; il faut des âges entiers de labeur continu, de tranchées profondes, d'explosions multipliées, pour en venir à bout. Plus bas encore s'enfonce en des lointains indéfinis le granit primitif, support du reste, et, si puissante que soit l'attaque des siècles, elle ne parvient pas à l'enlever tout entier.

A la surface de l'homme sont des mœurs, des idées, un genre d'esprit qui durent trois ou quatre ans; ce sont ceux de la mode et du moment. Un voyageur qui est allé en Amérique ou en Chine ne retrouve plus le même Paris qu'il avait quitté. Il se sent provincial et dépaysé; la plaisanterie a changé d'allures ; le vocabulaire des clubs et des petits théâtres est différent; l'élégant qui tient le haut du pavé n'a plus la même sorte d'élégance; il étale d'autres gilets et d'autres cravates : ses scandales et ses sottises font éclat dans un autre sens; son nom lui-même est nouveau; nous avons eu tour à tour le petit-maître, l'incroyable, le mirliflor, le dandy, le lion, le gandin, le cocodès et le petit crevé. Il suffit de quelques années pour balayer et remplacer le nom et la chose; les variations de la toilette mesurent les variations de ce genre d'esprit; de tous les caractères de l'homme, c'est le plus superficiel et le moins stable. — Au-dessous s'étend une couche de caractères un peu plus solides; elle dure vingt, trente, quarante ans, environ une demi-période historique. Nous venons d'en voir finir une, celle qui eut son centre aux alentours de 1830. Vous en trouverez le personnage régnant dans l'*Antony* d'Alexandre Dumas, dans les jeunes premiers du théâtre de Victor Hugo, dans les souvenirs et les récits de vos oncles et de vos pères. Il s'agit de l'homme à grandes passions et à rêves sombres, enthousiaste et lyrique, politique et révolté, humanitaire et novateur, volontiers poitrinaire, d'apparence fatale, avec ces gilets tragiques et cette chevelure à grand effet que montrent les estampes de Dévéria; aujourd'hui, il nous semble à la fois emphatique et naïf, mais nous ne pouvons nous empêcher de le trouver ardent et généreux. En somme, c'est le plébéien de race neuve, richement doué de facultés et de désirs, qui, pour la première fois, arrivé aux sommets du monde, étale avec fracas le trouble de son esprit et de son cœur. Ses sentiments et ses idées sont ceux d'une génération entière; c'est pourquoi il faut laisser passer une génération pour les voir disparaître. Telle est la seconde couche, et le temps que l'histoire met à l'emporter vous montre le degré de son importance, en vous montrant le degré de sa profondeur.

Nous voici arrivés aux couches du troisième ordre, celles-ci très vastes et très épaisses. Les caractères qui les composent durent pendant une période historique complète, comme le moyen âge, la Renaissance, ou l'époque classique. Une même forme d'esprit règne alors pendant un ou plusieurs siècles, et résiste aux frottements sourds, aux destructions violentes, à tous les coups de sape et de mine qui, pendant tout l'intervalle, l'attaquent incessamment. Nos grands-pères en ont vu disparaître une : c'est la période classique, qui a fini en politique avec la révolution de 1789, en littérature avec Delille et M. de Fontanes, en religion avec l'apparition de Joseph de Maistre et la chute du gallicanisme. Elle avait commencé en politique avec Richelieu, en littérature avec Malherbe, en religion par cette réforme pacifique et spontanée qui, au commencement du xviie siècle, renouvela le catholicisme français. Elle a subsisté près de deux siècles, et on peut la reconnaître à des signes sensibles. Au costume de cavalier et de bravache que portaient les raffinés de la Renaissance, succède le véritable habit de représentation, tel qu'il le faut pour des salons et pour une cour, la perruque, les canons, la rhingrave, le vêtement aisé qui s'accommode aux gestes mesurés et variés de l'homme du monde, les étoffes de soie brodées, dorées, ornées de dentelles, la parure agréable et majestueuse, faite pour des seigneurs qui veulent briller et cependant garder leur rang. A travers des variations continues et secondaires, ce costume dure jusqu'au moment où le pantalon, la botte républicaine et le sérieux habit noir utilitaire viennent remplacer les souliers à boucles, les bas de soie bien tirés, les jabots de dentelles, les gilets à fleurs, et l'habit rose, bleu tendre ou vert pomme de l'ancienne cour. Dans tout cet intervalle domine un caractère que l'Europe nous attribue encore, celui du Français poli, galant, expert dans l'art de ménager autrui, beau diseur, modelé à distance plus ou moins grande sur le courtisan de Versailles, fidèle au style noble et à toutes les convenances monarchiques de langage et de façons. Un groupe de doctrines et de sentiments s'y adjoint ou en dérive; la religion, l'État, la philosophie, l'amour, la famille, reçoivent alors l'empreinte du caractère régnant, et cet ensemble de dispositions morales constitue un des grands types que conservera toujours la mémoire humaine, parce qu'elle reconnaît en lui une des formes principales du développement humain.

Si fermes et stables que soient ces types, ils finissent. Nous voyons, depuis quatre-vingts ans, le Français, engagé dans le régime démocratique, perdre une portion de sa politesse, la plus grande partie de sa galanterie, échauffer, diversifier et altérer son style, entendre d'une façon nouvelle tous les grands intérêts de la société et de l'esprit. Un peuple, dans le cours de sa longue vie, traverse plusieurs renouvellements semblables, et pourtant il reste lui-même, non seulement par la continuité des générations qui le composent, mais encore par la persistance du caractère qui le fonde. En cela consiste la couche primitive; par-dessous les puissantes assises que les périodes historiques emportent, plonge et s'étend une assise bien plus puissante que les périodes historiques n'emportent pas. — Considérez tour à tour les grands peuples depuis leur apparition jusqu'à l'époque présente; toujours vous trouverez en eux un groupe d'instincts et d'aptitudes sur lesquels les révolutions, les décadences, la civilisation, ont passé sans avoir prise. Ces aptitudes et ces instincts sont dans le sang et se transmettent avec lui; il faut, pour les altérer, une altération du sang, c'est-à-dire une invasion, une conquête à demeure, et, partant, des croisements de race, ou tout au moins un changement du milieu physique, c'est-à-dire une émigration et la lente impression d'un nouveau climat; bref, une transformation du tempérament et de la structure corporelle. Quand, dans le même pays, le sang reste à peu près pur, le même fonds d'âme et d'esprit qui s'est montré dans les premiers grands-pères se retrouve dans les derniers petits-enfants. — L'Achéen d'Homère, le héros disert et bavard qui, sur le champ de bataille, raconte des généalogies et des histoires à son adversaire avant de lui donner des coups de lance, est en somme le même que l'Athénien d'Euripide, philosophe, sophiste, ergoteur, qui débite en plein théâtre des sentences d'école et des plaidoiries d'agora ; on le revoit plus tard dans le *Græculus* dilettante, complaisant, parasite de la domination romaine, dans le critique bibliophile d'Alexandrie, dans le théologien disputeur du Bas-Empire ; les Jean Cantacuzène et les raisonneurs qui s'entêtaient sur la lumière incréée du mont Athos sont les vrais fils de Nestor et d'Ulysse ; à travers vingt-cinq siècles de civilisation et de décadence, persiste le même don de parole, d'analyse, de dialectique et de subtilité. — Pareillement, l'Anglo-Saxon, tel qu'on le démêle à travers les mœurs, les lois civiles et les vieilles poésies de l'époque barbare, sorte de brute féroce, carnivore et militante, mais héroïque et munie des plus nobles instincts moraux et poétiques, reparaît, après les cinq cents ans de conquête normande et d'importations françaises, dans le théâtre passionné et imaginatif de la Renaissance, dans la brutalité et le dévergondage de la Restauration, dans le sombre et austère puritanisme de la Révolution, dans la fondation de la liberté politique et le triomphe de la littérature morale, dans l'énergie, l'orgueil, la tristesse, l'élévation des habitudes et des maximes qui, en Angleterre, soutiennent aujourd'hui le travailleur et le citoyen. — Regardez l'Espagnol que décrivent Strabon et les historiens latins, solitaire, hautain, indomptable, vêtu de noir, et voyez-le plus tard, au moyen âge, le même dans ses principaux traits, quoique les Wisigoths aient apporté un peu de sang nouveau dans ses veines, aussi obstiné, aussi intraitable et aussi superbe, acculé à la mer par les Maures et regagnant pied à pied tout son pays par une croisade de huit siècles, encore exalté et raidi par la longueur et la monotonie de la lutte, fanatique et borné, enfermé dans des mœurs d'inquisiteur et de chevalier, le même au temps du Cid, sous Philippe II, sous Charles II, dans la guerre de 1700, dans la guerre de 1808, et dans chaos de despotisme et d'insurrections qu'il supporte aujourd'hui. — Considérez enfin les Gaulois nos ancêtres : les Romains disaient à leur propos qu'ils se piquaient de deux choses : bravement combattre, et finement parler [1]. Ce sont là, en effet, les grands dons naturels qui éclatent le plus dans nos œuvres et dans notre histoire : d'un côté, l'esprit militaire, le courage éclatant et parfois fou ; d'autre part le talent littéraire, l'agrément de la conversation et la délicatesse du style. Sitôt que notre langue est formée, au XIIe siècle, le Français gai, malin, qui veut s'amuser et amuser autrui, qui parle aisément et trop, qui sait parler aux femmes, qui aime à briller, qui s'expose par bravade et aussi par

---

1. Duas res industriosissime persequitur gens Gallorum, rem militarem et argute loqui.

élan, très sensible à l'idée de l'honneur, moins sensible à l'idée du devoir, apparaît dans la littérature et dans les mœurs. Les chansons de geste et les fabliaux, le *Roman de la rose*, Charles d'Orléans, Joinville et Froissart, vous le montrent tel que vous le reverrez plus tard dans Villon, Brantôme et Rabelais, tel qu'il sera au temps de son plus grand éclat, au temps de La Fontaine, Molière et Voltaire, dans les charmants salons du xviiie siècle, et jusqu'au siècle de Béranger. — Il en est ainsi pour chaque peuple ; il suffit de comparer une époque de son histoire à l'époque contemporaine d'une autre histoire, pour retrouver sous des altérations secondaires le fond national toujours intact et persistant.

Voilà le granit primitif ; il dure une vie de peuple et sert d'assise aux couches successives que les périodes successives viennent déposer à la surface. — Si vous cherchiez plus bas, vous trouveriez encore des fondements plus profonds ; là sont des strates obscures et gigantesques que la linguistique commence à mettre à nu. Par-dessous les caractères des peuples sont les caractères des races. Certains traits généraux accusent de vieilles parentés entre des nations de génie différent ; les Latins, les Grecs, les Germains, les Slaves, les Celtes, les Persans, les Hindous, sont des rejetons de la même souche ancienne ; ni les migrations, ni les croisements, ni les transformations du tempérament n'ont pu entamer en eux certaines aptitudes philosophiques et sociales, certaines manières générales de concevoir la morale, de comprendre la nature, d'exprimer la pensée. D'autre part, ces traits fondamentaux qui leur sont communs à tous ne se rencontrent pas dans une race différente, comme le Sémite et le Chinois ; ceux-ci en ont d'autres et du même ordre. Les différentes races sont entre elles, au moral, comme un vertébré, un articulé, un mollusque sont entre eux, au physique ; ce sont des êtres construits sur des plans distincts et qui appartiennent à des embranchements distincts. — Enfin, au plus bas étage, se trouvent les caractères propres à toute race supérieure et capable de civilisation spontanée, c'est-à-dire douée de cette aptitude aux idées générales qui est l'apanage de l'homme et le conduit à fonder des sociétés, des religions, des philosophies et des arts ; de pareilles dispositions subsistent à travers toutes les différences de race, et les diversités physiologiques qui maîtrisent le reste ne parviennent pas à les entamer.

Tel est l'ordre dans lequel se superposent les couches de sentiments, d'idées, d'aptitudes et d'instincts qui composent une âme humaine. Vous voyez comment, en descendant des supérieures aux inférieures, on les trouve toujours plus épaisses, et comment leur importance se mesure à leur stabilité. La règle que nous avons empruntée aux sciences naturelles trouve ici tout son emploi et se vérifie dans toutes ses suites. Car les caractères les plus stables sont, en histoire comme en histoire naturelle, les plus élémentaires, les plus intimes et les plus généraux. — Dans l'individu psychologique comme dans l'individu organique, il faut distinguer les caractères primitifs et les caractères ultérieurs, les éléments qui sont primordiaux et leur agencement qui est dérivé. Or un caractère est élémentaire, lorsqu'il est commun à toutes les démarches de l'intelligence : telle est l'aptitude à penser par images brusques ou par longues files d'idées exactement enchaînées ; elle n'est pas propre à certaines démarches particulières de l'intelligence ; elle établit son empire sur toutes les provinces de la pensée humaine et exerce son action sur toutes les productions de l'esprit humain; sitôt que l'homme raisonne, imagine et parle, elle est présente et commandante ; elle le pousse en un certain sens, elle lui barre certaines issues. Il en est ainsi des autres. Ainsi, plus un caractère est élémentaire, plus son ascendant est étendu. — Mais, plus son ascendant est étendu, plus il est stable. Ce sont des situations déjà fort générales et, partant, des dispositions non moins générales, qui déterminent les périodes historiques et leur personnage régnant, le plébéien dévoyé et inassouvi de notre siècle, le seigneur courtisan et homme de salon de l'âge classique, le baron solitaire et indépendant du moyen âge. Ce sont des caractères bien plus intimes et tous liés au tempérament physique qui constituent les génies nationaux : en Espagne, le besoin de la sensation âpre et poignante et la détente terrible de l'imagination exaltée et concentrée ; en France, le besoin des idées nettes et contiguës et la démarche aisée de la raison agile. Ce sont les dispositions les plus élémentaires, c'est la langue munie ou dépourvue de grammaire, c'est la phrase capable ou incapable de période, c'est la pensée, tantôt réduite à une sèche notation algébrique, tantôt flexible, poétique et nuancée, tantôt passionnée, âpre et d'explosion violente, qui constituent les races, le Chinois, l'Aryen et le Sémite. Ici, comme dans l'histoire naturelle, il faut regarder l'embryon de l'esprit naissant pour y démêler les traits distinctifs de l'esprit développé et complet ; les caractères de l'âge primitif sont les plus significatifs de tous ; d'après la structure de la langue et l'espèce des mythes, on entrevoit la forme future de la religion, de la philosophie de la société et de l'art, comme d'après la présence, l'absence ou le nombre des cotylédons, on devine l'embranchement auquel appartient la plante et les traits principaux de son type. — Vous voyez que, dans le règne humain et dans le règne animal ou végétal, le principe de la subordination des caractères établit la même hiérarchie ; le rang supérieur et l'importance première appartiennent aux caractères les plus stables ; et, si ceux-ci sont plus stables, c'est qu'étant plus élémentaires ils sont présents sur une plus grande surface et ne sont emportés que par une plus grande révolution.

III

A cette échelle des valeurs morales correspond, échelon par échelon, l'échelle des valeurs littéraires. Toutes choses égales d'ailleurs, selon que le caractère mis en relief par un livre est plus ou moins important, c'est-à-dire plus ou moins élémentaire et stable, ce livre est plus ou moins beau, et vous allez voir les couches de géologie morale communiquer aux œuvres littéraires qui les expriment leur degré propre de puissance et de durée.

Il y a d'abord une littérature de mode qui exprime le caractère à la mode; elle dure comme lui trois ou quatre ans, quelquefois moins; d'ordinaire elle pousse et tombe avec les feuilles de l'année : c'est la romance, la farce, la brochure, la nouvelle en vogue. Lisez, si vous en avez le courage, un vaudeville ou une facétie de 1835, la pièce vous tombera des mains. Souvent on essaye d'en remettre une au théâtre; il y a vingt ans, elle faisait fureur; aujourd'hui les spectateurs bâillent et elle disparaît bien vite de l'affiche. Telle romance qu'on chantait sur tous les pianos est devenue ridicule; on la trouve fade et fausse; tout au plus, vous la rencontrerez dans une province éloignée et arriérée; elle exprimait quelqu'un de ces sentiments éphémères qu'une faible variation des mœurs suffit pour emporter ; la voilà démodée, et nous nous étonnons d'avoir pris plaisir à des sottises. C'est ainsi que, parmi les écrits innombrables qui s'étalent au jour, le temps fait son triage ; avec les caractères superficiels et peu tenaces, il enlève les œuvres qui les exprimaient.

D'autres œuvres correspondent à des caractères un peu plus durables, et semblent des chefs-d'œuvre à la génération qui les lit. Telle fut cette *Astrée* si célèbre que composa d'Urfé au commencement du xviie siècle, roman pastoral, infiniment long, encore plus fade, berceau de feuillage et de fleurs où les hommes, lassés par les meurtres et le brigandage des guerres religieuses, vinrent écouter les soupirs et les délicatesses de Céladon. Tels furent ces romans de mademoiselle de Scudéry, *le Grand Cyrus, la Clélie*, où la galanterie exagérée, raffinée et compassée, introduite en France par les reines espagnoles, les dissertations nobles de la langue nouvelle, les subtilités du cœur et le cérémonial de la politesse s'étalèrent comme les robes majestueuses et les révérences raides de l'hôtel de Rambouillet. Quantité d'œuvres ont eu ce genre de mérite et ne sont plus aujourd'hui que des documents d'histoire : par exemple, l'*Euphues* de Lyly, l'*Adone* de Marini, l'*Hudibras* de Butler, les pastorales bibliques de Gessner. Nous ne manquons point aujourd'hui de pareils écrits, mais j'aime mieux ne pas les citer ; remarquez seulement que vers 1806 « M. Esménard tenait à Paris l'état de « grand homme[1] », et comptez tant d'œuvres qui ont

---
1. Mot de Stendhal

paru sublimes au début de la révolution littéraire dont nous voyons aujourd'hui la fin : *Atala*, le *Dernier des Abencérages*, les *Natchez*, et plusieurs personnages de madame de Staël et de lord Byron. A présent le premier stade de la carrière a été franchi, et, de la distance où nous sommes, nous démêlons sans peine l'emphase et l'affectation que les contemporains ne voyaient pas. La célèbre élégie de Millevoye sur la *Chute des feuilles* nous laisse aussi froids que les *Messéniennes* de Casimir Delavigne ; c'est que les deux œuvres, demi-classiques et demi-romantiques, convenaient par leur caractère mixte à une génération placée sur la frontière de deux périodes, et leur succès a eu justement la durée du caractère moral qu'elles manifestaient.

Plusieurs cas très remarquables montrent, avec une évidence parfaite, comment la valeur de l'œuvre croît et décroit avec la valeur du caractère exprimé. Il semble qu'ici la nature ait, de dessein prémédité, institué l'expérience et la contre-expérience. On peut citer des écrivains qui, parmi vingt ouvrages secondaires, ont laissé un ouvrage de premier ordre. Dans l'un et l'autre cas, le talent, l'éducation, la préparation, l'effort, tout était pareil ; cependant, dans le premier, il est sorti du creuset une œuvre ordinaire ; dans le second, un chef-d'œuvre a paru au jour. C'est que, dans le premier cas, l'écrivain n'avait exprimé que des caractères superficiels et éphémères, tandis que, dans le second, il a saisi des caractères durables et profonds. Lesage a écrit douze volumes de romans imités de l'espagnol, et l'abbé Prévost vingt volumes de nouvelles tragiques ou touchantes; les curieux seuls vont les chercher, mais tout le monde a lu *Gil Blas* et *Manon Lescaut*. C'est que, deux fois, une chance heureuse a mis sous la main de l'artiste un type stable dont chacun retrouve les traits dans la société qui l'entoure ou dans les sentiments de son propre cœur. Gil Blas est un bourgeois muni de l'éducation classique, ayant traversé les différentes conditions de la société et fait fortune, de conscience assez large, un peu valet pendant toute sa vie, « un peu *picaro* » dans sa jeunesse, s'accommodant à la morale du monde, point du tout stoïcien, encore moins patriote, attrapant sa part du gâteau, et mordant à belles dents dans le gâteau public, mais gai, sympathique, point hypocrite, capable de se juger à l'occasion, ayant des retours de probité, avec un fonds d'honneur et de bonté, et finissant par la vie rangée et honnête. Un pareil caractère, moyen en toutes choses, une pareille destinée, si mélangée et traversée, se rencontrent aujourd'hui et se rencontreront demain comme au xviiie siècle. Pareillement, dans *Manon Lescaut*, la courtisane qui est bonne fille, immorale par le besoin du luxe, mais affectueuse par instinct, capable à la fin de payer d'un amour égal l'amour absolu qui pour elle a fait tous les sacrifices, est un type si visiblement durable que George Sand dans *Leone Leoni*, et Victor Hugo dans *Marion Delorme*, l'ont repris pour le mettre en scène, en retournant les rôles ou en changeant le moment. — De Foe a écrit deux cents volumes et Cervantès je ne sais combien de drames et de nouvelles, l'un avec la vraisemblance de détails, la minutie, l'exactitude sèche d'un puritain homme d'affaires, l'autre avec l'invention, le brillant, l'insuffisance, la générosité d'un Espagnol aventurier et chevalier : il reste de l'un *Robinson Crusoé* et de l'autre *Don Quichotte*. C'est que Robinson est d'abord le véritable Anglais, tout pétri des profonds instincts de sa race encore visibles dans le matelot et le squatter de son pays, violent et raide dans ses résolutions, protestant et biblique de cœur, avec ces sourdes fermentations d'imagination et de conscience qui amènent la crise de la conversion et de la grâce, énergique, obstiné, patient, infatigable, né pour le travail, capable de défricher et de coloniser des continents ; c'est que le même personnage, outre le caractère national, offre aux yeux la plus grande épreuve de la vie humaine et l'abrégé de toute l'invention humaine, en montrant l'individu arraché à la société civilisée et contraint de retrouver, par son effort solitaire, tant d'arts et tant d'industries dont les bienfaits nous entourent, comme l'eau entoure un poisson, à toute heure et à notre insu. — Pareillement, dans *Don Quichotte*, vous voyez d'abord l'Espagnol chevaleresque et malade d'esprit, tel que huit siècles de croisades et de rêves exagérés l'avaient fait, mais en outre un des personnages éternels de l'histoire humaine, l'idéaliste héroïque, sublime, songe-creux, maigre et battu ; et tout en regard, pour fortifier l'impression, le lourdaud sensé, positiviste, vulgaire et gras. — Vous citerai-je encore un de ces personnages immortels dans lesquels une race et une époque se reconnaissent, et dont le nom devient un des mots courants de la langue, le Figaro de Beaumarchais, sorte de Gil Blas plus nerveux et plus révolutionnaire que l'autre? Et pourtant l'auteur n'était qu'un homme de talent; il était trop pétillant d'esprit pour créer, comme Molière, des âmes vivantes; mais un jour, se peignant lui-même avec sa gaieté, ses expédients, ses irrévérences, ses reparties, son courage, sa bonté foncière, sa verve inépuisable, il a peint, sans le vouloir, le portrait du vrai Français, et son talent s'est élevé jusqu'au génie. — La contre-épreuve a été faite, et il y a des cas où le génie est descendu jusqu'au talent. Tel écrivain, qui sait dresser en pied et faire mouvoir les plus grands personnages, laisse, dans son peuple de figures, un groupe de créatures non viables, qui, au bout d'un siècle, semblent mortes ou choquantes, que le ridicule atteint, dont tout l'intérêt est pour les antiquaires et les historiens. Par exemple les amoureux de Racine sont des marquis; pour tout caractère, ils ont de bonnes façons; l'auteur arrangeait leurs sentiments pour ne pas déplaire aux « petits maîtres »; il les faisait galants; entre ses mains, ils devenaient des poupées de cour; encore aujourd'hui, les étrangers, même instruits, ne peuvent supporter M. Hippolyte et M. Xipharès. — Pareillement, dans Shakespeare, les clowns n'amusent plus et les jeunes gentilshommes paraissent extravagants; il faut être critique et curieux de profession pour se mettre au point de vue; leurs jeux de mots rebutent; leurs métaphores sont inintelligibles; leur galimatias prétentieux est une convention du xvie siècle, comme la tirade épurée est une bienséance du xviie siècle. Ce sont là aussi des personnages de mode; le dehors et l'effet du moment sont si prédominants en eux que le reste disparaît. — Vous voyez, par cette double expérience, l'importance des caractères profonds et durables, puisque leur manque rabaisse au second rang une œuvre de grand homme, et que leur présence élève l'œuvre d'un talent moindre au premier rang.

C'est pourquoi, si l'on parcourt les grandes œuvres littéraires, on trouvera que toutes manifestent un caractère profond et durable, et que leur place est d'autant plus haute que ce caractère est plus durable et plus profond. Elles sont des résumés qui présentent à l'esprit, sous une forme sensible, tantôt les traits principaux d'une période historique, tantôt les instincts et les facultés primordiales d'une race, tantôt quelque fragment de l'homme universel et ces forces psychologiques élémentaires qui sont les dernières raisons des événements humains. — Nous n'avons pas besoin, pour nous en convaincre, de passer en revue les diverses littératures. Il vous suffira de remarquer l'emploi que l'on fait aujourd'hui des œuvres littéraires en histoire. C'est par elles que l'on supplée à l'insuffisance des mémoires, des constitutions et des pièces diplomatiques; elles nous montrent, avec une clarté et une précision étonnantes, les sentiments des diverses époques, les instincts et les aptitudes des diverses races, tous les grands ressorts cachés dont l'équilibre maintient les sociétés et dont le désaccord amène les révolutions. — L'histoire positive et la chronologie de l'Inde ancienne sont presque nulles; mais ses poèmes héroïques et sacrés nous restent, et nous y voyons son âme à nu, je veux dire l'espèce et l'état de son imagination, l'énormité et la liaison de ses rêves, la profondeur et le trouble de ses divinations philosophiques, le principe intérieur de sa religion et de ses institutions. — Considérez l'Espagne à la fin du xvie siècle et au commencement du xviie; si vous lisez Lazarillo de Tomès et les romans picaresques, si vous étudiez le théâtre de Lope, de Calderon et des autres dramatistes, vous verrez surgir devant vous deux figures vivantes, le gueux et le cavalier, qui vous montreront toutes les misères, toutes les grandeurs et toute la folie de cette étrange civilisation. — Plus l'œuvre est belle, plus les caractères qu'elle manifeste sont intimes. On pourrait extraire de Racine tout le système de sentiments monarchiques de notre xviie siècle, le portrait du roi, de la reine, des enfants de France, des courtisans nobles, des dames d'honneur et des prélats, toutes les idées maîtresses du temps, fidélité féodale, honneur chevaleresque, sujétion d'antichambre, politesse de palais, dévouement de sujet et de domestique, perfection des manières, empire et tyrannie des bienséances, délicatesses artificielles et naturelles de langage, de cœur, de christianisme et de morale, bref les habitudes et les sentiments qui composent les principaux traits de l'ancien régime. — Nos deux grandes épopées modernes, la *Divine comédie* et *Faust*, sont l'abrégé des deux grandes époques de l'histoire européenne. L'une montre la façon dont le moyen âge a envisagé la vie, l'autre montre la façon dont nous l'envisageons. L'une et l'autre expriment la plus haute vérité que deux esprits souverains, chacun dans leur temps, aient atteinte. Le poème de Dante est la peinture de l'homme qui, ravi hors de ce monde éphémère, parcourt le monde surnaturel, seul définitif et subsistant; il y monte conduit par deux puissances, l'amour exalté, qui est alors le roi de la vie humaine, et la théologie exacte, qui est alors la reine de la pensée spéculative; son rêve, tour à tour horrible et sublime, est l'hallucination mystique, qui semble alors l'état parfait de l'esprit humain. Le poème de Gœthe est la peinture de l'homme qui, promené à travers la science et la vie, s'y meurtrit, s'en dégoûte, erre et tâtonne, s'établit enfin avec résignation dans l'action pratique, sans que jamais, parmi tant d'expériences douloureuses et de curiosités inassouvies, il cesse d'entrevoir, sous son voile légendaire, ce royaume supérieur des formes idéales et des forces incorporelles au seuil duquel la pensée s'arrête et que les divinations du cœur peuvent seules pénétrer. — Entre tant d'œuvres accomplies qui manifestent le caractère essentiel d'une époque ou d'une race, il en est qui, par une rencontre rare, expriment en outre quelque sentiment, quelque type commun à presque tous les groupes de l'humanité; tels sont les *Psaumes* hébreux, qui mettent l'homme monothéiste en face du Dieu tout-puissant, roi et justicier ; l'*Imitation*, qui montre l'entretien de l'âme tendre avec le Dieu affectueux et consolateur ; les poèmes d'Homère et les *Dialogues* de Platon, qui représentent la jeunesse héroïque de l'homme agissant ou la charmante adolescence de l'homme pensant ; presque toute cette littérature grecque, qui eut le privilège de représenter les sentiments sains et simples ; Shakespeare enfin, le plus grand des créateurs d'âmes, le plus profond des observateurs de l'homme, le plus clairvoyant de tous ceux qui ont compris le mécanisme des passions humaines, les fermentations sourdes et les explosions violentes de la cervelle imaginative, les détraquements imprévus de l'équilibre intérieur, les tyrannies de la chair et du sang, les fatalités du caractère et les causes obscures de notre folie ou de notre raison. *Don Quichotte, Candide, Robinson Crusoé*, sont des livres d'une portée pareille. Les œuvres de cette espèce survivent au siècle et au peuple qui les ont produites. Elles débordent au delà des limites ordinaires du temps et de l'espace ; partout où se trouve un esprit qui pense, elles sont comprises ; leur popularité est indestructible et leur durée indéfinie. Dernière preuve de la correspondance qui lie les valeurs morales aux valeurs littéraires, et du principe qui ordonne les œuvres d'art au-dessous ou au-dessus les unes des autres, suivant l'importance, la stabilité, la profondeur du caractère historique ou psychologique qu'elles ont exprimé.

IV

Il nous reste à construire une échelle semblable pour l'homme physique et pour les arts qui le représentent, j'entends la sculpture et notamment la peinture ; selon la même méthode, nous chercherons d'abord quels sont, dans l'homme physique, les caractères les plus stables, puisque ce sont les plus importants.

Il est clair d'abord que l'habit à la mode est un caractère fort secondaire ; il change tous les deux ans, ou tout au moins tous les dix ans. Il en est de même du vêtement pris en général ; c'est un dehors et un décor ; on peut l'ôter en un tour de main ; l'essentiel, dans le corps vivant, c'est le corps vivant lui-même : le reste est accessoire et artificiel. — D'autres caractères, qui, cette fois, appartiennent au corps lui-même, sont aussi d'importance médiocre ; ce sont les particularités de profession et de métier. Un forgeron a d'autres bras qu'un avocat ; un officier marche autrement qu'un prêtre ; un villageois qui travaille tout le jour a d'autres muscles, une autre couleur de peau, une autre courbure d'échine, un autre plissement de front, une autre allure qu'un homme de la ville, enfermé dans ses salons ou dans ses bureaux. Sans doute ces caractères ont une certaine solidité ; l'homme les garde toute sa vie ; une fois contracté, le pli persiste ; mais un accident très léger a suffi pour les produire, et un autre accident non moins léger eût suffi pour les ôter. Ils ont pour unique cause un hasard de naissance et d'éducation; changez l'homme de condition et de milieu, vous trouverez en lui des particularités contraires; le citadin élevé en paysan aura la tournure d'un paysan, et le paysan élevé en citadin la tournure d'un citadin. La marque d'origine, qui subsistera après trente ans d'éducation, ne sera visible, si elle subsiste, qu'au psychologue et au moraliste; le corps n'en gardera que des traits imperceptibles, et les caractères intimes et stables, qui sont son essence, composent une couche bien plus profonde, que ces causes passagères n'atteignent pas.

D'autres influences qui sont prépondérantes sur l'âme ne laissent qu'une faible empreinte sur le corps; je veux parler des époques historiques. Le système des idées et des sentiments qui occupaient une tête humaine sous Louis XIV était tout autre qu'aujourd'hui, mais la charpente corporelle ne différait guère; tout au plus, en consultant les portraits, les statues et les estampes, vous pouvez découvrir alors une habitude plus grande des attitudes mesurées et nobles. Ce qui varie le plus, c'est le visage; une figure de la Renaissance, telle que nous la voyons dans les portraits du Bronzino ou de Van Dyck, est plus énergique et plus simple qu'une figure moderne; depuis trois siècles, la multitude des idées nuancées et changeantes dont nous sommes remplis, la complication de nos goûts, l'inquiétude fiévreuse de la pensée, l'exagération de la vie cérébrale, la tyrannie du travail continu, ont affiné, troublé et tourmenté l'expression et le regard. Enfin, si l'on prend des périodes longues, on pourra découvrir une certaine altération de la tête elle-même; les physiologistes qui ont mesuré des crânes du xiie siècle leur ont trouvé une capacité moindre qu'aux nôtres. Mais l'histoire, qui tient un registre si exact des variations morales, ne constate qu'en bloc et très imparfaitement les variations physiques. C'est que la même altération de l'animal humain, énorme au moral, est très mince au physique; une imperceptible modification du cerveau fait un fou, un imbécile ou un homme de génie; une révolution sociale, qui, au bout de deux ou trois siècles, renouvelle tous les ressorts de l'esprit et de la volonté, ne fait qu'effleurer les organes, et l'histoire, qui nous fournit les moyens de subordonner les uns aux autres les caractères de l'âme, ne nous fournit pas les moyens de subordonner les uns aux autres les caractères du corps.

Il nous faut donc prendre une autre voie, et, ici encore, c'est le principe de subordination des caractères qui nous conduit. Vous avez vu que lorsqu'un caractère est plus stable, c'est qu'il est plus élémentaire; sa durée a pour cause sa profondeur. Cherchons donc dans le corps vivant les caractères propres aux éléments, et pour cela rappelez-vous un modèle tel que vous en avez sous les yeux dans vos salles d'étude. Voilà un homme nu; qu'y a-t-il de commun dans toutes les portions de cette surface animée? Quel est l'élément qui, répété et diversifié, se trouve dans chaque fragment de l'ensemble? — Au point de vue de la forme, c'est un os muni de tendons et revêtu de muscles, ici l'omoplate et la clavicule, là le fémur et l'os des hanches; plus haut, la colonne des vertèbres et le crâne, chacun avec ses articulations, ses creux, ses saillies, son aptitude à servir de point d'appui ou de levier, et ces torsades de chair rétractiles qui tour à tour se relâchent et se tendent, pour lui communiquer ses différentes positions et ses divers mouvements. Un squelette articulé et un revêtement de muscles, tous logiquement enchaînés, superbe et savante machine d'action et d'effort : voilà le fond de l'homme visible. Si maintenant vous tenez compte, en le considérant, des modifications que la race, le climat et le tempérament y introduisent, mollesse ou dureté des muscles, proportions diverses des parties, élancement ou rentassement de la taille et des membres, vous aurez en main toute la charpente intime du corps, telle que la saisit la sculpture ou le dessin — Sur l'écorché s'étend une seconde enveloppe, commune aussi à toutes les parties, la peau à papilles frémissantes, vaguement bleuie par le lacis des petites veines, vaguement jaunie par l'affleurement des gaines tendineuses, vaguement rougie par l'afflux du sang, nacrée au contact des aponévroses, tantôt lisse et tantôt striée, d'une richesse et d'une variété incomparables de tons, lumineuse dans l'ombre, toute palpitante à la lumière, trahissant, par sa sensibilité nerveuse, les délicatesses de la pulpe molle et le renouvellement de la chair coulante dont elle est le voile transparent. Si, outre cela, vous remarquez les diversités que la race, le climat, le tempérament y apportent; si vous notez comment, chez le lymphatique, le bilieux ou le sanguin, elle se trouve tantôt tendre, flasque, rosée, blanche, blafarde, tantôt ferme, consistante, ambrée, ferrugineuse, vous tiendrez le second élément de la vie visible, celui qui est le domaine du peintre et que le coloriste seul peut exprimer. Ce sont là les caractères intimes et profonds de l'homme physique, et je n'ai pas besoin de montrer qu'ils sont stables, puisqu'ils sont inséparables de l'individu vivant.

V

A cette échelle de valeurs physiques correspond, échelon par échelon, une échelle de valeurs plastiques. Toutes choses égales d'ailleurs, selon que le caractère mis en lumière par un tableau ou une statue est plus ou moins important, ce tableau et cette statue sont plus ou moins beaux. C'est pourquoi, au plus bas rang, vous trouvez ces dessins, ces aquarelles, ces pastels, ces statuettes qui, dans l'homme, peignent, non pas l'homme, mais le vêtement, surtout le vêtement du jour. Les *Revues* illustrées en sont pleines; ce sont presque des gravures de mode; le costume s'y étale dans toutes ses exagérations : tailles de guêpe, jupes monstrueuses, coiffures surchargées et fantastiques; l'artiste ne tient pas compte de la déformation du corps humain; ce qui lui plait, c'est l'élégance du moment, le luisant des étoffes, la correction des gants, la perfection du chignon. A côté des journalistes de la plume, il est le journaliste du crayon; il peut avoir beaucoup de talent et d'esprit, mais il ne s'adresse qu'à un goût passager; dans vingt ans, ses habits seront démodés. Beaucoup d'esquisses de ce genre qui, en 1830, étaient vivantes, ne sont plus aujourd'hui qu'historiques ou grotesques. Nombre de portraits, dans nos expositions annuelles, ne sont que le portrait d'une robe, et, à côté des peintres de l'homme, il y a les peintres de la moire antique et du satin.

D'autres peintres, quoique supérieurs à ceux-ci, restent encore sur les degrés inférieurs de l'art ; ou plutôt, ils ont du talent à côté de leur art ; ce sont des observateurs dépaysés, nés pour faire des romans et des études de mœurs, et qui, au lieu d'une plume, ont un pinceau à la main. Ce qui les frappe, ce sont les particularités de métier, de profession, d'éducation, l'empreinte du vice ou de la vertu, de la passion ou de l'habitude ; Hogarth, Wilkie, Mulready, quantité de peintres anglais ont eu ce don si peu pittoresque et si littéraire. Dans l'homme physique, ils ne voient que l'homme moral ; chez eux la couleur, le dessin, la vérité et la beauté du corps vivant sont subordonnés. Il s'agit pour eux de représenter, avec des formes, des attitudes et des couleurs, tantôt la frivolité d'une dame à la mode, tantôt la douleur honnête d'un vieil intendant, tantôt l'avilissement d'un joueur, vingt petits drames ou comédies de la vie réelle, tous instructifs ou divertissants, presque tous destinés à inspirer de bons sentiments ou à corriger des travers. A proprement parler, ils ne peignent que des âmes, des esprits, des émotions ; ils appuient si fort de ce côté, qu'ils outrent ou raidissent la forme ; maintes fois leurs tableaux sont des caricatures, et toujours ce sont des illustrations, les illustrations d'une idylle de village ou d'un roman d'intérieur, que Burns, Fielding ou Dickens auraient dû écrire. Les mêmes préoccupations les suivent quand ils traitent des sujets historiques; ils les traitent, non en peintres, mais en historiens, pour montrer les sentiments moraux d'un personnage et d'une époque, le regard de lady Russell qui voit son mari condamné à mort recevoir pieusement l'hostie, le désespoir d'Édith au cou de cygne qui retrouve Harold parmi les morts d'Hastings. Composée de renseignements archéologiques et de documents psychologiques, leur œuvre ne s'adresse qu'à des archéologues et à des psychologues, ou du moins à des curieux et à des philosophes. Tout au plus, elle fait l'office d'une satire ou d'un drame; le spectateur est tenté de rire ou de pleurer, comme au cinquième acte d'une pièce de théâtre. Mais, visiblement, il n'y a là qu'un genre excentrique; c'est un empiètement de la peinture sur la littérature, ou plutôt une invasion de la littérature dans la peinture. Nos artistes de 1830, Delaroche au premier rang, sont tombés, quoique moins gravement, dans la même erreur. La beauté d'une œuvre plastique est avant tout plastique, et toujours un art s'abaisse quand, laissant de côté les moyens d'intéresser qui lui sont propres, il emprunte ceux d'un autre art.

J'arrive au grand exemple qui réunit en lui tous les autres : il s'agit de l'histoire générale de la peinture, et d'abord de la peinture italienne. Une suite d'épreuves et de contre-épreuves y montrent, pendant cinq cents années, l'importance pittoresque de ce caractère que la théorie pose comme l'essence de l'homme physique. A un certain moment, l'animal humain, la charpente osseuse revêtue de muscles, la chair et la peau colorées et sensibles ont été comprises et aimées pour elles-mêmes et au-dessus du reste : c'est la grande époque ; les œuvres qu'elle nous a laissées passent, au jugement de tous, pour les plus belles ; toutes les écoles y vont chercher des modèles et des enseignements. A d'autres époques, le sentiment du corps est tantôt insuffisant, tantôt mêlé d'autres préoccupations, subordonné à d'autres préférences : ce sont les époques d'enfance, d'altération ou de décadence. Si bien doués que soient les artistes, ils ne font alors que des œuvres inférieures ou secondaires ; leur talent s'applique mal, ils n'ont pas saisi ou ils ont mal saisi le caractère fondamental de l'homme visible. Ainsi, partout la valeur de l'œuvre est proportionnelle à la domination de ce caractère ; avant tout, pour l'écrivain, il s'agit de faire des âmes vivantes ; avant tout, pour le sculpteur et le peintre, il s'agit de faire des corps vivants. C'est d'après ce principe que vous avez vu se classer les périodes successives de l'art. — De Cimabué à Masaccio, le peintre ignore la perspective, le modelé, l'anatomie ; il n'entrevoit le corps palpable et solide qu'à travers un voile ; la consistance, la vitalité, la structure active, les muscles agissants du tronc et des membres ne l'intéressent pas ; les personnages, chez lui, sont des contours et des ombres d'hommes, parfois des âmes glorifiées et incorporelles. Le sentiment religieux prime l'instinct plastique ; il figure aux yeux des symboles théologiques chez Taddeo Gaddi, des moralités chez Orcagna, des visions séraphiques chez Beato Angelico. Le peintre, arrêté par l'esprit du moyen âge, demeure et tâtonne longtemps à la porte du grand art. — Quand il y entre, c'est par la découverte de la perspective, par la recherche du relief, par l'étude de l'anatomie, par l'emploi de l'huile, avec Paolo Uccello, Masaccio, Fra Filippo Lippi, Antonio Pollaiolo, Verocchio, Ghirlandajo, Antonello de Messine, presque tous élevés dans une boutique d'orfèvre, amis ou successeurs de Donatello, Ghiberti et des autres grands sculpteurs du temps, tous passionnés pour l'étude du corps humain, tous admirateurs païens des muscles et de l'énergie animale, si pénétrés par le sentiment de la vie physique que leurs œuvres, quoique frustes, raides et entachées d'imitation littérale, leur assignent une place unique, et, aujourd'hui encore, gardent tout leur prix. Les maîtres qui les ont surpassés n'ont fait que développer leur principe ; la glorieuse école de la renaissance florentine les reconnaît pour ses fondateurs. Andrea del Sarto, Fra Bartolomeo, Michel-Ange, sont leurs élèves ; Raphaël est venu étudier chez eux, et la moitié de son génie leur appartient. — Là est le centre de l'art italien et du grand art. L'idée maîtresse de tous ces maîtres est celle du corps vivant, sain, énergique, actif, doué de toutes les aptitudes athlétiques et animales. « Le point « important dans l'art du dessin, dit Cellini, est de « bien faire un homme et une femme nus. » Et il parle avec enthousiasme « des admirables os de la « tête ; des omoplates qui, lorsque le bras fait un effort,

« dessinent des traits d'un magnifique effet ; des cinq
« fausses côtes qui, lorsque le torse se penche en avant
« ou en arrière, forment autour du nombril des creux
« et des reliefs merveilleux ». — « Tu dessineras, dit-il,
« l'os qui est placé entre les deux hanches, il est très
« beau et s'appelle croupion ou sacrum. » Un des
élèves de Verocchio, Nanni Grosso, mourant à l'hôpital,
refusa un crucifix ordinaire qu'on lui présentait et s'en
fit apporter un de Donatello, disant que « sinon, il
« mourrait désespéré, tant lui déplaisaient les ouvrages
« mal faits de son art ». Luca Signorelli, ayant perdu
un fils bien-aimé, fit dépouiller le cadavre et en dessina minutieusement tous les muscles ; ils étaient pour
lui l'essentiel de l'homme, et il imprimait dans sa
mémoire ceux de son enfant. — A ce moment, un seul
pas reste encore à faire pour achever l'homme physique : il faut insister davantage sur l'enveloppe de
l'écorché, sur la mollesse et le ton de la peau vivante,
sur la vitalité délicate et variée de la chair sensible :
Corrège et les Vénitiens font ce dernier pas, et l'art
s'arrête. Désormais sa floraison est complète ; le sentiment du corps humain a trouvé toute son expression.
— Il faiblit peu à peu ; on le voit s'amoindrir, perdre
une portion de sa sincérité et de son sérieux sous Jules
Romain, le Rosso, le Primatice, puis dégénérer en convention d'école, en tradition d'académie, en recette
d'atelier. A partir de ce moment, malgré la bonne
volonté studieuse des Carrache, l'art s'altère ; il devient
moins plastique et plus littéraire. Les trois Carrache,

leurs élèves ou leurs successeurs, Dominiquin, Guide, Guerchin, le Baroche, cherchent les effets dramatiques, les martyres sanglants, les scènes attendrissantes, les expressions sentimentales. Les fadeurs du sigisbéisme et de la dévotion se mêlent aux réminiscences du style héroïque. Sur des corps athlétiques et des musculatures agitées, vous voyez des têtes gracieuses et des sourires béats. Les airs et les mièvreries du monde percent dans les Madones rêveuses, dans les jolies Hérodiades, dans les séduisantes Madeleines que commande le goût du jour. La peinture qui décline essaye de rendre des nuances que l'opéra naissant va exprimer. L'Albane est un peintre de boudoir; Dolci, Cigoli, Sassoferrato sont des âmes délicates, presque modernes. Avec Pietro de Cortone et Luca Giordano, les grandes scènes de la légende chrétienne ou païenne se changent en agréables mascarades de salon; l'artiste n'est plus qu'un improvisateur brillant, amusant, à la mode, et la peinture finit en même temps que la musique commence, quand l'attention humaine cesse de considérer les énergies du corps pour se tourner vers les émotions du cœur.

Si maintenant vous regardez les grandes écoles étrangères, vous trouverez que leur floraison et leur excellence ont eu pour conditions la domination du même caractère, et que le même sentiment de la vie physique a suscité, au delà des monts et en Italie, les chefs-d'œuvre de l'art. Ce qui distingue les écoles entre elles, c'est que chacune représente un tempérament, le tempérament de son climat et de son pays. Le génie des maîtres consiste à faire une race de corps ; à ce titre, ils sont physiologistes comme les écrivains sont psychologues ; ils montrent toutes les conséquences et toutes les variétés du tempérament bilieux, lymphatique, nerveux ou sanguin, comme les grands romanciers et les grands dramatistes montrent tous les contre-coups et toutes les diversités de l'âme imaginative, raisonneuse, civilisée ou inculte. — Vous avez vu, chez les artistes florentins, le type allongé, élancé, musculeux, aux instincts nobles, aux aptitudes gymnastiques, tel qu'il peut se dégager dans une race sobre, élégante, active, d'esprit fin, et dans un pays sec. Je vous ai montré dans les artistes vénitiens les formes arrondies, onduleuses et régulièrement épanouies, la chair ample et blanche, les cheveux roux ou blonds, le type sensuel, spirituel, heureux, tel qu'il peut se dégager dans un pays lumineux et humide, parmi des Italiens que leur climat rapproche des Flamands, et qui sont poètes en matière de volupté. Vous pouvez voir, dans Rubens, le Germain blanc ou blafard, rosé ou rougeaud, lymphatique, sanguin, carnassier, grand mangeur, l'homme de la contrée septentrionale et aquatique, grandement taillé, mais non dégrossi, de forme irrégulière et débordante, plantureux de chair, brutal et débridé d'instincts, dont la pulpe flasque rougit subitement par l'afflux des émotions, s'altère aisément au contact des intempéries et se défait horriblement sous la main de la mort. Les peintres espagnols mettront devant vos yeux le type de leur race, l'animal sec, nerveux, aux muscles fermes, durci par la bise de ses sierras et la brûlure de son soleil, tenace et indomptable, tout bouillonnant de passions comprimées, tout ardent d'un feu intérieur, noir, austère et séché, parmi des tons heurtés d'étoffes sombres et de fumées charbonneuses, qui tout d'un coup s'entr'ouvrent, pour laisser voir un rose délicieux, une pourpre vive de jeunesse, de beauté, d'amour, d'enthousiasme, épanouie sur des joues en fleur. — Plus l'artiste est grand, plus il manifeste profondément le tempérament de sa race ; sans s'en douter, il fournit, comme le poète, les plus fructueux documents à l'histoire ; il extrait et amplifie l'essentiel de l'être physique, comme l'autre extrait et amplifie l'essentiel de l'être moral, et l'historien démêle, par les tableaux, la structure et les instincts corporels d'un peuple, comme il démêle, par les lettres, la structure et les aptitudes spirituelles d'une civilisation.

VI

La concordance est donc complète, et les caractères apportent avec eux dans l'œuvre d'art la valeur qu'ils ont déjà dans la nature. Selon qu'ils possèdent par eux-mêmes une valeur plus ou moins grande, ils communiquent à l'œuvre une valeur plus ou moins grande. Quand ils traversent l'intelligence de l'écrivain ou de l'artiste pour passer du monde réel dans le monde idéal, ils ne perdent rien de ce qu'ils sont; ils se retrouvent après le voyage les mêmes qu'avant le voyage; ils sont, comme auparavant, des forces plus ou moins grandes, plus ou moins résistantes à l'attaque, capables d'effets plus ou moins vastes et profonds. On comprend maintenant pourquoi la hiérarchie des œuvres d'art répète leur hiérarchie. Au sommet de la nature sont des puissances souveraines qui maîtrisent les autres; au sommet de l'art sont des chefs-d'œuvre qui dépassent les autres; les deux cimes sont de niveau, et les puissances souveraines de la nature s'expriment par les chefs-d'œuvre de l'art.

CHAPITRE III

LE DEGRÉ DE BIENFAISANCE DU CARACTÈRE

I

Il est un second point de vue auquel on doit comparer les caractères; car ils sont des forces naturelles, et, à ce titre, ils peuvent être évalués de deux façons : on peut considérer une force, d'abord par rapport aux autres, ensuite par rapport à elle-même. Considérée par rapport aux autres, elle est plus grande lorsqu'elle leur résiste et les annule. Considérée par rapport à elle-même, elle est plus grande lorsque le cours de ses effets la conduit, non pas à s'annuler, mais à s'accroître. Elle trouve ainsi deux mesures, parce qu'elle est soumise à deux épreuves, d'abord en subissant l'effet des autres forces, ensuite en subissant son propre effet. Un premier examen nous a montré la première épreuve et le rang plus ou moins haut que reçoivent les caractères, selon qu'ils sont plus ou moins durables, et que, livrés à l'attaque des mêmes causes destructives, ils subsistent plus intacts et plus longtemps. Un second examen va nous montrer la seconde épreuve et la place plus ou moins élevée qu'obtiennent les caractères, suivant que, livrés à eux-mêmes, ils aboutissent plus ou moins complètement à leur anéantissement ou à leur développement propre, par l'anéantissement ou le développement de l'individu et du groupe en qui on les rencontre. Dans le premier cas, nous sommes descendus, degré par degré, vers ces puissances élémentaires qui sont le principe de la nature, et vous avez vu la parenté de l'art avec la science. Dans le second cas, nous monterons, degré par degré, vers ces formes supérieures qui sont le but de la nature, et vous verrez la parenté de l'art avec la morale. Nous avons considéré les caractères selon qu'ils sont plus ou moins *importants*; nous allons considérer les caractères selon qu'ils sont plus ou moins *bienfaisants*.

II

Commençons par l'homme moral et par les œuvres d'art qui l'expriment. Il est manifeste que les caractères dont il est doué sont plus ou moins bienfaisants, ou malfaisants, ou mixtes. Nous voyons tous les jours des individus et des sociétés prospérer, accroître leur puissance, échouer dans leurs entreprises, se ruiner, périr; et, chaque fois, si l'on prend leur vie en bloc, on trouve que leur chute s'explique par quelque vice de structure générale, par l'exagération d'une tendance, par la disproportion d'une situation et d'une aptitude, de même que leur succès a pour cause la stabilité de l'équilibre intime, la modération d'une convoitise ou l'énergie d'une faculté. Dans le courant tempétueux de la vie, les caractères sont des poids ou des flotteurs qui tantôt nous font couler à fond, tantôt nous maintiennent à la surface. Ainsi s'établit une seconde échelle; les caractères s'y classent, selon qu'ils nous sont plus ou moins nuisibles ou salutaires, par la grandeur de la difficulté ou de l'aide qu'ils introduisent dans notre vie, pour la détruire ou la conserver.

Il s'agit donc de vivre, et, pour l'individu, la vie a deux directions principales : ou il connaît, ou il agit; c'est pourquoi on peut distinguer en lui deux facultés principales, l'intelligence et la volonté. D'où il suit que tous les caractères de la volonté et de l'intelligence qui aident l'homme dans l'action et la connaissance sont bienfaisants, et les contraires malfaisants. — Dans le philosophe et le savant, c'est l'observation et la mémoire exactes du détail, jointes à la prompte divination des lois générales et à la prudence méticuleuse qui soumet toute supposition au contrôle des vérifications prolongées et méthodiques. Dans l'homme d'État et l'homme d'affaires, c'est un tact de pilote, toujours en alerte et toujours sûr, c'est la ténacité du bon sens, c'est l'accommodation incessante de l'esprit aux variations des choses, c'est une sorte de balance intérieure prête à mesurer toutes les forces circonvoisines, c'est une imagination limitée et réduite aux inventions pratiques, c'est l'instinct imperturbable du possible et du réel. Dans l'artiste, c'est la sensibilité délicate, la sympathie vibrante, la reproduction intérieure et involontaire des choses, la subite et originale compréhension de leur caractère dominant et de toutes les harmonies environnantes. Vous trouveriez, pour chaque espèce d'œuvre intellectuelle, un groupe de dispositions analogues et distinctes. Ce sont là autant de forces qui conduisent l'homme à son but, et il est clair que chacune, dans son domaine, est bienfaisante, puisque son altération son insuffisance ou son absence imposent à ce domaine la sécheresse et la stérilité. — Pareillement, et dans le même sens, la volonté est une puissance, et, considérée en soi, elle est un bien. On admire la fixité de la résolution qui, une fois prise, persiste invincible au choc aigu de la douleur physique, à la longue obsession de la douleur morale, au trouble des ébranlements subits, à l'attrait des séductions choisies, à toutes les diversités de l'épreuve qui, par la violence ou la douceur, par le bouleversement de l'esprit ou par l'affaiblissement du corps, travaille à la renverser. Quel que soit son soutien, extase des martyrs, raison des stoïciens, insensibilité des sauvages, opiniâtreté native ou orgueil acquis, elle est belle, et, non seulement toutes les portions de l'intelligence, lucidité, génie, esprit, raison, tact, finesse, mais encore toutes les portions de la volonté, courage, initiative, activité, fermeté, sang-froid, sont les fragments de l'homme idéal que nous cherchons maintenant à construire, parce qu'elles sont des lignes de ce caractère bienfaisant que nous avons d'abord tracé.

Il nous faut voir à présent cet homme dans son groupe. Quelle est la disposition qui rendra sa vie bienfaisante pour la société dans laquelle il est compris? Nous connaissons les instruments intérieurs qui lui sont utiles; où est le ressort intérieur qui le rendra utile à autrui?

Il en est un qui est unique; c'est la faculté d'aimer; car aimer, c'est avoir pour but le bonheur d'un autre, se subordonner à lui, s'employer et se dévouer à son bien. Vous reconnaissez là le caractère bienfaisant par excellence; il est visiblement le premier de tous dans l'échelle que nous composons. Nous sommes touchés à son aspect, quelle que soit sa forme, générosité, humanité, douceur, tendresse, bonté native ; notre sympathie s'émeut en sa présence, quel que soit son objet : soit qu'il constitue l'amour proprement dit, la donation complète d'une personne humaine à une personne de l'autre sexe et l'union de deux vies confondues en une seule ; soit qu'il aboutisse aux diverses affections de famille, celle des parents et des enfants, celle du frère et de la sœur ; soit qu'il produise la forte amitié, la parfaite confiance, la fidélité mutuelle de deux hommes qui ne sont point liés entre eux par le sang. — Plus son objet est vaste, plus nous le trouvons beau. C'est que sa bienfaisance s'étend avec le groupe auquel elle s'applique. C'est pourquoi, dans l'histoire et dans la vie, nous réservons notre admiration la plus haute pour les dévouements qui s'emploient au service des intérêts généraux : pour le patriotisme, tel qu'on le vit à Rome au temps d'Annibal, dans Athènes au temps de Thémistocle, en France en 1792, en Allemagne en 1813 ; pour le grand sentiment de charité universelle, qui conduisit les missionnaires bouddhistes ou chrétiens chez les peuples barbares ; pour ce zèle passionné qui a soutenu tant d'inventeurs désintéressés et suscité dans l'art, dans la science, dans la philosophie, dans la vie pratique, toutes les œuvres et toutes les institutions belles ou salutaires ; pour toutes ces vertus supérieures qui, sous le nom de probité, justice, honneur, capacité de sacrifice, subordination de soi-même à quelque haute idée d'ensemble, développent la civilisation humaine, et dont les stoïciens, Marc-Aurèle au premier rang, ont donné à la fois le précepte et l'exemple. Je n'ai pas besoin de vous montrer comment, dans l'échelle ainsi construite, les caractères inverses occupent la place inverse. Il y a longtemps que cet ordre a été trouvé ; les nobles morales de la philosophie antique l'ont établi avec une sûreté de jugement et une simplicité de méthode incomparables; avec un bon sens tout romain, Cicéron l'a résumé dans son traité *Des Offices*. Si les âges postérieurs y ont ajouté quelques développements, ils y ont introduit beaucoup d'erreurs ; et, dans la morale comme dans l'art, c'est toujours chez les anciens qu'il nous faut chercher nos préceptes. Les philosophes de ce temps disaient que le stoïcien conformait sa raison et son âme à celles de Jupiter[1]; les hommes de ce temps auraient pu souhaiter que Jupiter conformât sa raison et son âme à celles du stoïcien.

1 Συζῆν Θεοῖς.

III

A cette classification des valeurs morales correspond, degré par degré, une classification des valeurs littéraires. Toutes choses égales d'ailleurs, l'œuvre qui exprime un caractère bienfaisant est supérieure à l'œuvre qu exprime un caractère malfaisant. Deux œuvres étant données, si toutes deux mettent en scène, avec le même talent d'exécution, des forces naturelles de la même grandeur, celle qui nous représente un héros vaut mieux que celle qui nous représente un pleutre, et, dans cette galerie des œuvres d'art viables qui forment le musée définitif de la pensée humaine, vous allez voir s'établir, d'après notre nouveau principe, un nouvel ordre de rangs.

Aux plus bas degrés sont les types que préfèrent la littérature réaliste et le théâtre comique, je veux dire les personnages bornés, plats, sots, égoïstes, faibles et communs. En effet, ce sont ceux que présente la vie ordinaire ou qui peuvent fournir au ridicule. Nulle part vous n'en trouverez un plus complet assemblage que dans les *Scènes de la vie bourgeoise* d'Henri Monnier. Presque tous les bons romans recrutent ainsi leurs figures secondaires : le Sancho de *Don Quichotte*, les escrocs râpés des romans picaresques, les squires, les théologiens et les servantes de Fielding, les lairds économes et les prédicants aigres de Walter Scott, toute la population inférieure qui grouille dans la *Comédie humaine* de Balzac et dans le roman anglais contemporain, nous en fourniront d'autres échantillons. Ces écrivains, s'étant proposé de peindre les hommes tels qu'ils sont, ont été obligés de les peindre incomplets, mélangés, inférieurs, la plupart du temps avortés dans leur caractère ou rétrécis par leur condition. Quant au théâtre comique, il suffit de citer Turcaret, Basile, Orgon, Arnolphe, Harpagon, Tartuffe, George Dandin, tous les marquis, tous les valets, tous les pédants, tous les médecins de Molière; c'est le propre du comique d'étaler aux yeux l'insuffisance humaine. — Mais les grands artistes, auxquels les exigences de leur genre ou l'amour de la vérité nue ont imposé l'étude de cette triste espèce, ont couvert par deux artifices la médiocrité et la laideur des caractères qu'ils figuraient. Ou bien ils en font des accessoires et des repoussoirs qui servent à mettre en relief quelque figure principale : c'est le procédé le plus fréquent des romanciers, et vous pouvez l'étudier dans le *Don Quichotte* de Cervantes, dans *Eugénie Grandet* de Balzac, dans *Madame Bovary* de Gustave Flaubert. Ou bien ils tournent nos sympathies contre le personnage : ils le font tomber de mésaventure en mésaventure, ils excitent contre lui le rire désapprobateur et vengeur, ils montrent avec intention les suites malencontreuses de son insuffisance, ils chassent et expulsent de la vie le défaut qui domine en lui. Le spectateur, devenu hostile, se trouve satisfait ; il éprouve le même plaisir à voir écraser la sottise et l'égoïsme qu'à voir se déployer la bonté et la force : le bannissement d'un mal vaut le triomphe d'un bien. C'est le grand procédé des comiques; mais les romanciers eux-mêmes en usent, et vous en verrez le succès, non seulement dans *les Précieuses*, *l'École des femmes*, *les Femmes savantes* et tant d'autres pièces de Molière, mais encore dans le *Tom Jones* de Fielding, dans le *Martin Chuzzlewit* de Dickens et dans *la Vieille fille* de Balzac. — Néanmoins le spectacle de ces âmes rapetissées ou boiteuses finit par laisser dans le lecteur un vague sentiment de fatigue, de dégoût, même d'irritation et d'amertume; si elles sont très nombreuses et occupent la principale place, on est écœuré. Sterne, Swift, les comiques anglais de la Restauration, beaucoup de comédies et de romans contemporains, les scènes d'Henri Monnier, finissent par rebuter; l'admiration ou l'approbation du lecteur sont mêlées de répugnance : il est déplaisant de voir de la vermine, même quand on l'écrase, et nous demandons qu'on nous montre des créatures d'une pousse plus forte et d'un caractère plus haut.

A cet endroit de l'échelle, se place une famille de types puissants, mais incomplets, et en général dépourvus d'équilibre. Une passion, une faculté, une disposition quelconque d'esprit ou de caractère s'est développée en eux avec un accroissement énorme, comme un organe hypertrophié, au détriment du reste, parmi toutes sortes de ravages et de douleurs. Tel est le thème ordinaire des littératures dramatiques ou philosophiques ; car, d'une part, les personnages ainsi construits sont les plus propres à fournir à l'écrivain les événements touchants et terribles, les luttes et les volte-face de sentiments, les déchirements intérieurs dont il a besoin pour son théâtre ; et, d'autre part, ils sont les plus propres à manifester aux yeux du penseur les mécanismes de pensée, les fatalités de structure, toutes les puissances obscures qui agissent en nous, sans que nous en ayons conscience, et qui sont les souveraines aveugles de notre vie. Vous les trouverez chez les tragiques grecs, espagnols et français, chez lord Byron et Victor Hugo, chez la plupart des grands romanciers, depuis *Don Quichotte* jusqu'à *Werther* et *Madame Bovary*. Tous ont montré la disproportion de l'homme avec lui-même et avec le monde, la domination d'une passion ou d'une idée maîtresse : en Grèce, l'orgueil, la rancune, la fureur guerrière, l'ambition meurtrière, la vengeance filiale, tous les sentiments naturels et spontanés ; en Espagne et en France, l'honneur chevaleresque, l'amour exalté, la ferveur religieuse, tous les sentiments monarchiques et cultivés ; en Europe, de nos jours, la maladie intérieure de l'homme mécontent de lui-même et de la société. Mais nulle part cette race d'âmes véhémentes et souffrantes ne s'est propagée en espèces plus vigoureuses, plus complètes et plus distinctes que chez les deux grands connaisseurs de l'homme, Shakespeare et Balzac. Ce qu'ils peignent toujours de préférence, c'est la force gigantesque, mais malfaisante à autrui ou à elle-même. Dix fois sur douze, le principal personnage est chez eux un maniaque ou un scélérat; il est doué des facultés les plus fines et les plus fortes, parfois des sentiments les plus généreux et les plus délicats; mais, par un manque de direction supérieure, ces puissances le conduisent à sa perte ou se déchaînent aux dépens d'autrui : la superbe machine éclate, ou broie les passants dans sa course. Comptez les héros de Shakespeare, Coriolan, Hotspur, Hamlet, Lear, Timon, Leontès, Macbeth, Othello, Antoine, Cléopâtre, Roméo, Juliette, Desdémone, Ophélia, les plus héroïques et les plus purs, tous emportés par la fougue de l'imagination aveugle, par le frémissement de la sensibilité folle, par la tyrannie de la chair et du sang, par l'hallucination des idées, par l'afflux irrésistible de la colère ou de l'amour; joignez-y les âmes dénaturées et carnassières qui se lancent comme des lions dans le troupeau des hommes, Iago, Richard III, lady Macbeth, tous ceux qui ont fait sortir de leurs veines « la dernière goutte du lait de la nature humaine »; et vous trouverez dans Balzac les deux groupes de figures correspondantes, d'un côté, les monomanes, Hulot, Claës, Goriot, le cousin Pons, Louis Lambert, Grandet, Gobseck, Sarrazine, Frauenhofer, Gambara, collectionneurs, amoureux, artistes et avares; de l'autre, les bêtes de proie, Nucingen, Vautrin, du Tillet, Philippe Brideau, Rastignac, du Marsay, les Marneffe mâle et femelle, usuriers, escrocs, courtisanes, ambitieux, gens d'affaires, partout des espèces puissantes et monstrueuses, nées de la même conception que celles de Shakespeare, mais par un enfantement plus laborieux, dans un air déjà respiré et vicié par trop de générations humaines, avec un sang moins jeune et toutes les déformations, toutes les maladies, toutes les tares d'une vieille civilisation. — Ce sont là les œuvres littéraires les plus profondes ; elles manifestent mieux que les autres les caractères importants, les forces élémentaires, les couches profondes de la nature humaine. On éprouve, en les lisant, une sorte d'émotion grandiose, celle d'un homme introduit dans le secret des choses, admis à contempler les lois qui gouvernent l'âme, la société et l'histoire. Néanmoins l'impression qu'on en garde est pénible : on a vu trop de misères et trop de crimes ; les passions, développées et entre-choquées à outrance, ont étalé trop de ravages. Avant d'entrer dans le livre, nous regardions les objets par leurs dehors, paisiblement, machinalement, comme un bourgeois qui assiste à quelque défilé de troupes accoutumé et monotone. L'écrivain nous a pris par la main et nous a conduits sur le champ de bataille ; nous voyons les armées se heurter sous la mitraille, et couvrir le sol de leurs morts.

Montons encore un degré, et nous arrivons aux personnages accomplis, aux héros véritables. On en trouve plusieurs dans la littérature dramatique et philosophique dont je viens de vous parler. Shakespeare et ses contemporains ont multiplié les images parfaites de l'innocence, de la bonté, de la vertu, de la délicatesse féminines ; à travers toute la suite des siècles, leurs conceptions ont reparu sous diverses formes dans le roman ou le drame anglais, et vous verrez les dernières filles de Miranda et d'Imogène dans les Esther et les Agnès de Dickens. Les caractères nobles et purs ne manquent point dans Balzac lui-même : Marguerite Claës, Eugénie Grandet, le marquis d'Espars, le Médecin de campagne sont des modèles. Même on pourrait trouver, dans le vaste champ des littératures, plusieurs écrivains qui, de parti pris, ont mis en scène les beaux sentiments et les âmes supérieures, Corneille, Richardson, George Sand : l'un dans *Polyeucte*, le *Cid*, les *Horace*, en représentant l'héroïsme raisonneur : l'autre dans *Paméla*, *Clarisse* et *Grandison*, en faisant parler la vertu protestante ; l'autre dans *Mauprat*, *François le Champi*, *la Mare au Diable*, *Jean de la Roche* et tant d'autres œuvres récentes, en peignant la générosité native. Quelquefois enfin, un artiste supérieur, Gœthe dans son *Hermann et Dorothée* et surtout dans son *Iphigénie*, Tennyson dans *les Idylles du roi* et *la Princesse*, ont essayé de remonter au plus haut du ciel idéal. Mais nous en sommes tombés, et ils n'y reviennent que par des curiosités d'artiste, des abstractions de solitaire et des recherches d'archéologue. Pour les autres, quand ils mettent en scène des personnages parfaits, c'est tantôt en moralistes, tantôt en observateurs : dans le premier cas, pour plaider une thèse, avec une nuance sensible de froideur ou de parti pris ; dans le second cas, avec un mélange de traits humains, d'imperfections foncières, de préjugés locaux, de fautes anciennes, prochaines ou possibles, qui rapprochent la figure idéale des figures réelles, mais qui ternissent la splendeur de sa beauté. L'air des civilisations avancées n'est pas bon pour elle; c'est ailleurs qu'elle apparaît, dans les littératures épiques et populaires, quand l'inexpérience et l'ignorance laissent à l'imagination tout son vol. — Il y a une époque pour chacun des trois groupes de types et pour chacun des trois groupes de littératures; ils tendent à se produire, l'un au déclin, l'autre pendant la maturité, l'autre dans la première jeunesse d'une civilisation. Aux époques très cultivées et très raffinées, dans les nations un peu vieillies, au siècle des hétaïres en Grèce, dans les salons de Louis XIV et dans les nôtres, paraissent les types les plus bas et les plus vrais, les littératures comiques et réalistes. Aux époques adultes, quand la société est dans son plein développement, quand l'homme est au milieu de quelque grande carrière, en Grèce au ve siècle, en Espagne et en Angleterre à la fin du xvie, en France au xviie siècle et aujourd'hui, paraissent les types puissants et souffrants, les littératures dramatiques ou philosophiques. Aux époques intermédiaires, qui sont, d'un côté, une maturité et, de l'autre, un déclin, aujourd'hui par exemple, les deux âges se mêlent par un empiètement réciproque, et chacun d'eux enfante les créations de l'autre à côté des siennes. — Mais les créatures vraiment idéales ne naissent abondamment que dans les époques primitives et naïves, et c'est toujours dans les âges reculés, à l'origine des peuples, parmi les songes de l'enfance humaine, qu'il faut remonter pour trouver les héros et les dieux Chaque peuple a les siens; il les a tirés de son cœur il les nourrit de ses légendes; à mesure qu'il s'avance dans la solitude inexplorée des âges nouveaux et de l'histoire future, leurs images immortelles luisent devant ses yeux, comme autant de génies bienfaisants chargés de le conduire et de le protéger. Tels sont les héros dans les vraies épopées, Siegfried dans les *Nibelungen*, Roland dans nos vieilles chansons de geste, le Cid dans le *Romancero*, Rostan dans le *Livre des Rois*, Antar en Arabie, Ulysse et Achille en Grèce. — Plus haut encore et dans un ciel supérieur sont les révélateurs, les sauveurs et les dieux, ceux de la Grèce peints dans les poèmes d'Homère, ceux de l'Inde entrevus dans les hymnes védiques, dans les antiques épopées et dans les légendes bouddhiques, ceux de la Judée et du christianisme représentés dans les Psaumes, dans les Évangiles, dans l'Apocalypse et dans cette chaîne continue de confidences poétiques dont les derniers et les plus purs anneaux sont les *Fioretti* et l'*Imitation*. Là l'homme, transfiguré et agrandi, atteint toute son ampleur; divinisé ou divin, rien ne lui manque ; si son esprit, sa force ou sa bonté ont des limites, c'est à nos yeux et à notre point de vue. Il n'en a pas aux yeux de sa race et de son siècle; la croyance lui a donné tout ce que l'imagination avait conçu; il est au faîte, et tout à côté de lui, au faîte des œuvres d'art, se placent les œuvres sublimes et sincères qui ont porté son idée sans fléchir sous son poids.

IV

Considérons maintenant l'homme physique avec les arts qui le manifestent, et cherchons quels sont pour lui les caractères bienfaisants. — Le premier de tous, sans conteste, est la santé intacte, même la santé florissante. Un corps souffreteux, amaigri, languissant, exténué, est plus faible; ce qu'on appelle l'animal vivant est un ensemble d'organes avec un ensemble de fonctions; tout arrêt partiel est un pas vers l'arrêt total; la maladie est une destruction commencée, une approche de la mort. — Par la même raison, il faut ranger parmi les caractères bienfaisants l'intégrité du type naturel, et cette remarque nous conduit fort loin dans la conception du corps parfait; car elle en exclut, non seulement les grosses difformités, les déviations de l'échine et des membres, et toutes les vilainies que peut présenter un musée pathologique, mais encore les altérations plus légères que le métier, la profession, la vie sociale introduisent dans les proportions et les dehors de l'individu. Un forgeron a les bras trop gros; un tailleur de pierre a l'échine courbée; un pianiste a les mains sillonnées de tendons et de veines, allongées à l'excès et terminées par des doigts aplatis; un avocat, un médecin, un homme de bureau et d'affaires porte, dans ses muscles amollis et dans son visage tiré, l'empreinte universelle de sa vie cérébrale et sédentaire. Les effets du costume, surtout du costume moderne, ne sont pas moins fâcheux ; il n'y a que les vêtements lâches, flottants, aisément et souvent quittés, la sandale, la chlamyde, le peplum antiques, qui ne gênent pas le corps naturel. Nos chaussures collent ensemble les doigts du pied et les creusent sur le côté par le contact ; les corsets, les corps de jupe de nos femmes étriquent leur taille. Voyez un bain d'hommes en été, et comptez tant de déformations tristes ou grotesques, entre autres la couleur crue ou blafarde de la peau ; elle a perdu l'habitude de la lumière, son tissu n'est plus ferme ; elle frémit et se hérisse au moindre souffle d'air ; elle est dépaysée, elle n'est plus en harmonie avec les choses environnantes ; elle diffère autant de la chair saine qu'une pierre tirée récemment de la carrière diffère d'un roc qui a vécu longtemps sous la pluie et le soleil : toutes deux ont perdu leur ton naturel et sont des déterrées. Suivez jusqu'au bout ce principe ; à force d'écarter toutes les altérations que la civilisation impose au corps naturel, vous verrez apparaître les premiers linéaments du corps parfait.

A présent, voyons-le à l'œuvre ; son action, c'est son mouvement. Nous compterons donc parmi les caractères bienfaisants toutes ses capacités de mouvement physique : il faut qu'il soit apte et préparé à tous les exercices et emplois de sa force, qu'il ait la structure de charpente, les proportions de membres, l'ampleur de poitrine, la souplesse d'articulations, la résistance de muscles nécessaires pour courir, sauter, porter, frapper, combattre, résister à l'effort et à la fatigue. Nous lui donnerons toutes ces perfections corporelles, sans faire prédominer l'une au détriment de l'autre; elles seront toutes en lui au plus haut degré, mais avec équilibre et harmonie : il ne faut pas qu'une force entraîne une faiblesse, et que, pour être développé, il se trouve amoindri. — Ce n'est pas tout encore ; aux dispositions athlétiques et à la préparation gymnastique, nous ajouterons une âme, c'est-à-dire une volonté, une intelligence et un cœur. L'être moral est le terme et comme la fleur de l'animal physique : si le premier faisait défaut, le second ne serait pas complet; la plante semblerait avortée, elle n'aurait pas sa couronne suprême, et un corps si parfait ne s'achève que par une âme parfaite[1]. Nous montrerons cette âme dans toute l'économie du corps, dans l'attitude, dans la forme de la tête, dans l'expression du visage; on sentira qu'elle est libre et saine, ou supérieure et grande. On devinera son intelligence, son énergie et sa noblesse; mais on ne fera que les deviner. Nous les indiquerons, nous ne les mettrons pas en saillie : nous ne pouvons pas les mettre en saillie ; si nous le tentions nous nuirions au corps parfait que nous voulons représenter. — Car la vie spirituelle s'oppose dans l'homme à la vie corporelle : quand il monte haut dans la première, il néglige ou subordonne la seconde; il se regarde comme une âme embarrassée d'un corps ; sa machine

---

[1]. Ψυχὴ... ἐντελέχεια σώματος φυσικοῦ ὀργανικοῦ. — Cette définition, d'Aristote, si profonde, aurait pu être écrite par tous les sculpteurs grecs; elle est l'idée mère de la civilisation hellénique.

devient un accessoire; pour penser plus librement, il la sacrifie, il l'enferme dans un cabinet de travail, il la laisse se déjeter ou s'amollir; même il en a honte, sa pudeur exagérée la couvre et la cache presque tout entière; il cesse de la connaître, il n'en voit plus que les organes pensants ou expressifs, le crâne enveloppe de la cervelle, la physionomie interprète des émotions; le reste est un appendice dissimulé par la robe ou par l'habit. La haute civilisation, le complet développement, a profonde élaboration de l'âme ne peuvent se rencontrer avec un corps athlétique, nu, accompli dans la vie gymnastique. Le front méditatif, la finesse des traits, la complication de la physionomie feraient disparate avec des membres de lutteur et de coureur. — C'est pourquoi, quand nous voudrons imaginer le corps parfait, nous prendrons l'homme à cette époque et dans cette situation intermédiaires où l'âme n'a point encore relégué le corps à la seconde place, où la pensée est une fonction et non une tyrannie, où l'esprit n'est pas encore un organe disproportionné et monstrueux, où l'équilibre subsiste entre toutes les parties de l'action humaine, où la vie coule ample et mesurée, comme un beau fleuve, entre l'insuffisance du passé et les débordements de l'avenir.

V

D'après cet ordre de valeurs physiques, on peut classer les œuvres d'art qui représentent l'homme physique, et montrer que, toutes choses égales d'ailleurs, les œuvres seront plus ou moins belles selon qu'elles exprimeront plus ou moins complètement les caractères dont la présence est un bienfait pour le corps.

Au plus bas échelon se trouve l'art qui, de parti pris, les supprime tous. Il commence avec la chute du paganisme antique et dure jusqu'à la Renaissance. Dès l'époque de Commode et de Dioclétien, vous voyez la sculpture s'altérer profondément : les bustes impériaux ou consulaires perdent leur sérénité et leur noblesse; l'aigreur, l'ahurissement et la fatigue, la bouffissure des joues et l'allongement du cou, les tics de l'individu et les froissements du métier remplacent la santé harmonieuse et l'énergie active. Peu à peu, vous arrivez aux mosaïques et aux peintures de l'art byzantin, aux Christs et aux Panagias émaciés, étriqués, raidis, simples mannequins, parfois vrais squelettes, dont les yeux caves, les grandes cornées blanches, les lèvres amincies, le visage effilé, le front rétréci, les mains fluettes et inertes donnent l'idée d'un ascète poitrinaire et idiot.
— A un degré moindre, la même maladie dure à travers tout l'art du moyen âge; il semble, à regarder les

vitraux, les statues des cathédrales, les peintures primitives, que la race humaine ait dégénéré et que le sang humain se soit appauvri : saints étiques, martyrs disloqués, vierges à la poitrine plate, aux pieds trop longs, aux mains noueuses, solitaires desséchés et comme vidés de substance, Christs qui semblent des vers de terre foulés et sanglants, processions de personnages ternes, figés, tristes, en qui se sont imprimées toutes les déformations de la misère et toutes les craintes de l'oppression. — Lorsque, aux approches de la Renaissance, la plante humaine, tout étiolée et toute bossue, recommence à végéter, elle ne se redresse pas du premier coup ; sa sève n'est pas pure encore. La santé et l'énergie ne rentrent dans le corps humain que par degrés ; il faut un siècle pour le guérir de ses scrofules invétérées. Chez les maîtres du XVe siècle, vous trouvez encore des marques nombreuses qui dénotent la consomption ancienne et le jeûne immémorial : dans Memling, à l'hôpital de Bruges, des visages d'une impassibilité monacale, des têtes trop grosses, des fronts bombés par l'exagération du rêve mystique, des bras grêles, la placidité monotone d'une vie immobile, conservée comme une pâle fleur à l'ombre du cloître ; chez Beato Angelico, des corps atténués, dissimulés sous les chapes et les robes rayonnantes, réduits à l'état de fantômes glorieux, des poitrines effacées, des têtes allongées, des fronts proéminents ; chez Albert Dürer, des cuisses et des bras trop minces, des ventres trop gros, des pieds disgracieux, des visages anxieux, ridés et fatigués, des Èves et des Adams blafards et mal dégourdis, qu'on voudrait habiller; chez presque tous, cette forme du crâne qui rappelle les fakirs ou les hydrocéphales, et ces enfants hideux, à peine viables, sorte de têtards dont la tête énorme se continue par un torse mollasse, puis par un appendice grêle de membres repliés et tortillés. Les premiers maîtres de la renaissance italienne, les vrais restaurateurs de l'ancien paganisme, les anatomistes de Florence, Antonio Pollaiolo, Verocchio, Luca Signorelli, tous les prédécesseurs de Léonard de Vinci, gardent eux-mêmes un reste de la tache originelle : dans leurs figures, la vulgarité des têtes, la laideur des pieds, la saillie des genoux et des clavicules, les bosselures des muscles, l'attitude contournée et pénible, montrent que la force et la santé, rétablies sur leur trône, n'ont point ramené avec elles toutes leurs compagnes, et qu'il manque encore deux muses, celles de l'aisance et de la sérénité. — Quand, enfin, les déesses de l'antique beauté, toutes rappelées de l'exil, ont repris sur l'art leur légitime empire, elles ne se trouvent souveraines qu'en Italie; au delà des monts leur autorité est intermittente ou incomplète. Les nations germaniques ne l'acceptent qu'à demi; encore faut-il que, comme la Flandre, elles soient catholiques; les protestantes, comme la Hollande, s'en affranchissent tout à fait. Celles-ci sentent mieux la vérité que la beauté; elles préfèrent les caractères importants aux caractères bienfaisants, la vie de l'âme à la vie du corps, les profondeurs de la personne individuelle à la régularité du type général, le rêve intense et trouble à la contemplation claire et harmonieuse, la poésie du sentiment intime à la jouissance extérieure des sens. Rembrandt, le plus grand peintre de cette race, n'a reculé devant aucune des laideurs et des difformités physiques : trognes grimées d'usuriers et de juifs, échines courbées et jambes bancales de mendiants et de gueux, cuisinières déshabillées, dont la chair avachie porte encore la marque du corset, genoux cagneux et ventres flasques, figures d'hôpital et loques de friperie, histoires juives qui semblent copiées dans un bouge de Rotterdam, scènes de tentation où la femme de Putiphar, se jetant hors de son lit, fait comprendre au spectateur la fuite de Joseph ; audacieux et douloureux embrassement du réel tout entier, si repoussant qu'il puisse être. Une telle peinture, quand elle est réussie, va au delà de la peinture ; comme celle de Beato Angelico, d'Albert Dürer, de Memling, elle est une poésie : il s'agit, pour l'artiste, de manifester une émotion religieuse, des divinations philosophiques, une conception générale de la vie ; l'objet propre des arts plastiques, le corps humain, est sacrifié ; il est subordonné à une idée ou à quelque autre élément de l'art. En effet, chez Rembrandt, le principal intérêt du tableau n'est pas l'homme, mais la tragédie de la lumière mourante, éparpillée, palpitante, combattue incessamment par l'envahissement de l'ombre. Mais si, quittant ces génies extraordinaires ou excentriques, nous considérons le corps humain comme le véritable objet de l'imitation pittoresque, il nous faudra reconnaître que les figures peintes ou sculptées, auxquelles manquent la force, la santé et le reste des perfections corporelles, descendent, prises en elles-mêmes, au plus bas degré de l'art.

Autour de Rembrandt sont des peintres d'un génie moindre et qu'on appelle les petits Flamands : Van Ostade, Teniers, Gérard Dow, Adrien Brouwer, Jean Steen, Pierre de Hoogh, Terburg, Metzu et quantité d'autres. Leurs personnages sont ordinairement des bourgeois ou des gens du peuple ; ils les ont pris, tels qu'ils les voyaient, dans les marchés et dans les rues, dans les maisons et dans les tavernes, bourgmestres gras et cossus, dames décentes et lymphatiques, maîtres d'école en lunettes, cuisinières à l'ouvrage, hôteliers ventrus, buveurs en goguette, patauds, courtauds et lourdauds d'échoppe et de ferme, d'atelier et de cabaret. Louis XIV, les voyant dans sa galerie, disait : « Otez-moi de là ces magots ! » En effet, le personnage qu'ils ont peint est un corps d'espèce inférieure, au sang froid, au teint blafard ou rougeaud, à la taille rentassée, aux traits irréguliers, vulgaire, souvent grossier, propre à la vie sédentaire et machinale, dépourvu de l'activité et de la souplesse qui font l'athlète et le coureur. En outre, ils lui ont laissé toutes les servitudes de la vie sociale, toutes les empreintes du métier, de la condition et du vêtement, toutes les déformations que le travail mécanique du paysan, la tenue cérémonieuse du bourgeois, imposent à la structure du corps et à l'expression du visage. — Mais leur œuvre se relève par d'autres qualités : l'une que nous avons examinée plus haut, je veux dire la représentation des caractères importants, et l'art de manifester l'essentiel d'une race et d'un siècle ; l'autre que nous examinerons tout à l'heure, je veux dire l'harmonie de la couleur et l'habileté de l'arrangement. D'autre part, considérés en eux-mêmes, leurs personnages font plaisir à voir ; ils ne sont pas exaltés et malades d'esprit, souffrants, écrasés comme les précédents ; ils sont bien portants et contents de vivre ; ils sont à leur aise dans leurs ménages et dans leurs taudis ; une pipe et un verre de bière suffisent à leur béatitude ; ils ne s'agitent pas, ils ne sont pas inquiets ; ils rient d'un gros rire ou regardent devant eux, sans souhaiter davantage. Bourgeois et gentilshommes, ils sont heureux de sentir que leurs habits sont neufs, leurs parquets cirés, leurs vitres luisantes. Servantes, paysans, cordonniers, mendiants même, leur bouge leur paraît confortable, et ils se trouvent bien assis sur un escabeau ; on voit qu'ils ont plaisir à tirer leurs alènes ou à ratisser leurs carottes. Leurs sens obtus et leur imagination rassise ne les portent pas au delà ; tout leur visage est calme ou reposé, paterne ou bonasse : tel est le bonheur du tempérament flegmatique, et le bonheur, c'est-à-dire la santé morale et physique, est beau partout, même ici.

Nous arrivons enfin aux figures grandioses, dans lesquelles l'animal humain atteint toute sa force et toute sa taille. Ce sont celles des maîtres d'Anvers, Crayer, Gérard Zeghers, Jacques Van Oost, Van Roose, Van Thulden, Abraham Jansens, Théodore Rombouts, Jordaens, et Rubens au premier rang. Voilà enfin des corps affranchis de toutes les contraintes sociales, et dont rien ne gêne ni n'a gêné la pousse ; ils sont nus ou drapés lâchement ; s'ils sont vêtus, c'est de costumes fantastiques et magnifiques, qui sont pour leurs membres, non une entrave, mais une décoration. On n'a point trouvé d'attitudes plus libres, de gestes plus impétueux, de muscles plus vigoureux et plus amples. Chez Rubens, les martyrs sont des géants fougueux et des lutteurs lâchés. Les saintes ont des torses de faunesses et des hanches de bacchantes. Le vin fumeux de la santé et de la joie coule impétueusement dans leurs corps trop nourris ; il déborde, comme une sève regorgeante, en carnations splendides, en gestes abandonnés, en gaietés colossales, en fureurs superbes ; la rouge ondée du sang, qui monte et descend dans leurs veines, y pousse la vie avec un jet si opulent et si libre, que toute créature humaine semble terne et bridée auprès de celles-là. C'est un monde idéal, et, quand nous l'apercevons, il se donne en nous comme un grand coup d'aile qui nous emporte au-dessus du nôtre. — Mais il n'est pas le plus haut de tous. Les appétits y sont souverains ; on n'y dépasse guère la grosse vie de l'estomac et des sens. Les convoitises y allument les yeux d'une flamme trop sauvage ; le rire sensuel habite trop assidûment sur les lèvres charnues ; le corps gras, luxurieusement épanoui, n'est pas propre à toute la diversité des actions viriles ; il n'est capable que d'un élan bestial et d'un assouvissement glouton ; la chair, trop sanguine et trop molle, déborde en formes exagérées et irrégulières ; l'homme a été charpenté grandement, mais à gros coups. Il est borné, violent, parfois cynique et gouailleur ; les hautes parties de l'esprit lui manquent, il n'est point noble. Les Hercules ici ne sont pas des héros, mais des assommeurs. Avec la musculature d'un taureau, ils en ont l'âme ; et l'homme, tel que l'a conçu Rubens, semble une florissante brute, que ses instincts condamnent à l'engraissement du pâturage ou aux mugissements du combat.

Il nous reste à trouver un type humain en qui la noblesse morale achève la perfection physique. Pour cela nous quitterons la Flandre et nous irons dans la patrie du beau. — Nous traverserons les Pays-Bas italiens, je veux dire Venise, et nous verrons dans sa peinture une approche du type parfait : des chairs amples, mais contenues dans une forme plus mesurée ; un bonheur épanoui, mais d'espèce plus fine ; une volupté large et franche, mais exquise et ornée ; des têtes énergiques et des âmes bornées à la vie présente, mais des fronts intelligents, des physionomies réfléchies et dignes, des esprits aristocratiques et ouverts — Nous irons alors à Florence, et nous contemplerons cette école d'où sortit Léonard, où entra Raphaël et qui, avec Ghiberti, Donatello, Andrea del Sarto, Fra Bartolomeo, Michel-Ange, découvrit le type le plus parfait auquel l'art moderne ait atteint. Contemplez le saint Vincent de Bartolomeo, la Madone *al sacco* d'Andrea del Sarto, l'École d'Athènes de Raphaël, le tombeau de

Médicis et la voûte de la Sixtine de Michel-Ange : voilà les corps que nous devrions avoir ; auprès de cette race d'hommes, les autres sont faibles, ou amollies, ou grossières, ou mal équilibrées. Non seulement leurs figures ont la ferme et mâle santé qui demeure invincible aux attaques de la vie ; non seulement elles sont exemptes de toutes les taches et de toutes les contraintes que les exigences de la société humaine et le conflit du monde environnant nous apportent ; non seulement le rythme de leur structure et la liberté de leur attitude manifestent en elles toutes les facultés de l'action et du mouvement ; mais encore leur tête, leur visage et l'ensemble de toutes leurs formes attestent, tantôt, comme dans Michel-Ange, l'énergie et la sublimité de la volonté ; tantôt, comme dans Raphaël, la douceur et la paix immortelle de l'âme ; tantôt, comme chez Léonard, l'élévation et la finesse exquise de l'intelligence ; sans que pourtant, chez l'un ni chez l'autre, le raffinement de l'expression morale fasse contraste avec la nudité du corps ou avec la perfection des membres, sans que jamais l'ascendant trop fort de la pensée ou des organes retire la personne humaine de ce ciel idéal où toutes les puissances s'accordent en un concert supérieur. Leurs personnages peuvent lutter et s'indigner comme les héros de Michel-Ange, rêver et sourire comme les femmes de Vinci, vivre et se contenter de vivre comme les madones de Raphaël ; ce qui importe, ce n'est point l'action momentanée dans laquelle ils s'engagent, c'est leur structure entière. La tête n'en est qu'une portion ;

la poitrine, les bras, les attaches, les proportions, toute la forme, parle et conspire à mettre sous nos yeux une créature d'une autre espèce que la nôtre ; nous sommes devant eux comme des singes ou des Papous devant nous. Nous ne pouvons les situer dans aucun point de l'histoire positive ; nous sommes obligés, pour leur trouver un monde, de les reculer jusque dans les lointains vaporeux de la légende. La poésie de la distance, ou la majesté des théogonies, peuvent seules fournir un sol digne de les porter. Devant les Sybilles et les Vertus de Raphaël, devant les Adams et les Èves de Michel-Ange, nous pensons aux figures héroïques ou sereines de l'humanité primitive, aux vierges, filles de la terre et des fleuves, dont les grands yeux réfléchissaient pour la première fois l'azur du ciel paternel, aux combattants nus qui descendaient de leurs montagnes pour étouffer les lions dans leurs bras. — Au sortir d'un tel spectacle, nous croyons que notre œuvre est faite et que nous ne pouvons trouver au delà. Et cependant Florence n'est que la seconde patrie du beau ; Athènes est la première. Quelques têtes et quelques statues échappées au naufrage de l'antiquité, la Vénus de Milo, les marbres du Parthénon, la tête de Junon reine à la villa Ludovisi, vous montreront une race encore plus haute et plus pure ; vous oserez sentir par comparaison que, dans les figures de Raphaël, la douceur est souvent un peu moutonne[1] et que la carrure

---

1. La Vierge de Saint-Sixte, la Belle Jardinière.

du corps est parfois un peu massive[1]; que, dans les figures de Michel-Ange, la tragédie de l'âme s'annonce trop visiblement par l'enflure des muscles et l'excès de l'effort. Les véritables dieux visibles sont nés ailleurs et dans un air plus pur. Une civilisation plus spontanée et plus simple, une race mieux équilibrée et plus fine, une religion mieux appropriée, une culture du corps mieux entendue, a jadis dégagé un type plus noble, d'un calme plus fier, d'une sérénité plus auguste, d'un mouvement plus uni et plus libre, d'une perfection plus aisée et plus naturelle ; il a servi de modèle aux artistes de la Renaissance, et l'art que nous admirons en Italie n'est qu'une pousse, moins droite et moins haute, du laurier ionien transplanté dans un autre sol.

1. Les Vénus, les Psychés, les Grâces, les Jupiters, les Amours de la Farnésine.

VI

Telle est la double échelle d'après laquelle se classent à la fois les caractères des choses et les valeurs des œuvres d'art. Selon que les caractères sont plus importants ou bienfaisants, ils sont à une place plus haute, et mettent à un rang plus haut les œuvres d'art par lesquelles ils sont exprimés. — Remarquez que l'importance et la bienfaisance sont deux faces d'une qualité unique, *la force*, considérée tour à tour par rapport à autrui et par rapport à elle-même. Dans le premier cas, elle est plus ou moins importante, selon qu'elle résiste à des forces plus ou moins grandes. Dans le second cas, elle est nuisible ou bienfaisante, selon qu'elle aboutit à sa propre faiblesse ou à son propre accroissement. Ces deux points de vue sont les plus élevés auxquels on puisse considérer la nature ; car ils tournent nos yeux, tantôt vers son essence, tantôt vers sa direction. — Par son essence, elle est un amas de forces brutes, inégales en grandeur, dont le conflit est éternel, mais dont la somme et le travail total demeurent toujours les mêmes. Par sa direction, elle est une série de formes où la force emmagasinée a le privilège d'un renouvellement et même d'un accroissement continus. Tantôt le caractère est une de ces puissances primitives et mécaniques, qui sont l'essence des choses; tantôt il est une de ces puissances ultérieures et capables de grandir, qui marquent la direction du monde; et l'on comprend pourquoi l'art est supérieur, lorsque, prenant pour objet la nature, il manifeste tantôt quelque portion profonde de son fonds intime, tantôt quelque moment supérieur de son développement.

CHAPITRE IV

LE DEGRÉ DE CONVERGENCE DES EFFETS

I

Après avoir considéré les caractères en eux-mêmes, il nous reste à les examiner quand ils se transportent dans l'œuvre d'art. Non seulement il faut qu'en eux-mêmes ils aient la plus grande valeur possible, mais encore il faut que, dans l'œuvre d'art, ils deviennent aussi dominateurs qu'il se pourra. C'est ainsi qu'ils recevront tout leur éclat et tout leur relief; de cette façon seulement ils seront plus visibles que dans la nature. Pour cela, il faut évidemment que toutes les parties de l'œuvre contribuent à les manifester. Aucun élément ne doit rester inactif ou tirer l'attention d'un autre côté ; ce serait une force employée à contresens. En d'autres termes, dans un tableau, une statue, un poème, un édifice, une symphonie, tous les effets doivent être *convergents*. Le degré de cette convergence marque la place de l'œuvre, et vous allez voir une troisième échelle se dresser à côté des deux premières pour mesurer la valeur des œuvres d'art.

II

Prenons d'abord les arts qui manifestent l'homme moral, et notamment la littérature. Nous commencerons par distinguer les divers éléments qui constituent un drame, une épopée, un roman; bref, une œuvre qui met en scène des âmes agissantes. — En premier lieu, il y a des âmes, je veux dire des personnages doués tous d'un caractère distinct; et, dans un caractère, on peut reconnaitre plusieurs parties. Au moment où un enfant, comme dit Homère, « tombe pour la première « fois entre les genoux d'une femme », il possède, au moins en germe, des facultés et des instincts d'une certaine espèce et d'un certain degré; il tient de son père, de sa mère, de sa famille et, en général, de sa race; de plus, ces qualités héréditaires, transmises avec le sang, ont en lui des dimensions et des proportions par lesquelles il se distingue de ses compatriotes et de ses parents. Ce fonds moral inné est lié à un tempérament physique, et le tout ensemble forme l'apport primitif que l'éducation, les exemples, l'apprentissage, tous les événements et toutes les actions ultérieures de l'enfance et de la jeunesse vont contrarier ou compléter. Lorsque ces différentes forces, au lieu de s'annuler les unes les autres, s'ajoutent les unes aux autres, leur convergence enfonce en l'homme une empreinte profonde, et vous voyez paraître les caractères frappants ou forts. — Cette convergence manque souvent dans la nature ; elle ne manque jamais dans l'œuvre des grands artistes : c'est ainsi que leurs caractères, quoique composés des mêmes éléments que les caractères réels, sont plus puissants que les caractères réels. Ils préparent leur personnage de loin et minutieusement ; lorsqu'ils nous le présentent, nous sentons qu'il ne peut pas être autrement qu'il est. Une vaste charpente le soutient ; une profonde logique l'a construit. Personne n'a eu ce don au même degré que Shakespeare. Si vous lisez avec attention chacun de ses rôles, vous y trouverez à chaque instant, dans un mot, dans un geste, dans une saillie d'imagination, dans un décousu d'idées, dans un tour de phrase, un rappel et un indice qui vous montreront tout l'intérieur, tout le passé, tout l'avenir du personnage[1]. Ce sont là ses *dessous*. Le tempéra-

---

1. Dans *Othello*, au dernier moment, la réminiscence de ses voyages et de son enfance, phénomène fréquent dans le suicide :

. . . . . . of one whose hand,
Like the base Judean, threw a pearl away
Richer than all his tribe ; of one whose subdu'd eyes,
Albeit unused to the melting mood,
Drop tears as fast as the Arabian trees
Their medicinal gum.

Dans *Macbeth*, l'invasion subite, au premier mot, de l'hallucination ambitieuse et homicide, phénomène fréquent chez les monomanes :

My thought, whose murder yet is but fantastical,
Shakes so my single state of man, that function
Is smother'd in surmise, and nothing is,
But what is not.

ment corporel, les aptitudes et les tendances originelles ou acquises, la végétation compliquée des idées et des habitudes lointaines ou récentes, toute la sève de la nature humaine, infiniment transformée depuis ses plus anciennes racines jusqu'à ses dernières pousses, a contribué à produire les actions et les paroles qui en sont le jet terminal. Il a fallu cette multitude de forces présentes et cette concordance d'effets concentrés pour animer des figures comme Coriolan, Macbeth, Hamlet, Othello, pour composer, nourrir, exalter la passion maîtresse qui va les raidir et les lancer. — A côté de Shakespeare, j'ose nommer un moderne, presque un contemporain, Balzac, le plus riche entre tous ceux qui, de notre temps, ont manié les trésors de la nature morale. Nul n'a mieux montré la formation de l'homme, l'échafaudage successif de ses diverses assises, les effets superposés et entre-croisés de la parenté, des premières impressions, de la conversation, des lectures, des amitiés, de la profession, de l'habitation, les innombrables empreintes, qui de jour en jour, viennent s'appliquer sur notre âme pour lui donner sa consistance et sa forme. Mais il est romancier et savant, au lieu d'être, comme Shakespeare, dramatiste et poète ; c'est pourquoi, au lieu de cacher ses *dessous*, il les étale ; vous les trouverez longuement énumérés dans ses descriptions et ses dissertations infinies, dans ses portraits circonstanciés d'une maison, d'un visage ou d'un habit, dans ses récits préparatoires d'une enfance et d'une éducation, dans ses explications techniques d'une invention et d'une procédure. Pourtant, en somme, son art est le même, et, quand il construit des personnages, Hulot, le père Grandet, Philippe Brideau, la vieille fille, un espion, une courtisane, un grand homme d'affaires, son talent consiste toujours à ramasser une quantité énorme d'éléments formateurs et d'influences morales en un seul lit et sur une seule pente, comme autant d'eaux qui viendront enfler et précipiter le même courant.

Un second groupe d'éléments dans l'œuvre littéraire, ce sont les situations et les événements. Le caractère conçu, il faut que le conflit où on l'engage soit propre à le manifester. — En cela, l'art est encore supérieur à la nature, car, dans la nature, les choses ne se passent pas toujours ainsi. Tel caractère grand et puissant y reste enfoui et inerte, faute d'occasion ou de tentation. — Si Cromwell ne s'était pas trouvé au milieu de la révolution d'Angleterre, il aurait très probablement continué la vie qu'il mena jusqu'à quarante ans dans sa famille et dans son district, propriétaire fermier, magistrat municipal, puritain sévère, occupé de ses engrais, de ses bestiaux, de ses enfants et de ses scrupules de conscience. Reculez la Révolution française de trois ans, et Mirabeau n'eût été qu'un gentilhomme déclassé, aventurier et viveur. D'autre part, tel caractère médiocre ou faible, qui n'a pas suffi à des événements tragiques, eût suffi à des événements ordinaires. Supposez Louis XVI né dans une famille bourgeoise, avec quelque petite fortune, employé ou rentier : il aurait vécu considéré et tranquille ; il aurait rempli honnêtement sa tâche quotidienne ; on l'aurait vu assidu à son bureau, docile envers sa femme, paternel avec ses enfants ; le soir, sous sa lampe, il leur eût enseigné la géographie, et, le dimanche, après la messe, il se serait amusé avec ses outils de serrurier. — Le personnage construit que la nature livre en prise à la vie est comme un navire qui, de son chantier, vient de glisser à la mer ; il a besoin d'un petit vent ou d'un grand vent, selon qu'il est nacelle ou frégate : l'ouragan, qui accélère la frégate, engloutit la nacelle, et le faible souffle d'air, qui fait voguer la nacelle, laisse la frégate immobile au milieu du port. Il faut donc que l'artiste approprie les situations aux caractères. — Voilà une seconde concordance, et je n'ai pas besoin de vous montrer que les grands artistes ne manquent jamais de l'établir. Ce qu'on appelle chez eux l'intrigue ou l'action est justement une suite d'événements et un ordre de situations, arrangés pour manifester des caractères, pour remuer des âmes jusqu'au fond, pour faire apparaître à la surface les instincts profonds et les facultés ignorées que le flux monotone de l'habitude empêche d'émerger au jour, pour mesurer, comme chez Corneille, la force de leur volonté et la grandeur de leur héroïsme, pour dégager, comme chez Shakespeare, les convoitises, les folies, les fureurs, les étranges monstres dévorants et mugissants qui rampent en aveugles dans les bas-fonds de notre cœur. Pour le même personnage, ces épreuves sont diverses ; on peut donc les disposer de façon à les rendre toujours plus fortes : c'est là le *crescendo* de tous les écrivains ; ils l'emploient dans chaque fragment de l'action comme dans l'ensemble, et aboutissent ainsi à quelque éclat ou à quelque chute suprême. — Vous voyez que la loi s'applique dans les détails comme dans les masses. On groupe les portions d'une scène en vue d'un certain effet ; on groupe tous les effets en vue d'un dénoûment ; on construit l'histoire entière en vue des âmes que l'on veut mettre en scène. La convergence du caractère total et des situations successives manifeste le caractère jusqu'au fond et jusqu'au terme, en le conduisant au triomphe définitif ou à l'écrasement final [1].

Il reste un dernier élément, le style. A vrai dire, c'est le seul visible ; les deux autres ne sont que ses *dessous* ; il les revêt et se trouve seul à la surface. — Un livre n'est qu'une suite de phrases que l'auteur prononce ou fait prononcer à ses personnages ; les yeux et les oreilles de la tête n'y saisissent rien d'autre, et tout ce que l'ouïe et la vue intérieures y apercevront de plus ne leur sera dévoilé que par l'entremise de ces mêmes phrases. Voilà donc un troisième élément d'importance supérieure, et dont l'effet doit concorder avec l'effet des autres pour que l'impression totale soit la plus grande possible. — Mais une phrase prise en elle-même est capable de diverses formes et, partant, de divers effets. Elle peut être un vers suivi d'autres vers ;

---

1. Voyez, sur le principe des convergences, *La Fontaine et ses fables*, par H. Taine, 3ᵉ partie.

elle peut comprendre des vers de longueur égale ou de longueur inégale, des rythmes et rimes diversement disposés ; là-dessus voyez toutes les richesses de la métrique. D'autre part, elle peut former une ligne de prose suivie d'autres lignes de prose ; et ces lignes, tantôt s'enchaînent en une période, tantôt composent tour à tour des périodes et des phrases courtes ; voyez là-dessus toutes les richesses de la syntaxe. — Enfin les mots qui composent les phrases ont par eux-mêmes un caractère ; selon leur origine et leur usage ordinaire, ils sont généraux et nobles, ou techniques et secs, ou familiers et frappants, ou abstraits et ternes, ou éclatants et colorés. Bref, une phrase prononcée est un ensemble de puissances qui remue à la fois dans le lecteur l'instinct logique, les aptitudes musicales, les acquisitions de la mémoire, les ressorts de l'imagination, et qui, par les nerfs, les sens, les habitudes, ébranle tout l'homme. — Il faut donc que le style s'accommode au reste de l'œuvre ; il y a là une dernière convergence, et, sur ce terrain, l'art des grands écrivains est infini ; leur tact est d'une délicatesse extraordinaire, et leur invention d'une fertilité inépuisable : on ne trouve point chez eux un rythme, un tour, une construction, un mot, un son, une liaison de mots, de sons et de phrases, dont la valeur ne soit sentie et dont l'emploi ne soit voulu. Ici encore l'art est supérieur à la nature ; car, par ce choix, cette transformation et cette appropriation du style, le personnage imaginaire parle mieux et plus conformément à son caractère que le personnage réel. — Sans pénétrer ici dans les finesses de l'art et sans entrer dans le détail des procédés, nous voyons aisément que les vers sont une sorte de chant et la prose une sorte de conversation, que le grand vers alexandrin élève la voix jusqu'à l'accent soutenu et noble, et que la courte strophe lyrique est encore plus musicale et plus exaltée ; que la petite phrase nette a le ton impérieux ou sautillant, que la longue phrase périodique a le souffle oratoire et l'emphase majestueuse ; bref, que toute forme de style détermine un état de l'âme, la détente ou la tension, l'emportement ou la nonchalance, la lucidité ou le trouble, et que, partant, les effets de la situation et des caractères sont diminués ou accrus, selon que les effets du style vont dans le sens contraire ou dans le même sens. — Supposez que Racine prenne le style de Shakespeare, et Shakespeare le style de Racine ; leur œuvre sera ridicule, ou plutôt ils ne pourront pas écrire. La phrase du xviie siècle si claire, si mesurée, si épurée, si bien liée, si bien appropriée à des entretiens de palais, est incapable d'exprimer les passions crues, les éclats d'imagination, la tempête intérieure et irrésistible qui se déchaîne dans le drame anglais. D'autre part, la phrase du xvie siècle, tantôt familière et tantôt lyrique, hasardeuse, excessive, heurtée, décousue, ferait tache, si on la mettait dans la bouche des personnages polis, bien élevés, accomplis, de la tragédie française. Au lieu d'un Racine et d'un Shakespeare, vous auriez des Dryden, des Otway, des Ducis, et des Casimir Delavigne. — Tel est le pouvoir et telles sont les conditions du style. Les caractères que les situations manifestaient à l'esprit ne se manifestent aux sens que par le langage, et la convergence des trois forces donne au caractère toute sa saillie. Plus l'artiste a démêlé et fait converger dans son œuvre des éléments nombreux et capables d'effet, plus le caractère qu'il veut mettre en lumière devient dominateur; l'art tout entier tient en deux paroles : manifester en concentrant.

III.

D'après ce principe, on peut classer encore une fois les diverses œuvres littéraires. Toutes choses égales d'ailleurs, elles seront plus ou moins belles, selon que la convergence des effets sera chez elles plus ou moins complète; et, par une rencontre curieuse, cette règle, appliquée aux écoles, établit, entre les moments successifs du même art, les divisions que déjà l'histoire et l'expérience y introduisaient.

Au commencement de tout âge littéraire, on remarque une période d'ébauche; l'art est faible et enfantin; c'est que la convergence des effets y est insuffisante, et la faute en est à l'ignorance de l'écrivain. Le souffle n'est pas ce qui lui manque; il l'a, et souvent il l'a franc et fort; à ce moment, le talent abonde; de grandes figures s'agitent obscurément au fond des âmes; mais les procédés ne sont pas connus; on ne sait point écrire, distribuer les parties d'un sujet, user des ressources littéraires. — Tel est le défaut de la première littérature française au moyen âge. Quand vous lisez la *Chanson de Roland*, *Renaud de Montauban*, *Ogier le Danois*, vous sentez bien vite que les hommes de ce siècle avaient des sentiments originaux et grands : une société nouvelle s'était fondée; les croisades s'accomplissaient; la fière indépendance du baron, l'indomptable fidélité du vassal, les mœurs militaires et héroïques, la force des corps et la simplicité des cœurs, fournissaient à la poésie des caractères égaux à ceux d'Homère. Elle n'en a profité qu'à demi ; elle a senti leur beauté sans pouvoir la rendre. Le trouvère était laïque et français, c'est-à-dire né dans une race qui fut toujours prosaïque et dans une condition à laquelle le monopole du clergé ôtait alors la culture supérieure. Il conte sèchement et d'une façon nue ; il n'a pas les amples et éclatantes images d'Homère et de l'antique Grèce ; son récit est terne ; son vers monorime répète trente fois de suite le même coup de cloche. Il n'est pas maître de son sujet, il ne sait pas retrancher, développer et proportionner, préparer une scène, fortifier un effet. Son œuvre ne prend point place dans la littérature éternelle ; elle disparaît du monde, elle n'occupe plus que les antiquaires. Si elle aboutit, c'est par des œuvres isolées, par les *Nibelungen*, en Allemagne où le vieux fonds national n'a pas été écrasé par l'établissement ecclésiastique, par la *Divine comédie*, en Italie où Dante, par un suprême effort de travail, d'exaltation et de génie, trouve, dans un poème mystique et savant, l'alliance inespérée des sentiments laïques et des théories théologiques. — Quand l'art renaît au xvie siècle, d'autres exemples nous montrent le même manque de convergence aboutissant d'abord à la même insuffisance. Le premier dramatiste anglais, Marlowe, est un homme de génie ; il a senti, comme Shakespeare, la fureur des passions effrénées, la sombre grandeur de la mélancolie septentrionale, la sanglante poésie de l'histoire contemporaine; mais il ne sait pas conduire le dialogue, varier les événements, nuancer les situations, opposer les caractères; son procédé n'est que le meurtre continu et la mort sans phrases; son théâtre puissant, mais fruste, n'est connu que des curieux. Pour que sa tragique idée de la vie éclose enfin aux regards de tous et en pleine lumière, il faut qu'après lui un génie plus grand, muni de l'expérience acquise, couve une seconde fois les mêmes âmes; il faut que Shakespeare, après avoir lui-même tâtonné plus d'une fois, fasse entrer dans les ébauches de son précurseur la vie variée, pleine et profonde, à laquelle l'art primitif n'avait pas suffi.

D'autre part, à la fin de tout âge littéraire, on remarque une période de décadence; l'art est gâté, vieillot, refroidi par la routine et la convention. Là aussi la convergence des effets manque; mais la faute n'en est pas à l'ignorance. Au contraire, on n'a jamais été si savant; tous les procédés ont été perfectionnés et raffinés; même ils sont tombés dans le domaine commun; qui veut en user peut les prendre. La langue poétique est faite : le moindre écrivain sait comment on construit une phrase, comment on accouple deux rimes, comment on ménage un dénoûment. Ce qui abaisse l'art, c'est la faiblesse du sentiment. La grande conception qui avait formé et soutenu les œuvres des maîtres languit et se délabre; on ne la conserve que par réminiscence et par tradition. On ne la suit plus jusqu'au bout;

on l'altère en y introduisant un autre esprit; on croit la perfectionner par des disparates. — Telle fut la situation du théâtre grec au temps d'Euripide, et du théâtre français au temps de Voltaire. La forme extérieure subsistait la même qu'auparavant; mais l'âme qui l'habitait avait changé, et ce contraste choque. Euripide garde l'appareil, les chœurs, le mètre, les personnages héroïques et divins d'Eschyle et de Sophocle. Mais il les rabaisse jusqu'aux sentiments et aux ruses de la vie ordinaire, il leur prête des discours d'avocat et de sophiste. il se complaît à montrer leurs travers, leurs faiblesses et leurs lamentations. Voltaire accepte ou s'impose toutes les bienséances et toutes les machines de Racine et de Corneille, les confidents, les grands prêtres, les princes, les princesses, l'amour élégant et chevaleresque, l'alexandrin, le style général et noble, les songes, les oracles et les dieux. Mais il y introduit une intrigue émouvante empruntée au théâtre anglais; il essaye d'y ajouter le vernis historique, il y fait entrer des intentions philosophiques et humanitaires, il y insinue des attaques contre les rois et les prêtres; il y est novateur et penseur, à contresens et à contretemps. Chez l'un et chez l'autre, les divers éléments de l'œuvre ne concourent plus à un même effet. La draperie antique gêne les sentiments récents; les sentiments récents crèvent la draperie antique. Les personnages restent incertains entre deux rôles; ceux de Voltaire sont des princes éclairés par l'*Encyclopédie*; ceux d'Euripide sont des héros affinés par l'école du rhéteur. Sous ce double masque, leur figure flotte ; on ne la voit plus ; ou plutôt ils ne vivent pas, sinon par accès, de loin en loin. Le lecteur laisse là ce monde qui se détruit lui-même et va chercher les œuvres dans lesquelles, à l'exemple des créatures vivantes, toutes les parties sont des organes qui conspirent à un même effet.

On les trouve au centre des âges littéraires : c'est le moment où un art fleurit ; auparavant il est en germe ; un peu plus tard, il est fané. A cet instant, la convergence des effets est complète, et une harmonie admirable équilibre entre eux les caractères, le style et l'action. Ce moment se rencontre en Grèce au temps de Sophocle, et, si je ne me trompe, encore mieux au temps d'Eschyle, quand la tragédie, fidèle à ses origines, est encore un chant dithyrambique, quand le sentiment religieux de l'initié la pénètre tout entière, quand les figures gigantesques de la légende héroïque ou divine ont toute leur taille, quand la fatalité, maîtresse de la vie humaine, et la justice, gardienne de la vie sociale, tissent et coupent les destinées, aux sons d'une poésie obscure comme un oracle, terrible comme une prophétie, sublime comme une vision. Vous pouvez voir dans Racine la concordance parfaite des habiletés oratoires, de la diction pure et noble, de la composition savante, des dénoûments ménagés, de la décence théâtrale, de la politesse princière, des délicatesses et des bienséances de cour et de salon. Vous trouverez un accord semblable dans l'œuvre complexe et composite de Shakespeare, si vous remarquez que, peignant l'homme intact et complet, il a dû employer côte à côte les vers les plus poétiques, la prose la plus familière, tous les contrastes du style, pour manifester tour à tour les hauts et les bas de la nature humaine, la délicatesse exquise des caractères féminins et la violence intraitable des caractères virils, la rudesse crue des mœurs populaires et le raffinement alambiqué des façons mondaines, le bavardage de la conversation courante et l'exaltation des émotions extrêmes, l'imprévu des petits incidents vulgaires et la fatalité des passions démesurées. — Si différents que soient les procédés, toujours, chez les grands écrivains, ils convergent; ils convergent dans les fables de La Fontaine comme dans les oraisons funèbres de Bossuet, dans les contes de Voltaire comme dans les stances du Dante, dans le *Don Juan* de lord Byron comme dans les dialogues de Platon, chez les anciens comme chez les modernes, chez les romantiques comme chez les classiques. L'exemple des maîtres n'impose à leurs successeurs aucun style, aucun arrangement, aucune forme fixe. Si tel a réussi par une voie, tel peut réussir par la voie contraire; un seul point est nécessaire, c'est que son œuvre entre tout entière dans la même voie; il faut qu'il marche par toutes ses forces vers un seul but. L'art, comme la nature, coule ses créatures dans tous les moules; seulement, pour que la créature soit viable, il faut, dans l'art comme dans la nature, que les morceaux fassent un ensemble, et que la moindre parcelle du moindre élément y soit une servante du tout.

IV

Il nous reste à considérer les arts qui manifestent l'homme physique, et à démêler leurs divers éléments, surtout ceux de la peinture, le plus riche de tous. — Ce qu'on remarque d'abord dans un tableau, ce sont les corps vivants qui le remplissent, et, dans ces corps, nous avons déjà distingué deux parties principales : la charpente générale osseuse et musculaire, c'est-à-dire l'écorché, et le revêtement extérieur qui couvre l'écorché, c'est-à-dire la peau sensible et colorée. Vous voyez tout de suite que ces deux éléments doivent être en harmonie. La peau blanche et féminine du Corrège ne peut se rencontrer sur les musculatures héroïques de Michel-Ange. — Il en est de même pour un troisième élément, l'attitude et la physionomie; certains sourires ne vont qu'à certains corps; jamais un lutteur surnourri, une Suzanne étalée, une Madeleine charnue de Rubens, n'aura l'expression pensive, délicate et profonde que Vinci donne à ses figures. — Ce ne sont là que les concordances les plus grossières et les plus extérieures; il en est d'autres bien plus profondes et non moins nécessaires. Tous les muscles, tous les os, toutes les articulations, tous les détails de l'homme physique, ont une vertu significative; chacun d'eux peut exprimer divers caractères. L'orteil et la clavicule d'un docteur ne sont pas ceux d'un combattant; le moindre fragment du corps contribue, par son ampleur, sa forme, sa couleur, sa dimension, sa consistance, à ranger l'animal humain dans telle ou telle espèce. Il y a là un nombre énorme d'éléments dont les effets doivent converger; si l'artiste en ignore quelques-uns, il diminue sa force; s'il en fait agir un à contresens, il détruit partiellement l'effet des autres. Voilà pourquoi les maîtres de la Renaissance ont si fort étudié le corps humain, pourquoi Michel-Ange a disséqué douze ans. Ce n'était pas pédanterie, minutie de l'observation littérale; le détail extérieur du corps humain est le trésor du sculpteur et du peintre, comme l'âme est le trésor du dramatiste et du romancier. La saillie d'un tendon est aussi importante pour l'un que la domination d'une habitude pour l'autre. Non seulement il faut qu'il en tienne compte pour faire un corps viable, mais encore il peut en tirer parti pour faire un corps énergique ou charmant. Plus il s'en est imprimé dans l'esprit la forme, les diversités, les dépendances et l'usage, plus il est maître de l'employer éloquemment dans son œuvre; et, si vous étudiez de près les figures du grand siècle, vous verrez que, depuis le talon jusqu'au crâne, depuis la courbure du pied arqué jusqu'aux plis de la face, il n'y a pas une dimension, une forme, un ton de chair, qui ne contribue à mettre en relief le caractère que l'artiste veut exprimer.

Ici se présentent des éléments nouveaux, ou plutôt les mêmes éléments se présentent à un autre point de vue. Les lignes qui tracent le contour du corps, ou qui, dans ce contour, marquent les creux et les saillies, ont une valeur par elles-mêmes; et, selon qu'elles sont droites, courbes, sinueuses, cassées ou irrégulières, elles font sur nous des effets différents. Il en est de même des masses qui composent le corps; leurs proportions ont aussi, par elles-mêmes, une puissance significative; selon les divers rapports de grandeur qui unissent la tête au tronc, le tronc aux membres, les membres entre eux, nous éprouvons des impressions diverses. Il y a une architecture du corps, et, aux liaisons organiques qui associent ses parties vivantes, il faut joindre les liaisons mathématiques qui déterminent ses masses géométriques et son concours abstrait. A cet égard, on peut le comparer à une colonne; telle proportion du diamètre et de la hauteur la fait ionienne ou dorienne, élégante ou trapue. Pareillement, telle proportion entre la grandeur de la tête et la grandeur de l'ensemble fait le corps florentin ou romain. Le fût de la colonne ne peut être plus grand que son épaisseur multipliée un certain nombre de fois par elle-même; pareillement, l'ensemble du corps doit atteindre et ne peut dépasser un certain multiple dont la tête est l'unité. Toutes les parties du corps ont ainsi leur mesure mathématique; sans y être astreintes rigoureusement, elles oscillent à l'entour, et les divers degrés de cette oscillation expriment tous un caractère différent. L'artiste entre donc ici en possession d'une nouvelle ressource; il peut choisir des têtes petites et des corps allongés comme Michel-Ange, des lignes simples et monumentales comme Fra Bartolomeo, des contours onduleux et des inflexions variées comme Corrège. Les groupes équilibrés ou désordonnés, les attitudes droites ou obliques, les divers plans et les divers étages du tableau lui fourniront des symétries différentes. Une fresque ou un tableau est un carré, un rectangle, un arc de voûte ; bref, un pan d'espace, dans lequel l'assemblage humain fait un édifice. Considérez dans les estampes le *Martyre de saint Sébastien* par Baccio Bandinelli ou l'*École d'Athènes* par Raphaël, et vous sentirez ce genre de beauté que les Grecs, par un nom tout musical, appelaient l'eurythmie. Regardez le même sujet traité par deux peintres, l'*Antiope* de Titien et l'*Antiope* de Corrège, et vous sentirez les effets différents de la géométrie des lignes. Nouvelle puissance qu'il faut tourner dans le même sens que les autres et qui, négligée ou mal dirigée, empêche le caractère d'avoir toute son expression.

J'en viens au dernier élément, qui est capital, la couleur. — Par elles-mêmes et en dehors de leur emploi imitatif, les couleurs, comme les lignes, ont un sens. Une gamme de couleurs qui ne figurent aucun objet réel, comme une arabesque de lignes qui n'imitent aucun objet naturel, peut être riche ou maigre, élégante ou lourde. Notre impression varie avec leur assemblage ; leur assemblage a donc une expression. Un tableau est une surface colorée, dans laquelle les divers tons et les divers degrés de lumière sont répartis avec un certain choix; voilà son être intime; que ces tons et ces degrés de lumière fassent des figures, des draperies, des architectures, c'est là pour eux une propriété ultérieure, qui n'empêche pas leur propriété primitive d'avoir toute son importance et tous ses droits. La valeur propre de la couleur est donc énorme, et le parti que les peintres prennent à son endroit détermine le reste de leur œuvre. — Mais, dans cet élément, il y a plusieurs éléments, d'abord le degré général de clarté ou d'obscurité; Guide fait blanc, gris argenté, gris ardoisé, bleu pâle; il peint tout en pleine lumière. Caravage fait noir, brun charbonneux, intense, terreux; il peint tout dans l'ombre opaque. — D'autre part, l'opposition des clairs et des noirs est, dans le même tableau, plus ou moins forte et plus ou moins ménagée. Vous connaissez la gradation délicate qui, chez Vinci, fait insensiblement émerger la forme du milieu de l'ombre, la gradation délicieuse qui, chez Corrège, fait sortir la clarté plus forte de la clarté universelle, l'apparition violente par laquelle, chez Ribera, un ton clair éclate subitement sur la noirceur lugubre, l'air humide et jaunâtre dans lequel Rembrandt lance une flambée de soleil ou fait filtrer un rayon perdu. — Enfin, outre leur degré de lumière, les tons, selon qu'ils sont ou non complémentaires l'un de l'autre[1], ont leurs dissonances et leurs consonances; ils s'appellent ou s'excluent; l'orangé, le violet, le rouge, le vert et tous

---

1. Chevreul, *Traité du contraste des couleurs.*

les autres, simples ou mélangés, forment ainsi par leur proximité, comme les notes musicales par leur succession, une harmonie pleine et forte, ou âpre et rude, ou douce et molle. Considérez au Louvre, dans l'*Esther* de Véronèse, la charmante suite des jaunes qui, vaguement pâlis, foncés, argentés, rougis, verdis, teintés d'améthyste et toujours tempérés et reliés, se fondent les uns dans les autres, depuis la jonquille pâle et la paille luisante jusqu'à la feuille morte et la topaze brûlée ; ou, dans la *Sainte Famille* du Giorgione, les puissantes rougeurs qui, depuis la pourpre presque noire de la draperie, vont se diversifiant et s'éclaircissant, se tachent d'ocre sur les chairs solides, palpitent et flageolent dans les interstices des doigts, s'étalent en se bronzant sur une poitrine virile, et, tour à tour imprégnées d'ombre et de lumière, mettent à la fin sur un visage de jeune fille un effluve de soleil couchant ; vous comprendrez la puissance expressive d'un élément pareil. — Il est aux figures ce que l'accompagnement est au chant ; bien mieux, parfois il est le chant dont les figures ne sont que l'accompagnement ; d'accessoire il est devenu principal. Mais, que sa valeur soit accessoire, principale, ou simplement égale à celle du reste, il n'en est pas moins visible qu'il est une puissance distincte et que, pour exprimer le caractère, son effet doit s'accorder avec les autres effets.

V

D'après ce principe nous allons classer une dernière fois les œuvres des peintres. Toutes choses égales d'ailleurs, on voit qu'elles seront plus ou moins belles, selon que la convergence des effets sera chez elles plus ou moins complète, et cette règle qui, appliquée à l'histoire de la littérature, a distingué les moments successifs d'un âge littéraire, nous donne le moyen, si nous l'appliquons à l'histoire de la peinture, de distinguer les états successifs d'une école d'art.

Dans la période primitive, l'œuvre est encore imparfaite. L'art est insuffisant, et l'artiste ignorant ne sait pas faire converger tous les effets. Il en manie quelques-uns, souvent fort bien et avec génie ; mais il ne soupçonne pas les autres ; le manque d'expérience l'empêche de les voir, ou l'esprit de la civilisation dans laquelle il est enfermé en détourne ses yeux. Tel est l'état de l'art pendant les deux premiers âges de la peinture italienne. — Pour le génie et l'âme, Giotto ressemblait à Raphaël ; il avait la même abondance, la même facilité, la même originalité, la même beauté d'invention ; son sentiment de l'harmonie et de la noblesse n'était pas moindre ; mais la langue n'était pas faite, et il a balbutié, tandis que l'autre a parlé. Il n'avait pas étudié sous Pérugin et à Florence, il ne connaissait pas les statues antiques. On n'avait jeté alors qu'un premier regard sur le corps vivant; on ignorait les muscles, on n'en voyait pas la puissance expressive; on n'eût osé comprendre et aimer le bel animal humain; cela sentait le paganisme; l'ascendant de la théologie et du mysticisme était trop fort. La peinture, hiératique et symbolique, dure ainsi pendant un siècle et demi, sans employer son principal élément. — Le second âge commence, et les orfèvres anatomistes, devenus peintres, modèlent pour la première fois, dans leurs tableaux et dans leurs fresques, des corps solides et des membres bien attachés. Mais d'autres parties de l'art leur manquent encore. Ils ignorent cette architecture de lignes et de masses qui, cherchant des courbes et des proportions idéales, transforme le corps réel en un beau corps; Verrochio, Pollaiolo, Castagno, font des personnages anguleux, disgracieux, tout bosselés de muscles et qui, suivant le mot de Léonard de Vinci, « ressemblent à des sacs de noix ». Ils ignorent les variétés du mouvement et de la physionomie, et, chez Pérugin, chez Fra Filippo, chez Ghirlandajo, dans les anciennes fresques de la Sixtine, les figures, immobiles et figées, ou rangées en files monotones, semblent attendre, pour vivre, un dernier souffle qui ne vient pas. Ils ignorent les richesses ou les délicatesses de la couleur, et les personnages de Signorelli, de Filippo Lippi, de Mantegna, de Botticelli, ternes, secs, se détachent avec un relief brusque sur un fond sans air. Il faut qu'Antonello de Messine importe en Italie la peinture à l'huile, pour que l'éclat et l'union des tons lustrés et fondus fassent couler un sang chaud dans leurs veines. Il faut que Léonard découvre la dégradation insensible de la lumière, pour que le recul aérien fasse émerger leurs rondeurs fuyantes et enveloppe leurs contours dans la douceur du clair-obscur. C'est seulement à la fin du xve siècle que tous les éléments de l'art, dégagés un à un, peuvent assembler leurs puissances sous la main du maître, pour manifester par leur concorde le caractère qu'il a conçu.

D'autre part, dans la seconde moitié du xvie siècle, quand la peinture décline, la convergence momentanée qui avait produit les chefs-d'œuvre se défait et ne peut plus se rétablir. Tout à l'heure elle avait manqué parce que l'artiste n'était pas assez savant; maintenant elle manque parce qu'il n'est plus assez naïf. En vain les Carraches étudient avec une patience infatigable, et vont prendre dans toutes les écoles les procédés les plus variés et les plus féconds; c'est justement cet assemblage d'effets disparates qui rabaisse leur œuvre à une place inférieure. Leur sentiment est trop faible pour engendrer un ensemble; ils prennent à l'un, puis à l'autre, et se ruinent en empruntant. Leur science leur nuit, en réunissant dans la même œuvre des effets qui ne peuvent pas être réunis. Le *Céphale* d'Annibal Carrache au palais Farnèse a les muscles d'un lutteur de Michel-Ange, une carrure et une abondance de chairs empruntées aux Vénitiens, un sourire et des joues prises au Corrège; on a le déplaisir de voir un athlète gracieux et gras. Le *saint Sébastien* du Guide, au Louvre, est un torse d'Antinoüs antique, baigné d'une lumière qui, par son éclat, rappelle celle de Corrège et, par son ton bleuâtre, rappelle celle de Prud'hon ; on a le déplaisir de voir un éphèbe de palestre sentimental et aimable. Partout, dans cette décadence, l'expression de la tête contredit celle du corps ; vous voyez des airs de béate, de dévot, de dame mondaine, de sigisbé, de grisette, de jeune page, de domestique, sur des musculatures agitées et sur des corps vigoureux ; le tout ensemble compose des dieux et des saints qui sont des déclamateurs fades, des nymphes et des madones qui sont des déesses de salon, plus souvent encore des personnages qui, flottant entre deux rôles, n'en remplissent aucun, et ne sont rien du tout. Des disparates semblables ont arrêté longtemps la peinture flamande au milieu de sa carrière, lorsque avec Bernard Van Orley, Michel Coxie, Martin Heemskerk, Franz Floris, Martin de Vos, Otto Venius, elle voulut se faire italienne. Pour que l'art flamand reprît son élan et atteignît son but, il fallut qu'un nouvel afflux d'inspiration nationale couvrît les importations étrangères et rendît l'essor aux instincts de la race. Alors seulement, avec Rubens et ses contemporains, reparut l'idée originale de l'ensemble ; les éléments de l'art, qui ne se groupaient que pour se contredire, s'associèrent pour se compléter, et les œuvres viables remplacèrent les avortons.

Entre les périodes de déclin et les périodes d'enfance se place d'ordinaire une période de floraison. Mais, soit qu'on la rencontre, comme il arrive le plus souvent, au centre de la période totale et dans le mince intervalle qui sépare l'ignorance du goût faux, soit qu'on la trouve, comme il arrive parfois quand il s'agit d'un homme ou d'une œuvre isolée, en un point excentrique, toujours le chef-d'œuvre a pour cause une convergence universelle d'effets. A l'appui de cette vérité, l'histoire de la peinture italienne nous a fourni les exemples les plus variés et les plus décisifs. C'est à poursuivre cette unité que s'applique tout l'art des maîtres, et la délicatesse de perception, qui fait leur génie, se révèle tout entière par l'opposition de leurs procédés, comme par la cohérence de leur conception. — Vous avez vu chez Vinci l'élégance suprême et presque féminine des figures, le sourire indéfinissable, l'expression profonde des traits, la supériorité mélancolique ou la finesse exquise des âmes, les attitudes recherchées ou originales, s'accorder avec la souplesse onduleuse des contours, avec la suavité mystérieuse du clair-obscur, avec les vagues enfoncements d'ombre croissante, avec la gradation insensible du modelé, avec la beauté étrange des perspectives vaporeuses. — Vous avez vu chez les Vénitiens l'ample et riche lumière, la consonance joyeuse et saine des tons reliés ou opposés, le lustre sensuel de la couleur s'accorder avec la splendeur de la décoration, avec la liberté et la magnificence de la vie, avec la franche énergie ou avec la noblesse patricienne des têtes, avec le voluptueux attrait de la chair pleine et vivante, avec le mouvement vif et aisé des groupes, avec l'épanouissement universel du bonheur. — Dans une fresque de Raphaël, la sobriété de la couleur convient à la force et à la solidité sculpturale des figures, à l'architecture calme des ordonnances, au sérieux et à la simplicité des têtes, au mouvement modéré des attitudes, à la sérénité et à l'élévation morale des expressions. — Un tableau du Corrège est une sorte de jardin enchanté d'Alcine, où la séduction de la lumière mariée à la lumière, la grâce capricieuse et caressante des lignes ondoyantes ou cassées, la blancheur éblouissante et les rondeurs molles des corps féminins, l'irrégularité piquante des figures, la vivacité, la tendresse, l'abandon des expressions et des gestes, s'unissent pour former le rêve de félicité délicieuse et délicate que la magie d'une fée et l'amour d'une femme arrangeraient pour son amant. — L'œuvre entière sort d'une racine principale; une sensation dominante et primitive pousse et ramifie à l'infini la végétation compliquée des effets ; chez Beato Angelico, c'est la vision de l'illumination surnaturelle, et la conception mystique du bonheur céleste; chez Rembrandt, c'est l'idée de la lumière mourante dans l'obscurité humide, et le douloureux sentiment du réel poignant. Vous trouverez une idée du même ordre qui détermine et accorde l'espèce des lignes, le choix des types, l'ordonnance des groupes, les expressions, les gestes, le coloris, chez Rubens et Ruysdael, chez Poussin et Lesueur, chez Prud'hon et Delacroix. La critique a beau faire, elle n'en démêle pas toutes les suites ; elles sont innombrables et trop profondes; la vie est la même dans les œuvres du génie et dans les œuvres de la nature ; elle pénètre jusque dans l'infiniment petit; aucune analyse ne peut l'épuiser. Mais, dans les unes comme dans les autres, l'observation constate les concordances essentielles, les dépendances réciproques, la direction finale et les harmonies d'ensemble, dont elle ne parvient pas à démêler tout le détail.

VI

Nous pouvons maintenant, messieurs, embrasser d'un regard l'art tout entier, et comprendre le principe qui assigne à chaque œuvre son rang dans l'échelle. — Nous avons posé, d'après nos études précédentes, que l'œuvre d'art est un système de parties, tantôt créé de toutes pièces, comme il arrive dans l'architecture et la musique, tantôt reproduit d'après quelque objet réel, comme il arrive dans la littérature, la sculpture, la peinture, et nous nous sommes rappelé que le but de l'art est de manifester par cet ensemble quelque caractère notable. Nous en avons conclu que l'œuvre serait d'autant meilleure que le caractère y serait à la fois plus notable et plus dominateur. Nous avons distingué dans le caractère notable deux points de vue, selon qu'il est plus important, c'est-à-dire plus stable et plus élémentaire, et selon qu'il est plus bienfaisant, c'est-à-dire plus capable de contribuer à la conservation et au développement de l'individu et du groupe qui le possèdent. Nous avons vu qu'à ces deux points de vue, d'après lesquels on peut estimer la valeur des caractères, correspondent deux échelles, d'après lesquelles on peut évaluer les œuvres d'art. Nous avons remarqué que ces deux points de vue se réunissent en un seul, et qu'en somme le caractère important ou bienfaisant n'est jamais qu'une force mesurée, tantôt par ses effets sur autrui, tantôt par ses effets sur elle-même ; d'où il suit que le caractère, ayant deux espèces de puissance, a deux espèces de valeur. Nous avons cherché alors comment dans l'œuvre d'art il peut se manifester plus clairement que dans la nature, et nous avons vu qu'il prend un relief plus fort, lorsque l'artiste, employant tous les éléments de son œuvre, fait converger tous leurs effets. Ainsi s'est dressée devant nous une troisième échelle, et nous avons vu que les œuvres d'art sont d'autant plus belles que le caractère s'imprime et s'exprime en elles avec un ascendant plus universellement dominateur. Le chef-d'œuvre est celui dans lequel la plus grande puissance reçoit le plus grand développement. En langage de peintre, l'œuvre supérieure est celle où le caractère qui, dans la nature, a la plus grande valeur possible, reçoit de l'art tout le surcroît possible de valeur. Laissez-moi vous dire la même chose en style moins technique. Les Grecs, nos maîtres, nous enseignent ici la théorie de l'art comme le reste. Regardez les transformations successives, qui peu à peu ont dressé dans leurs temples un *Jupiter mansuetus*, une *Vénus de Milo*, une *Diane chasseresse*, une *Junon* comme celle de la villa Ludovisi, les *Parques* du Parthénon, et toutes ces images parfaites dont les débris mutilés suffisent encore pour nous montrer aujourd'hui les exagérations et les insuffisances de notre art. Les trois pas de leur conception sont justement les trois pas qui nous ont conduits à notre doctrine. Au commencement, leurs dieux ne sont que les forces élémentaires et profondes de l'univers, la Terre maternelle, les Titans souterrains, les Fleuves ruisselants, le Jupiter pluvieux, l'Hercule Soleil. Un peu plus tard ces mêmes dieux dégagent leur humanité ensevelie dans les énergies brutes de la nature, et la Pallas guerrière, l'Artémis chaste, l'Apollon libérateur, l'Hercule dompteur des monstres, toutes les puissances bienfaisantes forment le noble chœur des figures accomplies que les poèmes d'Homère vont asseoir sur des trônes d'or. Des siècles s'écoulent avant qu'elles descendent sur terre ; il faut que les lignes et les proportions, longtemps maniées, révèlent leurs ressources, et puissent soutenir le faix de l'idée divine qu'elles doivent porter. A la fin, les doigts de l'homme impriment dans l'airain et dans le marbre la forme immortelle ; la conception primitive, d'abord élaborée dans les mystères des temples, puis transformée par les songes des chantres, atteint son achèvement sous la main du sculpteur.

FIN

TABLE DES MATIÈRES

TABLE DES MATIÈRES

TROISIÈME PARTIE

LA PEINTURE DANS LES PAYS-BAS (SUITE)

CHAPITRE II

LES ÉPOQUES HISTORIQUES

I

La première époque. — La Flandre au xive siècle. — Énergie des caractères. — Prospérité des cités. — Décadence de l'esprit ascétique et ecclésiastique. — Magnificence et sensualité. — La cour de Bourgogne et les fêtes de Lille. — Besoin du pittoresque. — Ressemblance et différences de la Flandre et de l'Italie. — Conservation en Flandre du sentiment religieux et mystique. — Concordance des caractères de l'art et de ceux du milieu. — Glorification de la vie présente et de la foi chrétienne. — Les types, le relief, le paysage, le costume, les sujets, les expressions, le sentiment, depuis Hubert van Eyck jusqu'à Quentin Massys. 1

II

La seconde époque. — Le xvie siècle. — Affranchissement des esprits et polémique contre le clergé. — Mœurs pittoresques et sensuelles. — Fêtes et entrées des chambres de rhétorique. —

Transformation graduelle de la peinture. — Prédominance des sujets laïques et humains. — Promesses d'un art nouveau. — Ascendant des modèles italiens. — Disproportion de l'art italien et de l'esprit flamand. — Style ambigu et insuffisant de l'école nouvelle. — Influence croissante des maîtres italiens depuis Jean de Mabuse jusqu'à Otto Venius. — Persistance du style et de l'esprit indigènes dans la peinture de genre, de paysages et de portraits. — La révolution de 1572. — Dédoublement de la nation et de l'art.. 22

III

La troisième époque. — Formation de la Belgique. — Comment elle devient catholique et sujette. — Gouvernement des archiducs et réparation du pays. — Renouvellement de l'imagination et conception sensuelle de la vie. — L'école du xvii° siècle. — Rubens. — Analogies et différences de cet art et de l'art italien. — L'œuvre est catholique de nom et païenne de fond. — En quoi elle est nationale. — Idée du corps vivant. — Crayer, Jordaens et Van Dyck. — Changement de l'état politique et du milieu moral. — Décadence de la peinture. — Fin de l'âge pittoresque. 41

IV

La quatrième époque. — Formation de la Hollande. — Comment elle devient républicaine et protestante. — Développement des instincts primitifs. — Héroïsme, triomphes et prospérité de la nation. — Renouvellement et liberté de l'invention originale. — Caractères de l'art hollandais par opposition à l'art italien et classique. — Les tableaux de portraits. — La représentation de la vie réelle. — Rembrandt. — Sa conception de la lumière, de l'homme et de la Divinité. — Commencement de décadence vers 1667. — La guerre de 1672. — Prolongation de l'art jusqu'aux premières années de xviii° siècle. — Affaiblissement et abaissement de la Hollande. — Diminution de l'énergie active. — Décadence de l'art national. — Survivance temporaire des petits genres. — Correspondance générale du milieu et de l'art. 60

QUATRIÈME PARTIE

LA SCULPTURE EN GRÈCE

La sculpture en Grèce. — Ce qui nous en reste. — Insuffisance des documents. — Nécessité d'étudier le milieu 84

CHAPITRE I

LA RACE

I

Influence du milieu physique sur les peuples enfants. — Parenté du Grec et du Latin. — Circonstances qui font diverger les deux caractères. — Le climat. — Effets de sa douceur. — Le sol montagneux et pauvre. — Sobriété des habitants. — Présence universelle de la mer. — Invitation au cabotage. — Les Grecs marins et voyageurs. — Leur finesse native et leur éducation précoce 87

II

Indices de ce caractère dans leur histoire. — Ulysse. — Le Græculus. — Goût de la science pure et de la preuve abstraite. — Inventions dans les sciences. — Vues d'ensemble en philosophie. — Ergoteurs et sophistes. — Le goût attique. . . . 98

III

Rien d'énorme dans la nature environnante. — Les montagnes, les fleuves, la mer. — Précision des reliefs, transparence de l'air. — Effet analogue de la constitution politique. — Petitesse de l'État en Grèce. — Aptitude acquise de l'esprit grec pour les conceptions arrêtées et nettes. — Indices de ce caractère dans leur histoire. — La religion. — Faible sentiment de l'universel. — Idée du Kosmos. — Dieux humains et déterminés. — Le Grec finit par jouer avec eux. — La politique. — Indépendance des colonies. — Les cités ne savent pas s'associer. — Limites et fragilité de l'État grec. — Intégrité et développement de la nature humaine. — Conception parfaite et bornée de notre nature et de notre destinée. 105

IV

Beauté du pays et du ciel. — Gaieté naturelle de la race. — — Besoin du bonheur vif et sensible. — Indices de ce caractère dans leur histoire. — Aristophane. — Idée du bonheur des dieux. — La religion est une fête. — Buts opposés de l'État grec et de l'État romain. — Les expéditions, la démocratie et les plaisirs publics d'Athènes. — L'État devient une entreprise de spectacles. — Dans la science et la philosophie, le sérieux n'est pas complet. — Goût aventureux des vues d'ensemble. — Subtilités de la dialectique. 117

V

Conséquences de ces défauts et de ces qualités. — Ils sont des artistes parfaits. — Sens des rapports fins, mesure et netteté des conceptions, amour de la beauté. — Indices de ces facultés et de ces goûts dans leurs arts. — Le temple. — Son emplacement. — Ses proportions. — Sa structure. — Ses délicatesses. — Ses ornements. — Ses peintures. — Ses sculptures. — Impression totale et finale qu'il laisse dans l'esprit. 128

CHAPITRE II

LE MOMENT

Différence d'un ancien et d'un moderne. — La vie et l'esprit sont plus simples chez les anciens que chez nous. 135

I

Influence du climat sur les civilisations modernes. — L'homme a plus de besoins. — Le costume, la maison privée, l'édifice public, en Grèce et de nos jours. — L'édifice social, les fonctions publiques, l'art militaire, la navigation, autrefois et aujourd'hui. 137

II

Influences du passé sur les civilisations modernes. — Le christianisme. — Dante et Homère. — Idée de la mort et de l'au-delà en Grèce. — Désaccord des conceptions et des sentiments de l'homme moderne. — Différence des langues modernes et du grec ancien. — La culture et l'éducation anciennes comparées à la culture et à l'éducation modernes. — Opposition de la civilisation prime-sautière et nouvelle à la civilisation élaborée et composite 145

III

Effets de ces différences sur l'âme et sur l'art. — Les sentiments, les figures et les caractères au moyen âge, pendant la Renaissance, et aujourd'hui. — Le goût antique opposé au goût moderne. — Dans la littérature. — Dans la sculpture. — Valeur du corps pris en lui-même. — Sympathie pour la perfection gymnastique. — Caractères de la tête. — Importance médiocre de la physionomie. — Intérêt du geste physique et du repos inexpressif. — Convenances mutuelles de l'état moral et de cette forme de l'art 157

CHAPITRE III

LES INSTITUTIONS

I

L'orchestrique. — Développement simultané des institutions qui font le corps parfait et des arts qui font la statue. — La Grèce du viie siècle comparée à la Grèce d'Homère. — La poésie lyrique des Grecs comparée à la poésie lyrique des modernes. — La pantomime et la déclamation musicales. — Leur application universelle. — Leur emploi dans l'éducation et dans la vie privée. — Leur emploi dans la vie publique et politique. — Leur emploi dans le culte. — Cantates de Pindare. — Modèles fournis par l'orchestrique à la sculpture 167

II

La gymnastique. — Ce qu'elle était au temps d'Homère. — Elle est renouvelée et transformée par les Doriens. — Principe de l'État, de l'éducation et de la gymnastique à Sparte. — Imitation ou importation des mœurs doriennes chez les autres Grecs. — Restauration et développement des jeux. — Les gymnases. — Les athlètes. — Importance de l'éducation gymnastique en Grèce. — Son effet sur le corps. — Perfection des formes et des attitudes. — Goût pour la beauté physique. — Modèles fournis par la gymnastique à la sculpture. — La statue succède au modèle 183

III

La religion. — Le sentiment religieux au v° siècle. — Analogies de cette époque et de l'époque de Laurent de Médicis. — Influence des premiers philosophes et physiciens. — L'homme sent encore la vie divine des choses naturelles. — L'homme démêle encore le fond naturel d'où sont nées les personnes divines. — Sentiments d'un Athénien aux grandes Panathénées. — Les chœurs et les jeux. — La procession. — L'Acropole. — L'Érechthéion et les légendes d'Érechthée, de Cécrops et de Triptolème. — Le Parthénon et la légende de Pallas et de Poséidon. — La Pallas de Phidias. — Caractère de la statue, impression du spectateur, idée du sculpteur. 200

CINQUIÈME PARTIE

DE L'IDÉAL DANS L'ART

Objet et méthode de cette étude. — Sens du mot *idéal*. . . 223

CHAPITRE ᴵ

ESPÈCES ET DEGRÉS DE L'IDÉAL

I

Il semble que tous les caractères soient d'égale valeur. — Raisons logiques. — Raisons historiques. — Manières diverses de traiter le même sujet. — En littérature, l'avare, le père, les amants. — En peinture, les Repas du Christ dans Rembrandt et Véronèse, les Mythologies de Raphaël et de Rubens, les Lédas de Vinci, Michel-Ange et Corrège. — Valeur absolue de tous les caractères notables 225

II

Valeur plus ou moins grande des diverses œuvres. — Concordance des goûts et jugement définitif sur plusieurs points. — L'autorité de l'opinion est confirmée par la façon dont l'opinion s'établit. — Dernière confirmation donnée par les procédés modernes de la critique. — Il y a des lois qui déterminent la valeur d'une œuvre d'art. 234

III

Définition de l'œuvre d'art. — Les deux conditions qu'elle doit remplir. — Valeur plus ou moins grande des œuvres d'art, selon que ces deux conditions y sont plus ou moins remplies. — Application aux arts d'imitation. — Comment et avec quelle restriction la même règle s'applique aux arts qui n'imitent pas. 237

CHAPITRE II

LE DEGRÉ D'IMPORTANCE DU CARACTÈRE

En quoi consiste l'importance du caractère. — Principe de la subordination des caractères dans les sciences naturelles. — Le caractère le plus important est le moins variable. — Exemples en botanique et en zoologie. — Il amène et emmène avec lui des caractères plus importants et moins variables. — Exemples en zoologie. — Il est moins variable parce qu'il est plus élémentaire. — Exemples en zoologie et en botanique . . .   239

II

Application de ce principe à l'homme moral. — Moyen de déterminer l'ordre de subordination des caractères dans l'homme moral. — Degré de leur variabilité mesuré par l'histoire. — Ordre de leur stabilité. — Caractères de moment et de mode. — Exemples. — Caractères qui durent une demi-période historique. — Exemples. — Caractères qui durent une période historique entière. — Exemples. — Caractères communs aux peuples de la même souche. — Caractères communs à toute l'humanité supérieure. — Les caractères les plus stables sont les plus élémentaires. — Exemples   246

III

L'échelle des valeurs littéraires correspond à cette échelle des valeurs morales. — La littérature de mode et de moment. — La littérature de vogue. — L'*Astrée*, la *Clélie*, l'*Euphues*, l'*Adone*, *Hudibras*, *Atala*. — Épreuve et contre-épreuve de la loi. — Œuvres supérieures isolées parmi d'autres inférieures du même auteur : *Gil Blas*, *Manon Lescaut*, *Don Quichotte*, *Robinson Crusoé*. — Portions inférieures dans l'œuvre d'un écrivain supérieur : les marquis de Racine, les clowns et les cavaliers de Shakespeare. — Stabilité et profondeur des caractères manifestés par les grandes œuvres littéraires. — Preuve tirée de l'emploi moderne des littératures en histoire. — Poèmes hindous, romans et drames espagnols, théâtre de Racine, épopées de Dante et de Gœthe. — Caractères universels exprimés par certaines œuvres. — Les *Psaumes*, l'*Imitation*, Homère, Platon, Shakespeare. — *Robinson Crusoé*, *Candide*, *Don Quichotte*. 257

IV

Application du même principe à l'homme physique. — Caractères très variables dans l'homme physique. — Le vêtement à la mode. — Le vêtement en général. — Les particularités de profession et de condition. — L'empreinte de l'époque historique. — Insuffisance de l'histoire pour mesurer la variation des caractères physiques. — Substitution du caractère élémentaire au caractère stable. — Caractères intimes et profonds de l'homme physique. — L'écorché. — La peau vivante. — Les diversités de race et de tempérament.......... 267

V

L'échelle des valeurs plastiques correspond à cette échelle des valeurs physiques. — Œuvres qui représentent le vêtement du jour ou le vêtement en général. — Œuvres qui manifestent les particularités de profession, de condition, de caractère et d'âge historique. — Hogarth et les peintres anglais. — Les époques de la peinture italienne. — Age d'enfance. — Age de floraison. — Age de déclin. — Les œuvres y sont plus ou moins parfaites, selon que le sentiment de la vie physique y est plus ou moins dominateur. — Même loi dans les autres écoles. — Les diverses races et tempéraments exprimés par les diverses écoles. — Le type florentin, le type vénitien, le type flamand, le type espagnol.......... 272

VI

Conclusion. — Le caractère communique à l'œuvre son degré d'importance.......... 281

CHAPITRE III

LE DEGRÉ DE BIENFAISANCE DU CARACTÈRE

I

Liaison et distinction des deux points de vue.......... 282

II

En quoi consiste la bienfaisance d'un caractère moral. — Dans l'individu. — L'intelligence et la volonté. — Dans la société. — La puissance d'aimer. — Ordre des valeurs bienfaisantes dans le caractère moral................ 284

III

Ordre correspondant des valeurs littéraires. — Types de la littérature réaliste ou comique. — Exemples. — Henri Monnier. — Romans picaresques. — Balzac. — Fielding. — Walter Scott. — Molière. — Procédés qu'emploient les grands écrivains pour remédier à l'insuffisance des personnages inférieurs. — Types de la littérature dramatique et philosophique. — Shakespeare et Balzac. — Types de la littérature épique et populaire. — Les héros et les dieux................ 289

IV

Ordre des valeurs bienfaisantes dans le caractère physique — La santé. — L'intégrité du type naturel. — Les aptitudes athlétiques et la préparation gymnastique. — Les indices de la noblesse morale. — Limites dans lesquelles les arts plastiques peuvent exprimer la vie de l'âme............. 298

V

Ordre correspondant des valeurs plastiques. — Types malsains, déformés ou exténués. — La sculpture antique pendant la décadence. — L'art byzantin. — L'art du moyen âge. — Types sains mais encore imparfaits, vulgaires ou grossiers. — Les peintres italiens du xve siècle. — Rembrandt. — Les petits Flamands. — Rubens. — Types supérieurs. — Les maîtres de Venise. — Les maîtres de Florence. — Les maîtres d'Athènes............... 302

VI

Conclusion. — L'importance et la bienfaisance des caractères considérées dans la nature. — Harmonies supérieures de la nature et de l'art................ 313

CHAPITRE IV

LE DEGRÉ DE CONVERGENCE DES EFFETS

I

Pourquoi les effets doivent converger. 315

II

Les divers éléments de l'œuvre littéraire. — Le caractère. — Ses éléments. — L'action. — Ses éléments. — Le style. — Ses éléments. — Convergence générale du caractère, de l'action et du style. 316

III

Les divers moments d'une période littéraire sont déterminés d'après la loi précédente. — Commencement des âges littéraires. — Convergence incomplète par ignorance. — Chansons de geste. — Premiers dramatistes anglais. — Fin des âges littéraires. — Convergence incomplète par disparates. — Euripide et Voltaire. — Centre des âges littéraires. — Convergence complète. — Eschyle. — Racine. — Shakespeare. 325

IV

Les divers éléments de l'œuvre plastique. — Le corps et ses éléments. — L'architecture des lignes et ses éléments. — Le coloris et ses éléments. — Comment tous ces éléments peuvent converger. 331

V

Les divers moments de l'histoire d'un art sont déterminés par la loi précédente. — Époques primitives. — Convergence incomplète par ignorance. — Écoles symboliques et mystiques en Italie. — Giotto. — Peintres réalistes et anatomistes en

Italie. — Les précurseurs de Vinci. — Époques de décadence. — Convergence incomplète par disparates. — Les Carraches et leurs successeurs en Italie. — Les imitateurs du style italien en Flandre. — Époques de floraison. — Convergence complète. — Vinci. — Les Vénitiens. — Raphaël. — Corrège. — Universalité de la loi.. 337

VI

Résumé. — Principe d'excellence et de subordination dans les œuvres d'art. 344

FIN DE LA TABLE DES MATIÈRES.

Librairie HACHETTE et C¹ᵉ, 79, boul. St-Germain, à Paris

Nouvelle Publication

ERNEST LAVISSE

HISTOIRE DE FRANCE

DEPUIS LES ORIGINES JUSQU'A LA RÉVOLUTION

PUBLIÉE AVEC LA COLLABORATION DE

MM. BAYET, BLOCH, CARRÉ, COVILLE,
KLEINCLAUSZ, LANGLOIS, LEMONNIER, LUCHAIRE,
MARIÉJOL, PETIT-DUTAILLIS, PFISTER,
REBELLIAU, SAGNAC, VIDAL DE LA BLACHE

Dix-huit volumes grand in-8, brochés, de 400 pages

CONDITIONS ET MODE DE LA PUBLICATION

L'*Histoire de France* comprendra 18 volumes grand in-8, brochés, de 400 pages. Chaque volume. 6 fr.
Relié. . . . . 10 fr.
L'ouvrage complet sera publié en 72 fascicules d'environ 96 pages chacun. Chaque fascicule . . . . 1 fr. 50

(*Voir à la page 4 la Table de l'ouvrage.*)

A NOS LECTEURS

Depuis qu'ont été écrites les dernières grandes Histoires de France, depuis Henri Martin et Michelet, sur nos provinces et sur nos villes, sur les règnes et les institutions, sur les personnes et sur les événements, un immense travail a été accompli.

Le moment était venu d'établir le résumé de ce demi-siècle d'études et de coordonner dans une œuvre d'ensemble les résultats de cette incomparable enquête.

Une pareille tâche ne pouvait être entreprise que sous la direction d'un historien qui fût en même temps un lettré. Nous nous sommes adressés à M. E. Lavisse, qui a choisi ses collaborateurs parmi les maîtres de nos jeunes Universités.

D'accord sur les principes d'une même méthode, ils ont décrit les transformations politiques et sociales de la France, l'évolution des mœurs et des idées et les relations de notre peuple avec l'étranger, en s'attachant aux grands faits de conséquence longue et aux personnages dont l'action a été considérable et persistante.

Ils n'ont eu ni passions ni préjugés.

Le temps n'est pas encore lointain où l'histoire de l'ancienne France était un sujet de polémique entre les amis et les ennemis de la Révolution.

A présent tous les hommes libres d'esprit pensent qu'il est puéril de reprocher aux ancêtres d'avoir cru à des idées et de s'être passionnés pour des sentiments qui ne sont pas les nôtres. L'historien, sachant que, de tout temps, les hommes ont cherché de leur mieux les meilleures conditions de vie, essaie de ne les pas juger d'un esprit préconçu.

Pourtant l'historien n'est pas — il n'est pas d'ailleurs souhaitable qu'il soit — un être impersonnel, émancipé de toute influence, sans date et sans patrie. L'esprit de son temps et de son pays est en lui; il a soin de décrire aussi exactement que possible la vie de nos ancêtres comme ils l'ont vécue; mais à mesure qu'il se rapproche de nos jours il s'intéresse de préférence aux questions qui préoccupent ses contemporains.

S'il étudie le règne de Louis XIV, il s'arrête plus longtemps à l'effort tenté par Colbert pour réformer la société française et faire de la France le grand atelier et le grand marché du monde, qu'à l'histoire diplomatique et militaire de la guerre de Hollande, affaire depuis longtemps close. On ne s'étonnera donc pas si Colbert — et ceci n'est qu'un exemple choisi entre beaucoup — occupe dans notre récit une place plus grande que de Lionne ou Louvois.

Ainsi, à mesure que la vie générale se transforme et que varie l'importance relative des phénomènes historiques, la curiosité de l'historien, emportée par le courant de la civilisation, se déplace et répond à des sentiments nouveaux.

Les éditeurs de l'Histoire de France ont voulu donner à la génération présente la plus sincère image qui puisse lui être offerte de notre passé, glorieux de toutes les gloires, traversé d'heures sombres, parfois désespérées, mais d'où la France toujours est sortie plus forte, en quête de destinées nouvelles et entraînant les peuples vers une civilisation meilleure.

Ils souhaitent avoir réussi.

Table de l'Histoire de France

Les volumes en vente sont précédés d'un astérisque

TOME I.

*I. — **Tableau géographique de la France**, par M. *P. Vidal de La Blache*, professeur à l'Université de Paris.

II. — **Les origines; la Gaule indépendante et la Gaule romaine**, par M. *G. Bloch*, professeur à l'Université de Lyon, chargé de conférences d'Histoire ancienne à l'École normale supérieure.

TOME II.

*I. — **Le Christianisme, les Barbares. — Mérovingiens et Carolingiens**, par MM. *E. Bayet*, directeur de l'Enseignement supérieur, ancien professeur à l'Université de Lyon, *Pfister*, professeur à l'Université de Nancy, et *Kleinclausz*, chargé de cours à l'Université de Dijon.

*II. — **Les premiers Capétiens (987-1137)**, par M. *A. Luchaire*, de l'Académie des Sciences morales et politiques, professeur à l'Université de Paris.

TOME III.

*I. — **Louis VII, Philippe Auguste et Louis VIII (1137-1226)**, par M. *A. Luchaire*, de l'Académie des Sciences morales et politiques, professeur à l'Université de Paris.

II. — **Saint Louis, Philippe le Bel, les derniers Capétiens directs (1226-1328)**, par M. *Ch.-V. Langlois*, professeur adjoint à l'Université de Paris.

TOME IV.

I. — **Les premiers Valois et la Guerre de Cent Ans (1328-1422)**, par M. *A. Coville*, professeur à l'Université de Lyon.

II. — **Charles VII, Louis XI et les premières années de Charles VIII (1422-1492)**, par M. *Ch. Petit-Dutaillis*, professeur à l'Université de Lille.

TOME V.

*I. — **Les guerres d'Italie. — La France sous Charles VIII, Louis XII et François Ier (1492-1547)**, par M. *H. Lemonnier*, professeur à l'Université de Paris.

II. — **La lutte contre la Maison d'Autriche. — La France sous Henri II (1519-1559)**, par M. *H. Lemonnier*.

TOME VI.

*I. — **La Réforme et la Ligue. — L'Édit de Nantes (1559-1598)**, par M. *Mariéjol*, professeur à l'Université de Lyon.

*II. — **Henri IV et Louis XIII (1598-1643)**, par M. *Mariéjol*.

TOME VII.

*I. — **Louis XIV. La Fronde. Le Roi. Colbert (1643-1685)**, par M. *E. Lavisse* de l'Académie française, professeur à l'Université de Paris.

*II. — **Louis XIV. La Religion. Les Lettres et les Arts. La Guerre (1643-1685)**, par M. *E. Lavisse*.

TOME VIII.

*I. — **Louis XIV. La fin du règne (1685-1715)**, par MM. *E. Lavisse*, *A. Rébelliau*, bibliothécaire de l'Institut, et *P. Sagnac*, maître de conférences à l'Université de Lille.

— **Louis XV (1715-1774)**, par M. *H. Carré*, professeur à l'Université de Poitiers.

TOME IX.

I. — **Louis XVI (1774-1789)**, par M. *H. Carré*.
— Tables analytiques.

Imprimerie LAHURE, rue de Fleurus, 9, à Paris. — 9-1908.

www.ingramcontent.com/pod-product-compliance
Lightning Source LLC
Chambersburg PA
CBHW070846170426
43202CB00012B/1969